Klein

# Glück und Selbstverwirklichung im Horoskop

Nicolaus Klein

# Glück und Selbstverwirklichung im Horoskop

KAILASH

KAILASH
Eine Buchreihe herausgegeben von Hajo Banzhaf

Die Deutsche Bibliothek – CIP-Einheitsaufnahme
Klein, Nicolaus:
Glück und Selbstverwirklichung im Horoskop / Nicolaus Klein.
– 2. Aufl. – München: Hugendubel, 1996
(Kailash)
ISBN 3-88034-800-6

2. Auflage 1996


Umschlaggestaltung: Zembsch' Werkstatt, München
Produktion: Tillmann Roeder, München
Satz: Typodata, München
Druck und Bindung: Ebner Ulm
Printed in Germany

ISBN 3-88034-800-6

# Inhalt

# Vorwort

In den vielen Jahren meiner astrologischen Beratungspraxis und Arbeit als Psychotherapeut wurde mir immer wieder offensichtlich, daß der Mensch in dieser Welt vor allem auf der Suche nach persönlichem Glück und Erfüllung ist.

Diese Erkenntnis ist nicht neu. Schon Aristoteles sagte vor mehr als zwei Jahrtausenden, daß die Suche nach Glück des Menschen vorrangigstes Ziel sei.

Um so erstaunlicher ist es, daß die moderne Psychologie erst seit wenigen Jahren versucht, das Phänomen Glück methodisch zu untersuchen. Vielleicht weil die Psychologen – ähnlich den meisten Astrologen – versuchen, sich nur, oder doch zumindest vorwiegend, mit den Schattenseiten des menschlichen Daseins auseinanderzusetzen. Oft wird das damit begründet, daß die intensive Beschäftigung und damit erstrebte Klärung dieser Schattenseiten die Entwicklung des Menschen fördere und ihn aus seinem Leid erlöse. Das mag sicherlich oft zutreffen. Ebensooft kann man sich des Eindrucks nicht erwehren, daß allzu intensive »Wühlarbeit« im Schatten das Leben weniger erleichtert als komplizierter macht.

Ist es nicht mindestens ebenso wichtig, dem Menschen freudige Perspektiven zu eröffnen, ihn dadurch zu motivieren, nach vorne zu schauen, als sich fast ausschließlich mit Dingen auseinanderzusetzen, die in seiner Vergangenheit liegen, wie dies der Großteil psychoanalytischer Arbeit tut?

Wenn es gelänge, dem Menschen zu sagen, was wirkliches Glück ausmacht und wie er sich dieser Dimension nähern kann, würde das sicherlich auf sein vehementes Interesse stoßen und seine Energien von der Gefangenheit im Vergangenen befreien. Gesunde seelische »Verdauung« kann erst dann eintreten und natürlichen Appetit auf Gegenwart und Zukunft eröffnen, wenn nicht die Vorstellung kultiviert wird, daß nur die Beschäftigung mit alten Traumata Erlösung verspricht.

Ich meine damit nicht, daß alter Schmerz und Fehlverhalten verdrängt werden sollten. Ganz im Gegenteil gibt es für uns aus der Vergangenheit eine Menge für das Heute und Morgen zu lernen. Und doch zeigt – wenn wir statt des Individuums einmal das menschliche Kollektiv betrachten – ein Blick in die Geschichte der Menschheit, daß es mit dem Fortschritt durch historisches Bewußtsein nicht so gut bestellt ist. So wie es in der Geschichte immer wieder Kriege gegeben hat, obwohl die Menschen aus dem Leid der Kriege und ihrer historischen Aufarbeitung hätten genug lernen können, so zeigt sich beim einzelnen, daß allein das Bewußtsein vergangener Verhaltensmuster offenbar nicht ausreicht, um sich im Heute situationsgerechter und damit leidfreier bewegen zu können.

Zusätzlich zu der Bewußtheit von wiederkehrenden Verhaltensmustern scheint es für die Entwicklung des Menschen nicht nur hilfreich, sondern unabdingbar zu sein, Visionen eines besseren Daseins zu entwickeln, um sich an ihnen aus dem Sumpf alter Konditionierungen zu befreien.

Freilich liegt es ganz entschieden an der Vision, ob daraus nur neue Enttäuschungen entstehen oder ob echte Selbstverwirklichung einsetzt.

Wenn die wichtigste Vision des Menschen die von einem glücklichen Dasein ist, so wird es also darauf ankommen, Glück auf richtige Art zu definieren. Die Erfahrung zeigt nämlich leider, daß in aller Regel dumme und dennoch unausrottbare Klischees darüber existieren, was angeblich glücklich macht, die durch die Alltagserfahrung schon sehr lange und durch die neuere psychologische »Glücksforschung« nun auch wissenschaftlich widerlegt worden sind.

Es besteht also Hoffnung, daß auch schwer belehrbare Gemüter unter dem Eindruck des »wissenschaftlichen Gütesiegels« von falschen Vorstellungen über das Glück ablassen können und sich weiseren Perspektiven zuwenden.

Dieses Buch möchte ein kleiner Beitrag dazu sein, Entwicklungsperspektiven aufzuzeigen, die eine reelle Chance zu einem glückerfüllten Leben anbieten. Es soll Menschen helfen, Visionen von sich und den in ihnen liegenden Möglichkeiten zu entwickeln.

Welche Disziplin aber könnte geeigneter sein, dem Menschen über seine innere Sinnhaftigkeit etwas zu sagen, als ein System, das seine Einbindung in den göttlichen Kosmos sichtbar macht, wie die Astrologie. Das Geburtsbild eines Menschen zeigt seinen ganz persönlichen Bezug zur Schöpfung, zeigt das »Gesetz, zu dem er angetreten«, zeigt seine »geprägte Form, die lebend sich entwickelt«. Es macht ihm klar, mit welcher Rolle er auf der Bühne Welt steht, was sein Lebensthema ist. Die Kenntnis dieses Themas und damit seines persönlichen Lebenssinns ist meiner Ansicht nach eine Voraussetzung dafür, glücklich zu werden, so wie die »Erlösung« dieses Themas, seine bestmögliche Interpretation, eine zweite Voraussetzung ist.

## Gebrauchsanleitung zu diesem Buch

Wie gelingt es uns persönlich, die individuellen Konstellationen zu entwickeln, um so glücklicher zu werden?

Wenn wir uns in schwierigen und leidvollen Lebenssituationen erleben, ist es oft gar nicht so dienlich, wenn wir die erlösteren Entsprechungen unserer Konstellation durchlesen und momentan keinen Weg dorthin sehen. Gerade dann machen wir oft den Fehler, uns an hohen Entwicklungsstufen zu messen und uns wegen unserer unerlösteren Lebensweise schuldig und unvollkommen zu fühlen.

In solchen Situationen ist es zuallererst wichtig zu wissen, daß nicht alle Horoskopkonstellationen auf der gleichen Ebene der Entwicklung gelebt werden. Und so mag es uns ein wenig trösten, wenn wir sehen, daß wir es in anderen Teilbereichen unserer Persönlichkeit schon zu bewußterem Verhalten gebracht haben, als in dem Teil, in dem wir uns gerade befinden. Denn nicht alle Konstellationen eines Geburtsbildes sind automatisch auch auf derselben Entwicklungsebene angesiedelt.

Zum anderen bringt es erfahrungsgemäß wenig, sich wegen bedrückender Probleme auch noch den Kopf zu zerbrechen und sich deshalb zu verurteilen. Diese Form der Analyse ist destruktiv, weil sie ohne Liebe ist. Gerade wenn es einem schlecht geht, ist es um so wichtiger, sich selbst zu akzeptieren, zumal man sich in solchen Situationen oft von anderen nicht geliebt fühlt.

Wichtig ist es aber trotz des Leidensdrucks, uns die Ebene, auf der wir gerade die Konstellation erleben, ehrlich einzugestehen und die Erkenntnis nicht zu verdrängen. Denn Entwicklung setzt vor allem die folgenden Schritte voraus:

1. Ehrlichkeit vor sich selbst, die auch dort nicht haltmacht, wo die Selbsterkenntnis unbequem ist und man sich sein weniger entwickeltes »Niveau« eingestehen muß.
2. Die Bereitschaft, selbst die Verantwortung für die Situation zu übernehmen, und sie nicht auf die Umwelt zu projizieren.
3. Sich trotz dieser Erkenntnis nicht abzulehnen.
4. Sich eine plastische Vision von einer erlösteren Entsprechung des Problems zu entwickeln.
5. Mit allen zur Verfügung stehenden Kräften auf die Verwirklichung dieser Vision hinzuarbeiten.

Wenn Sie sich also in schicksalhaft bedrängter Situation fühlen und sie als unerlöste Entsprechung einer Horoskopkonstellation erkannt haben, dann hilft nur eines: Sind Sie sich nicht böse darüber, erkennen Sie die Situation als zu Ihnen gehörig, und übernehmen Sie die Verantwortung dafür, auch wenn Sie sich als Opfer eines ungerechten Schicksals fühlen, schaffen Sie sich eine Vision von einer bewußteren Entsprechung derselben Konstellation, ohne sich dabei gleich mit den Kulminationspunkten der Entwicklung zu überfordern, und beginnen Sie mit allen Ihnen zur Verfügung stehenden Kräften, diese visionäre nächste Entwicklungsstufe durch eigenes Tun anzustreben. Hoffen Sie dabei nicht auf die Unterstützung anderer. Denn gerade dann, wenn wir uns eigenverantwortlich ans Werk machen, unterstützt uns auch unsere Umwelt viel eher und lieber, als wenn eine »Bitte« oder gar »Forderung« an sie gerichtet wird. Verlieren Sie nie den Mut, auch wenn erste Ansätze scheitern. Das Schicksal belohnt diesen Mut ganz sicher, oft allerdings erst dann, wenn wir gar nicht mehr damit rechnen.

Dieses Buch kann Sie vor allem bei zwei Punkten unterstützen: Einmal bei der Diagnose über die Zuordnung zu einer bestimmten astrologischen Konstellation in Ihrem Geburtsbild, und zum zweiten bei der »Vision von einem besseren Leben« durch die Anregungen und Assoziationen, die Ihnen die Darstellung der Symbolik auf erlösteren Ebenen bietet.

Die Akzeptanz und Liebe sich selbst gegenüber und den Mut, sich tatkräftig an die Verwirklichung Ihrer Vision zu machen, kann Ihnen leider niemand abnehmen. Aber vielleicht mag Ihnen die erfreuliche Aussicht auf das, was Sie in der Mitte Ihres eigenen Horoskops erwartet, den Weg dorthin etwas leichter machen.

Die einzelnen Schritte auf dem Weg zu Glück und Selbstverwirklichung werden ab Seite 54 für jedes einzelne Tierkreiszeichen gesondert besprochen. Sie finden im Text dazu zwei verschiedene illustrierende Graphiken, die die verschiedenen Entwicklungsstufen beschreiben: zu Beginn jedes Zeichens eine pyramidenförmige Treppe, die die Entwicklung von unten nach oben in acht Stufen darstellt, und eine »Symbolkarte« (das erste Mal auf Seite 59), die die Entwicklung ausführlicher, jedoch nur in sechs verschiedenen Entwicklungsgraden, beschreibt. Lassen Sie sich nicht davon verwirren, daß hier zwei Einteilungssysteme verwendet werden. Ich habe diese unterschiedlichen Gliederungen gewählt, um deutlich zu machen, daß es sich um fließende Übergänge zwischen unerlösteren und erlösteren Entsprechungen handelt, die nicht in ein festes Schema gepreßt werden sollen. Ich hätte die Entwicklung in beliebig viele Stufen unterteilen können, so zum Beispiel in sieben Stufen, analog den Chakras.

Die Symbolkarten, die im jeweiligen Kapitel stehen, sind noch einmal zum Herausschneiden im Anhang des Buches zu finden. So können Sie – wie im Kombinationsbeispiel ab Seite 231 vorgeführt – für jedes Horoskop die entsprechende Kombinatorik selbst üben.

Vor allem aber ist das austrennbare Kartensystem als Deutungshilfe für die Interpretation von Horoskopen gedacht. Sie können damit die Symbolik von Planeten in den Tierkreiszeichen und in den Häusern wie in einem Bausteinkasten miteinander kombinieren und die verschiedenen Entwicklungsstufen ablesen.

# Was ist Glück?

Bevor wir die »Spezialisten« der Glücksforschung zu diesem Thema befragen erscheint es sinnvoll, sich selbst zu fragen: Was hat mich im Leben bisher glücklich gemacht, wann, wie, wo, wodurch, auf welche Weise empfand ich dieses Hochgefühl des Daseins?

Denn ich glaube, daß jeder Situationen erleben durfte, die ihm ein gesteigertes Wohlbefinden oder gar seelisches Durchatmen geschenkt haben. Bei der Antwort auf diese Frage werden wir oft erkennen, daß dies ganz einfache Situationen im Leben waren: nichts Spektakuläres, Außergewöhnliches. Vielmehr Zustände, in denen wir etwas, was wir üblicherweise als durchschnittlich erlebten, plötzlich und vielleicht nur für wenige Augenblicke als beglückend und erfüllend wahrnehmen durften.

Ein wie aus dem Nichts an uns herangetragenes Aufatmen bei einem Frühlingsspaziergang, ein plötzliches dankbares Gewahrwerden, daß wir ein weiches Bett haben, in dem wir schlafen können, eine spontane Freude über eine gelungene Arbeit und anderes.

Hermann Hesse[1] schreibt dazu: »Eines Morgens erwachte ich, ein lebhafter Knabe von vielleicht zehn Jahren, mit einem ganz ungewöhnlich holden und tiefen Gefühl von Freude und Wohlsein, das mich wie eine innere Sonne durchstrahlte, so als sei jetzt eben in diesem Augenblick des Erwachens aus einem guten Knabenschlaf, etwas Neues und Wunderbares geschehen, als sei meine ganze kleingroße Knabenwelt in einen neuen und höheren Zustand, in ein neues Licht und Klima eingetreten, als habe das ganze schöne Leben erst jetzt an diesem frühen Morgen, seinen vollen Wert und Sinn bekommen. Ich wußte nichts von gestern noch von morgen, ich war von einem glückhaften Heute umfangen und sanft umspült. Es tat wohl und wurde von Sinnen und Seele ohne Neugierde und ohne Rechenschaft gekostet, es durchrann mich und schmeckte herrlich...

1 In: Glück, Späte Prosa und Betrachtungen, Berlin, S. 52ff., mit einer Rückerinnerung an ein beglückendes Jugenderlebnis als ca. 10jähriger Junge.

So lag ich, den beginnenden Morgen samt dem ruhigen Nachgefühl des Schlafes genießend, eine schöne Ewigkeit in meinem Bett, und ob ich ein gleiches oder ähnliches Glück noch andre Male in meinem Leben gekostet habe, tiefer und wirklicher konnte keines sein: die Welt war in Ordnung...«

Was wir freilich zu unserem Leidwesen dabei erkennen müssen, ist, daß in aller Regel solche Glücksmomente nicht Ergebnis willentlicher Anstrengung sind, sondern sich spontan und von uns unbeeinflußt ergeben, uns quasi geschenkt werden. Diese Erkenntnis ist besonders für den westlichen, leistungsorientierten Menschen schwer zu ertragen, da er von klein auf mit der Meinung aufwächst, er könne sein Leben beliebig durch planvolles Tun gestalten, Erfolge also durch entsprechenden leistenden Einsatz auch erzwingen. Wir fühlen uns nicht wohl bei der Vorstellung, daß etwas für uns so Wichtiges wie Glück außerhalb unserer Macht liegen soll, wir also hilflos dem Zufall ausgeliefert sind, ob sich das Glück für uns spontan ergibt oder nicht.

Glück geschieht einfach, es ist nicht Produkt menschlichen Wollens und Machens, dieser Gedanke ist in unserer Erfahrung so tief verankert, daß er sich beispielsweise in der englischen Sprache in der Weise niederschlägt, daß Happyness (= Glück) von dem Wortstamm »to happen«, geschehen, sich ereignen, abgleitet ist.

Die Frage, die sich uns im Zusammenhang mit Glück aufdrängt, ist weniger die, ob es für uns Glücksmomente gibt. Denn die werden die allermeisten in der einen oder anderen Weise schon einmal erlebt haben. Vielmehr geht unser Interesse in die Richtung, die Flüchtigkeit und Vergänglichkeit solcher Glücksmomente zu einer stabileren, dauerhafteren Glückserfahrung zu machen und zu versuchen, selbst Einfluß auf das eigene Glück zu nehmen. Wir wollen aus der Hilflosigkeit herauskommen, Glück nur spontan und zufällig zu erleben, und versuchen, unser Glück zu machen.

Glücksforschung will also nicht nur definieren, was Glück eigentlich ist, sondern auch Methoden entwickeln, wie wir Glücklichkeit systematisch erreichen können.

## Glück aus psychologischer Sicht

Der neurobiologische Ansatz, der vor allem in der Psychiatrie vorherrscht, versucht den Zustand Glück auf chemische Reaktionen in der Gehirnrinde zu reduzieren. Hier wird in namenlos materialistischem Ansatz das Gefühlsleben des Menschen durch ein Zusammenspiel von Neuroaminen, Adrenalinen, Noradrenalinen und Benzodiazepinen, Corticotropinen u. a. erklärt.

Nicht nur Romantikern wird bei diesem Ansatz eigenartig. Es ist interessant, Gefühlszustände auch auf der Molekularebene im Konstellationsmuster von mittlerweile über hundert entdeckten Gemütsmolekülen widergespiegelt zu finden. Nur daraus zu schließen, diese Molekularebene bewirke Gefühlszustände, scheint mir ebenso sinnlos zu sein als vermutete man die Ursache von Bachs Kantaten in dem Zusammenspiel der Noten in einer Partitur.

In gewisser Weise kann zwar auf pragmatischer Ebene mit diesem Ansatz gearbeitet werden, denn wenn man chemisch Einfluß auf den Menschen nimmt und damit seine »Gefühlspartitur« von außen durch Medikamente umschreibt, verändert sich – vorübergehend – auch seine »Gemütsmelodie«. Aber ganz abgesehen von dem menschenverachtenden Ansatz, der diesen gleichsam zur reparaturbedürftigen Maschine herabwürdigt, scheitert der dauerhafte Erfolg oft genug an den Nebenwirkungen solch mechanistischer Medizin.

Die letzte Konsequenz in der Forschung aus dieser Sicht wäre die chemische »Glückspille«, die unabhängig von der Person, die sie einnimmt, zu einem Zustand permanenter Seligkeit führen würde. Schon der Gedanke an diese Vorstellung wird bei sensibleren Naturen Beklommenheit erzeugen. Wohl deshalb, weil wir fühlen, daß damit jede menschliche Evolution – und zwar unabhängig von dem Niveau des Betroffenen – stagnieren müßte.

Glück scheint, wie das erzieherische Mittel der Belohnung, auch ein entwicklungsfördernder Faktor zu sein, und zwar einer, der uns auf angenehmere Art und Weise wie die Bestrafung durch Schicksalsschläge dazu bringt, unser Verhalten immer wieder zu modifizieren und von unerlösteren zu immer erlösteren, höherentwickelten Formen hin zu korrigieren. So hilft Wohlbefinden und Glück dabei, als Mensch weiterzukommen – oder anders herum formuliert: Glück tritt verdächtig oft dann ein, wenn wir uns in wesentlichen Dingen weiterentwickeln; damit fördert es Sinnfindung.

Ein anderer, meiner Ansicht nach erster Ansatz der modernen Psychologie, positiv nach dem Phänomen des Glücks beim Menschen zu suchen, ist in der humanistischen Psychologie Abraham Maslows zu finden. Maslow begann als erster Psychologe, schwerpunktmäßig nicht nach Kategorien psychischer Fehlhaltungen zu fragen, sondern untersuchte systematisch Menschen, die offenbar besonders gut mit dem Leben zurechtkamen. Er suchte nach einer Gemeinsamkeit in der seelischen Struktur solch positiv lebender Menschen.

Und Maslow wurde fündig. Er fand heraus, daß in den Biographien dieser Lebenskünstler eine ganz bestimmte Ähnlichkeit bestand: Alle hatten mindestens einmal in ihrem Lebensweg eine sogenannte »mystische Einheitserfahrung« oder – wie Maslow es später nannte – ein »Gipfelerlebnis«. Darunter ist ein Gefühl der Einheit mit einer Lebenssituation, oft einem Naturerlebnis, zu verstehen, in der der Mensch die Situation nicht als Beobachter erlebt, sondern innigst von ihr ergriffen wird.

Die für das Normalbewußtsein typische Spaltung zwischen beobachtendem Subjekt und beobachtetem Objekt ist in diesen mystischen Einheitserfahrungen aufgehoben. Der Spaziergänger auf dem Feldweg zwischen den Wiesen sieht nicht die Lerche aus dem Feld aufsteigen und nimmt dies als schön zur Kenntnis, sondern erlebt, schmeckt, riecht förmlich die Situation, als sei er selbst mit der aufsteigenden Lerche eins. Diese Menschen sind weit davon entfernt, verschlossen durch das Leben zu wandeln und die Umwelt nicht wahrzunehmen – wie es so viele tun.

Sehr oft handelt es sich bei diesen Gipfelerlebnissen um ein Aufgehen in Natursituationen, jedoch nicht immer. Daneben konnte dieses Einswerden auch in ganz alltäglichen Erfahrungen bei der Arbeit und sogar bei Erlebnissen, die nicht unbedingt einen erfreulichen oder idyllischen Charakter hatten, festgestellt werden. Daraus wurde ablesbar, daß nicht etwa definierbare äußere Bedingungen als Ursache für dieses Erleben angesehen werden konnten, sondern daß die wesentliche Komponente in einer inneren Voraussetzung liegen mußte, obwohl es sicherlich erleichternde und fördernde äußere Bedingungen gibt. Nicht die objektive Situation ist gut oder böse, sondern die Einstellung des Menschen macht sie dazu. Manchen Menschen kann das Leben es nie recht machen, während andere aus nahezu allen Situationen das Beste machen.

Dies um so mehr, als Maslow herausfand, daß in der Lebensanamnese unglücklicherer Zeitgenossen ebenfalls viele Angebote des Lebens vorhanden waren, für die sich diese allerdings nicht geöffnet hatten. Es lag also nicht daran, daß der Personengruppe der »Lebenskünstler« mehr oder bessere Angebote zu Glückserfahrungen vom Leben gemacht wurden als anderen, sondern die Einstellung bzw. Offenheit der Betroffenen war entscheidend.

Diese Beobachtungen Maslows waren zwar für die moderne Psychologie schrittmachend und wegweisend, stellten aber durchaus kein Novum in den Beobachtungen seelischer Zustände dar. Denn in allen religiösen Systemen der Menschheit wird ganz unabhängig von ihrem kulturellen oder ethnischen Kontext von mystischen Seinserfahrungen berichtet. In besonders differenzierter Weise geschieht dies in Texten östlicher Weltreligionen wie des Hinduismus und Buddhismus, die sich mit der Meditation auseinandersetzen.

So wird beispielsweise in den anekdotenhaften Überlieferungen des ZEN-Buddhismus immer wieder von solchen Satori-Erlebnissen oder kleine Erleuchtungen im Zusammenhang mit »Samu«, den Arbeitsmeditationen, oder anderen bewußten Alltagsverrichtungen berichtet.

In neuerer Zeit taten sich in der Glücksforschung vor allem der Oxfordprofessor Michael Argyle[2], seine Kollegen an der Universität Chicago Mihaly Csikszentmihalyi[3] und in Illinois Ed Diener sowie im deutschen Sprachraum die Psychologen Fritz Strack, Norbert Schwarz[4], Andrea Abele und Peter Becker[5] hervor. Argyle gelang unter anderem die Widerlegung des Klischees, Reichtum mache

2 Michael Argyle: The Psychology of Happyness, London, New York.

3 Mihaly Csikszentmihalyi: Flow – Das Geheimnis des Glücks, Stuttgart.

4 Fritz Strack, Michael Argyle, Norbert Schwarz: Subjektive Well-Being – An inderdisciplinary perspective, Oxford, New York.

5 Andrea Abele, Peter Becker: Wohlbefinden – Theorie – Empirie – Diagnostik, Weinheim, München.

glücklich. Seine Untersuchungen zeigten, daß mit höherem Verdienst die persönliche Zufriedenheit kaum ansteigt und daß auch Glücksfälle wie Lottogewinne oder Erbschaften nur sehr kurzfristige positive Auswirkungen auf das Wohlbefinden haben. 100 amerikanische Supermillionäre mit mehr als 125 Millionen Dollar Vermögen waren nach eigenem Bekunden auf einer Glücksskala nicht höher angesiedelt als 100 nach dem Zufallsprinzip willkürlich aus dem Telefonbuch ausgewählte Durchschnittsamerikaner.

Vergleiche von Menschen aus reichen Ländern mit solchen aus extrem armen Regionen zeigten eine ähnlich unsignifikante Relation. Mag dies damit zusammenhängen, daß die Studien nachwiesen, daß mit größerem Reichtum im selben Maß auch die Ansprüche wachsen, so daß subjektiv weiterhin dieselbe Erwartungshaltung bleibt. Schon Seneca hatte den Ausspruch geprägt: »Nicht wer wenig hat ist arm, sondern wer viel wünscht«. In entsprechender Umformulierung: »Nicht, wer viel hat, ist glücklich, sondern wer sich leicht bescheiden kann.«

Auch die verbreitete Vorstellung, daß Eros und Sexualität glücklich machen, wurde von zahlreichen psychologischen Untersuchungen zumindest in Frage gestellt. Dabei zeigte sich, daß besonders intensive oder exzessive Liebeserlebnisse am wenigsten geeignet sind, Wohlbefinden zu erzeugen, während Partnerschaften, die die richtige Mitte zwischen Nähe und Distanz fanden, noch die größte Befriedigung ermöglichten. Daß das Prinzip der Ausgewogenheit Wohlbefinden fördert, konnte darüber hinaus nachgewiesen werden: Menschen, die in ihrer Anspruchshaltung moderat waren, sich nicht zu viel und nicht zu wenig vom Leben versprachen, waren besonders zufrieden.

Die Untersuchungen Csikszentmihalyis ergaben interessanterweise, daß die im Allgemeinurteil eher verpönte Alltagsarbeit fast am häufigsten als Grundlage für Glückserlebnisse diente. Das konzentrierte und selbstvergessene Aufgehen in einer Tätigkeit wurde von den befragten Personen am meisten als glückbringend beschrieben. Besonders das Spiel zwischen Anforderung und Fähigkeit, d.h., das Leben als Herausforderung zu begreifen und zu lernen, diese Herausforderungen zu bewältigen, kann als wesentlicher

Glücksfaktor angesehen werden. Die zentralen Punkte in Csikszentmihalyis Glücksstudien können folgendermaßen zusammengefaßt werden:
1. das Erlebnis klarer Handlungsanforderungen und positiver Rückmeldung beim lernenden Umgang damit,
2. die Konzentration der Aufmerksamkeit auf ein begrenztes Beobachtungsfeld (z.B. das Schachbrett, der Billardtisch, die Kletterroute),
3. die achtsame Wahrnehmung der eigenen Person und aller in ihr ablaufenden Prozesse (»Kontrollbewußtsein«),
4. die Verschmelzung von Handlung und Bewußtheit, das Einswerden mit der eben gelebten Situation,
5. die Selbstvergessenheit im Aufgehen in der Handlung, das ekstatische Gefühl, daß »es mit einem selbst geschieht«.

Besonders wichtig scheint dabei die persönliche, also selbstbestimmte Zielsetzung des herausfordernden Erlebnisrahmens.

Daneben zeigten die Untersuchungen, daß eine ästhetische Umgebung – oft Naturidyllen, aber auch harmonisch gestaltete Wohnräume oder Büros – und streßarme, ausgeglichene Partnerschaften das Wohlbefinden sehr deutlich positiv beeinflussen, und daß auch körperliche Fitneß – etwa bei sportlichen Leistungen – als angenehm und glücksfördernd empfunden wird. Trotz des förderlichen Einflusses der genannten äußeren Bedingungen kamen alle Forschungsergebnisse zu dem Schluß, daß Glück relativ wenig Ursachen braucht, sondern vielmehr in der Person und Einstellung des Erlebenden gesucht werden muß.

Die Forschungen Ed Dieners konnten zeigen, daß das häufigere und in kürzeren zeitlichen Abständen aufeinander folgende Erleben solcher kleiner und sanfter Glücksstimulantien sich eher zu einem Glücksempfinden verdichtet, als extrem intensive, aber länger zurückliegende »Glücksgipfel«, die oft genug durch einen Absturz in den dazu kontrastierenden, weniger befriedigenden Alltag kompensiert werden. Kleine, aber dauernde Reize schlagen danach eindeutig die Intensität des Reizes.

Darin liegt eine Bestätigung der naturheilkundlichen Arndt-Schulzschen Wirkungsregel, die lautet: »Kleine Reize stimulieren ein System, starke Reize blockieren ein System, und überstarke Reize zerstören es.

Als besonders relevant für Wohlbefinden und Glück zeigte Csikszentmihalyi in seinen Befragungen den Umstand, ob der Mensch die Gabe entwickelt, sein Leben als sinnvoll zu betrachten. Wer persönlich einen Lebenssinn sieht, beschreibt sich in aller Regel als glücklicher als der nüchterne Realist, der keine sinngebende Perspektive für sich entdeckt hat, sondern das Leben nur unter der Zweckmäßigkeit betrachtet. Das gilt sogar dann noch, wenn kein übergreifender Sinn im Leben gefunden wird, sondern sich in der Einzeltätigkeit erschöpft, wie »bei Aktivitäten, die zielgerichtet und durch Regeln gebunden sind – Aktivitäten, für die man psychische Energie einsetzen muß und die ohne entsprechende Fähigkeiten nicht ausgeführt werden können.«[6] Dabei ist der Begriff der Aktivität nicht auf körperliche Aktivitäten beschränkt, sondern allgemeiner aufzufassen, entsprechend des Begriffs »Fähigkeit«.

Das Wesentliche daran scheint das Wachstum, das Vorwärtskommen zu sein, die Entwicklung, der Prozeß, das Nicht-Stagnieren sondern Fließen, weshalb Csikszentmihalyi Glück auch mit dem Begriff »Flow« umschreibt.

Als Resümee seiner Untersuchungen stellt Csikszentmihalyi fest, daß mehr noch als ein allgemeiner Lebenssinn den Menschen die »Kultivierung des Lebenssinns« durch ein individuelles Lebensthema glücklich machen kann.

Bei dieser Formulierung stutzt der Astrologe als Fachmann für das individuelle Lebensthema. Ist doch das Geburtshoroskop nichts anderes, als eben dieses persönliche Lebensthema, was demnach ins Fließen gebracht werden möchte, und das ganze Leben der Lernprozeß, der in der Herausforderung liegt: Werde der, der Du potentiell schon bist.

6 Csikszentmihalyi: Flow, S. 75.

## Glück aus religiöser und philosophischer Sicht

Allen Religionsstiftern darf man unabhängig davon, was ihre verbeamteten Nachfolger, die Pharisäer und Kirchenmänner aus der ursprünglichen Religion gemacht haben, unterstellen, daß die Liebe zu den Menschen und der Vorsatz, ihnen dabei zu helfen, glücklich zu werden, die Triebkraft ihres Tuns waren.

Manchmal fällt das bei der Betrachtung der institutionalisierten Kirchen nicht leicht. Denn kaum irgend etwas anderes hat so viel Greueltaten und Leid für die Menschheit gebracht, als mißverstandene Religionsausübung, oft unterstützt durch die hohen Verwaltungsbeamten, die Schriftgelehrten der Religionen. Man muß dabei nicht nur an Kreuzzüge und Hexenverfolgungen im Namen Christi denken oder blutige Racheakte und masochistische Selbstzerstörung im Namen Allahs. Unzählige Ereignisse in der Geschichte der Menschheit berichten besonders dort von kirchlichen Grausamkeiten, wo die eigene Fehlinterpretation wahrer Religion zu missionarischem Ehrgeiz und entsprechender Überheblichkeit über Menschen geführt hat, die andere Wege gingen, um Gott zu finden. Diese Form besserwisserischer Gefangenheit in Moralklischees ist das beste Beispiel dafür, in einem Bewußtseinsgrad jenseits aller »Flows« und Bewegungen gefangen zu sein; sie kann nur aus einem unglücklichen Herzen entspringen, dem das Vertrauen in den Fluß des Lebens fehlt und das deshalb in klassischer Projektion eigener Probleme auf die Umwelt hofft, die eigene Sturheit dadurch aufzulösen, daß Andersdenkenden der Kopf gespalten oder zumindest gewaschen wird.

Gott sei Dank sind nicht alle Kirchenvertreter von solch selbstgerecht dummer Machart. Einige mögen selbst im Strom fließen, wie die Begründer ihrer Religion, und damit wandelbar sein, flexibel und aus der Sicht dogmatischer Geister höchst widersprüchlich. Sie passen nicht in das Konzept ihrer schriftgelehrten Kollegen, die einen wiederauferstandenen Christus sicher aufs neue kreuzigen würden.

Die beglückten Glückseligen, die Urväter der Religion, die ihre Mitte fanden, wollten ihren Mitmenschen dabei helfen, sie auch zu finden, und so entstand Religion (lat. religere = zurückbinden an den Urgrund). Sie wollten Menschen zu ihrem Glück verhelfen und sind damit die berühmtesten »Glücksforscher«.

Sehr deutlich kommt dieser Ansatz im Buddhismus zum Tragen, der wegen seiner missionsfreien Art oft gar nicht als Religion, sondern als Philosophie dargestellt wird. Im Buddhismus wird auch nicht nach einem Gott gesucht, den man dann vielleicht noch als den einzigen für sich pachten möchte, sondern das Augenmerk wird auf das eigene Innere gelenkt, wo man Gott in der eigenen göttlichen Natur wiederfinden kann. Glück wird hier als Freisein von Leid definiert. Die edle vierfache Weisheit Buddhas liegt in der Feststellung, daß das Leben durch Leiden gekennzeichnet ist, daß dieses Leiden bestimmte Ursachen hat, daß es einen Weg aus diesem Leiden und damit zum Glück gibt, und in den acht edlen Wahrheiten, die zur Aufhebung des Leids führen.

Dabei werden als Leidensursachen u.a. Zorn, Gier und Unwissenheit genannt, interessanterweise Begriffe, die den ersten drei Tierkreiszeichen in ihrer unerlösten Form zugeordnet werden können: Zorn ist Widder; Gier ist Stier; Unwissenheit ist Zwillinge.

Neben der Weisheitsschulung (»Panna«) und Regeln zum sittlichen Verhalten (»Sila«) wird als wesentlichster Bestandteil des achtfältigen Pfades zur Aufhebung des Leidens auf die Meditationspraxis (»Üben des Samadhi«) hingewiesen. Denn die Öffnung des Bewußtseins durch Meditation schafft eine Voraussetzung dafür, das Leben als beglückend zu empfinden. Im ZEN-Buddhismus wird häufig von »Flow«-Erfahrungen berichtet, von Erleuchtungen, die im Anschluß an konzentrierte ZA-ZEN-Meditationspraxis beispielsweise bei der Küchen- oder Gartenarbeit eintraten, nämlich in der beglückenden Wahrnehmung des Alltäglichen.

Buddha kommt in seinen Betrachtungen auch zu der Schlußfolgerung, daß der Weg der goldenen Mitte der geeignetste zu Erfüllung und Glück sei. Alle Extremerfahrungen, die er auf der Suche nach Befreiung durchmachte, konnten ihm keine Erlösung bringen. Das rechte Maß: Nicht zu viel und nicht zu wenig, also eine Harmonie der Gegensätze führte ihn zur Selbstfindung und wurde so Bestandteil seiner Lehre. Hier finden wir Parallelen zu der psychologischen Glücksforschung, wenn dort von der rechten Mitte zwischen Nähe und Distanz in Beziehungen oder zum Thema gesprochen wird, nicht zu viel und nicht zu wenig vom Leben zu erwarten, wenn man glücklich werden möchte.

Der ZEN-Meister Hakuin bringt in seinem Chorgesang den perfekten »Flow«-Zustand zum Ausdruck:

»Die Menschen sind in ihrem tiefsten Wesen Buddha,
so wie Wasser Eis ist.
Und wie es kein Eis gibt ohne Wasser,
so gibt es ohne Buddha nicht einen Menschen.
Weh den Menschen, die in weiter Ferne suchen
und was nahe liegt nicht wissen!
Sie gleichen denen, die mitten im Wasser stehen,
und doch nach Wasser schreien ...«

In diesen Zeilen wird deutlich, daß Menschen und Buddha im Wesen ein und dasselbe sind, nämlich Wasser in verschiedenen Aggregatzuständen. Der Mensch im geronnenen, im Klischeedenken verhärteten, eisigen Zustand. Das Bewußtsein des Buddha dagegen als Wasser im »Flow«-Zustand. Die Transformation vom leidvoll erlebten Normalbewußtsein zum glückseligen Buddha-Bewußtsein.

Buddha ist in diesem Zusammenhang nicht als der historische Buddha Gautama zu verstehen, sondern als Beschreibung für einen bestimmten erleuchteten Bewußtseinszustand, also als einen Titel, wie der Titel »Christus« einer ist. Christus kommt vom altgriechischen »christos«, was soviel wie »der Gesalbte« bedeutet und ebenfalls ein Hinweis auf den göttlichen, erleuchteten Bewußtseinszustand ist. Jeder, der in diesem Zustand lebt, ist ein »Christus« oder ein »Buddha«. Das Wesentliche ist die »Verflüssigung« des Bewußtseins, das Auftauen aus der Gefangenheit in der eisigen Verhärtung von Fixierungen des Bewußtseins.

Und Hakuin bietet als Weg zu diesem Bewußtsein folgende Meditation an:

»Wem nur ein einmaliger Sitz[7] sich vollendet,
dem verschwindet unermeßlich aufgehäuftes Böses.
Wo sollte sich denn ein Ort der Verbannung finden
für das Böse, wenn reines Land so nahe ist.«

7 Mit »Sitz« ist hier das »Sitzen in Absichtslosigkeit« (jap.: »Shikantaza«) der ZEN-Tradition gemeint, eine ZA-ZEN genannte Meditationsform des ruhigen Sitzens in tiefer Versenkung.

Glück hat in den östlichen Religionen viele Namen, wie »Moksha« (die Befreiung), »Nibbana« (das Verlöschen) und »Samadhi« (tiefste Meditation) im Hinduismus, »Kensho« und »Satori« (Erleuchtungserfahrung) im japanischen ZEN-Buddhismus, um nur einige zu nennen.

Schwieriger ist es da schon in den großen westlichen Religionen, wie Judentum, Islam und Christentum, wenn man von den »Christus-Erfahrungen« der christlichen Mystiker einmal absieht. Denn die westlichen Religionen suchen mit Ausnahme ihrer esoterischen Ableger alle das Glück nicht in dieser Welt, sondern im Jenseits, unter der Voraussetzung, daß man sich hier gut verhalten hat. Diese Welt hier scheint dort mehr eine leidvolle Bewährungsprobe mit Hoffnung auf das Jenseits, vielleicht dem Himmel, vielleicht aber auch der Hölle, zu sein, ohne Chance, in diesem Leben Erlösung zu finden.

Im Christentum finden wir dem Buddhismus sehr ähnliche Hinweise auf den glücksfördernden Aspekt sittlichen Lebenswandels, der übrigens in allen mir bekannten Religionsformen angesprochen wird, mit Ausnahme strenger ZEN-Varianten, die aber doch in den beispielgebenden Anekdoten aus dem Leben der ZEN-Meister deren untadeliges Verhalten zeigen.

Damit ist in den wahren Religionen übrigens nie Moralaposteltum gemeint. Dies zeigt das Verhalten Jesu Christi, der auch Zöllner und Huren verstanden haben soll und selbst mit der Peitsche im Tempel stand, um die unbewußten Jahrmärktler zu vertreiben; ebenso die Anekdoten vom ZEN-Meister Ikkju, der selbst bei den Geishas dem Sake zugesprochen hat und kein Puritaner war. Auch von tibetischen Lamas und Heiligen werden ähnlich »menschliche« – und aus der Sicht von Moralaposteln »unmoralische« – Verhaltensweisen berichtet, ohne daß sie aus der Sicht anderer »Befreiter« ihren Status als »erleuchtet« aberkannt bekommen hätten, sondern vielmehr darin bestätigt wurden.

Sittlichkeit meint den ehrlichen Umgang mit sich selbst und anderen.

Des weiteren finden wir auch im Christentum den Hinweis auf die befreiende Funktion der Meditation, besonders wenn wir die christlichen Mystiker, wie etwa Meister Eckehart oder Angelus Silesius, zu Wort kommen lassen. Kontemplation (lat.: cum templum = mit dem Heiligen sein) ist alte christliche Tradition.

Neben diesen Hinweisen zur Glücksfindung in den Religionen ist noch anzumerken, was übrigens auch die moderne Glücksforschung bestätigt, daß es ganz wesentlich zum Glück beiträgt, eine – und zwar egal welche – Religion zu besitzen, was nur ein anderer Ausdruck für die persönliche Sinnfindung im Leben ist.

Csikszentmihalyi schreibt: »›Flow‹ und Religion sind in der Tat seit den frühesten Zeiten eng miteinander verknüpft. Viele optimale Erfahrungen der Menschheit fanden im Kontext religiöser Rituale statt. Nicht nur die Kunst, sondern auch Schauspielerei, Musik und Tanz hatten ihre Ursprünge in dem, was wir nun ›religiöses Umfeld‹ nennen würden, das heißt, bei Aktivitäten, die darauf abzielten, den Menschen mit übernatürlichen Mächten und Entitäten zu verbinden... Daher ergibt es einen Sinn, wenn religiöse Rituale eine wichtige Quelle für Freude darstellen. In modernen Zeiten haben die Künste, Spiele und das Leben im allgemeinen ihre Verankerung im Übernatürlichen verloren. Die kosmische Ordnung, die früher half, der menschlichen Geschichte Sinn und Bedeutung zu geben, hat sich in unverbundene Fragmente aufgelöst.«[8]

Tschuang-Tse, neben Lao-Tse wohl der bedeutendste Vertreter taoistischer Mystik und einer der glänzendsten Schriftsteller Chinas, schreibt über das wahre Glück: »Gibt es auf Erden überhaupt ein höchstes Glück, oder gibt es keines? Gibt es einen Weg, sein Leben zu wahren, oder gibt es keinen? Was soll man tun, woran soll man sich halten? Was soll man meiden, wo soll man bleiben? Wem soll man sich zuwenden, wovon soll man sich abwenden? Worüber soll man unglücklich sein, was als Glück betrachten? Was man auf Erden hochzuhalten pflegt, ist Reichtum, Ehre, langes Leben, Tüchtigkeit. Was man für Glück zu halten pflegt, ist ein gesunder Leib, Genüsse der Nahrung, schöne Kleider, Augenlust und die Welt der Töne. Was man für unwert hält, ist Armut, Niedrigkeit, früher Tod und Schlechtigkeit. Was man für Unglück hält, ist, wenn der Leib

8 Csikszentmihalyi: Flow, S. 109.

nicht sein Behagen findet, wenn der Mund nicht seine Genüsse findet, wenn man sich nicht in schöne Kleider hüllen kann, wenn man sich nicht ergötzen kann an den schönen Farben und der Welt der Töne. So härmen die, denen diese Dinge nicht zuteil werden, sich mit viel Kummer und Furcht ab. In ihrer Sorge für das Leben sind sie zu Toren geworden. (Aber auch denen, die das Glück besitzen, geht es nicht besser.) Die Reichen mühen sich ab in harter Arbeit und sammeln viele Schätze, die sie doch nicht aufbrauchen können. In ihrer Sorge um das Leben haben sie sich an die Außenwelt verloren. Die Vornehmen fügen die Nacht zum Tag, um darüber nachzudenken, was sie fördert oder hindert. In ihrer Sorge für das Leben werden sie sich selber fremd. Bei der Geburt des Menschen wird das Leid zugleich geboren. Erreicht daher einer ein hohes Alter, so wird er nur stumpf und schwachsinnig, und sein langes Leid stirbt nicht. Was ist das für eine Bitternis! In seiner Sorge um sein Leben bleibt er doch fern vom Ziel...

Nun weiß ich nicht, ob das, was die Welt tut, was sie für Glück hält, tatsächlich Glück ist oder nicht. Wenn ich das betrachte, was die Welt für Glück hält, so sehe ich wohl, wie die Menschen in Herden diesem Ziele nachstreben und ihr Leben in die Schanze schlagen, als könnte es nicht anders sein, und alle sprechen, das sei das Glück. Aber Glück und Unglück liegt für mich noch nicht in diesen Dingen. (Was mir am Herzen liegt), das ist, ob es tatsächlich Glück gibt oder nicht. Ich halte das Nicht-Handeln für wahres Glück, also gerade das, was die Welt für die größte Bitternis hält. Darum heißt es: Höchstes Glück ist die Abwesenheit von Glück, höchster Ruhm ist die Abwesenheit des Ruhms. Recht und Unrecht auf Erden lassen sich tatsächlich nicht bestimmen. Immerhin, durch Nicht-Handeln kann Recht und Unrecht bestimmt werden. Höchstes Glück und Wahrung des Lebens ist nur durch Nicht-Handeln zu erhoffen. Ich darf wohl noch weiter darüber reden. Der Himmel gelangt durch Nicht-Handeln zur Reinheit; die Erde gelangt durch Nicht-Handeln zur Festigkeit. Wenn so die beiden in ihrem Nicht-Handeln sich einigen, so entsteht die Wandlung aller Geschöpfe. Unsichtbar, unfaßlich gehen sie aus dem Nicht-Sein hervor; unfaßlich, unsichtbar sind im Nicht-Sein die Ideen. Alle Geschöpfe in ihrer unerschöpflichen Fülle wachsen aus dem Nicht-Handeln hervor. Darum heißt es: Himmel und Erde verharren im

Nicht-Tun, und es bleibt nichts ungetan. Und unter den Menschen, wer vermag es, das Nicht-Tun zu erreichen?«[9]

Tschuang-Tse sieht also mit seinem »Nicht-Handeln« und »Nicht-Tun« auch als wesentlichen, zum Glück des Menschen beitragenden Faktor das absichtslose Tun, das autotelische Handeln an, denn unter dem Nicht-Handeln ist im Taoismus nicht ein statisches Verharren in der Tatenlosigkeit zu verstehen, sondern ein sich aus den Umständen ergebendes, situationsgerechtes und nicht von persönlichen Ambitionen verzerrtes Verhalten.

## Glück aus astrologischer Sicht

In der klassischen Astrologie gibt es eine Reihe von Hinweisen darauf, wo wir im Horoskop Glück ausgedrückt finden. Dabei werden in erster Linie die Planeten Jupiter – nach alter Formulierung »das große Glück« – und Venus – »das kleine Glück« – hervorgehoben und ihren »Pechkontrahenten« Saturn – »das große Unglück« – und Mars – »das kleine Unglück« – gegenübergestellt.

Wenn wir diese These näher betrachten, fallen uns zunächst einige Parallelen zu den Ergebnissen der oben zitierten Glücksforschung auf. So steht etwa Jupiter in der Astrologie als Symbol nicht nur für Glück allgemein, sondern auch für Sinngebung und Entwicklung, die beide nach modernen Ergebnissen das Wohlbefinden eines Menschen nachgewiesenermaßen positiv beeinflussen.

Venus verkörpert dagegen das Prinzip der Ästhetik und Harmonie, die gleichermaßen glücksfördernd wirken, wie man an den Beispielen zur ästhetischen Atmosphäre, ausgewogenen Partnerschaftsverhältnissen und der Fähigkeit des Menschen zu moderater Anspruchshaltung ablesen kann.

Denselben Ansatz fanden wir auch in der Philosophie der Mitte Buddhas, der Extreme als ungeeignet zur Wahrheits- (= Glücks-) findung beschreibt, und die »venusische« goldene Mitte als Weg vorschlägt.

9 In: Gustav Mensching, Die Söhne Gottes. Aus den heiligen Schriften der Menschheit. Wiesbaden.

Das Fatale daran ist nur, daß wir neben diesen glücksfördernden Entsprechungen von Jupiter und Venus solche finden, die nach heutigem Wissen der Psychologie und nach dem alten Wissen der Religionen dem Glück eher abträglich sind oder es zumindest nicht unterstützen. Ich meine damit beispielsweise die Erkenntnis, daß Reichtum (Jupiter) nicht glücklich macht, sowenig wie das in buddhistischer Terminologie ausgedrückte Anhaften an sinnlichen Reizen, was wir der Venus astrologisch zuordnen. Es gibt also offensichtlich innerhalb desselben astrologischen Symbols glücksfördernde und glückshindernde Varianten, so daß wir sicherlich nicht so pauschal wie die klassische Astrologie von Jupiter und Venus als den »Glücksbringern« sprechen können. Besonders deutlich wird das den Betroffenen im Bereich der Astromedizin, wo Jupiter u.a. für Tumorwachstum wie für gesundes Zellwachstum steht und Venus (in gestörter Form) beispielsweise bei der Zuckerkrankheit oder Nierenproblemen eine entscheidende Rolle spielt.

Noch deutlicher aber wird der fehlerhafte Ansatz der klassischen Astrologie, wenn wir deren »Übeltäter« Saturn und Mars untersuchen und das Ergebnis mit den Erkenntnissen der Glücksforschung vergleichen. Wie oben angeführt fand sie heraus, daß ein Großteil der Glückserfahrungen von Menschen bei konzentrierter Arbeit (Saturn!) sowie in Situationen erfüllenden sportlichen Einsatzes (Mars!) gemacht wird. So scheint für viele Menschen die klischeehaft verpönte Arbeitssituation gleichzeitig eine besondere Chance für Glücksgefühle zu bergen. Wenn wir uns in dieser Hinsicht auf die volksverdummende Werbung verlassen würden, so müßte es höchstes Ziel sein, auf einer Tropeninsel zu sitzen und die Arbeit lieber anderen zu überlassen. Tief im Inneren wissen dagegen die Menschen, trotz ihrer Beeinflussung durch entsprechende Werbespots, daß Arbeit ein hohes Gut ist, das einem oft genug zum Glück verhilft. Und zwar nicht nur, weil sie Geld bringt, das man dann für unwesentliche Ersatzbefriedigungen einsetzen kann, sondern weil konzentriertes und lernorientiertes Arbeiten an sich Freude bereitet. Dies beweisen die Befragungen der Menschen in der Glücksforschung. Offensichtlich stehen die Befragten nur öffentlich nicht zu dieser Erfahrung und äußern sie nur in anonymen Statistiken, um sich nicht dem Gespött derer auszusetzen, die die werbewirksame Reichtum-Freizeit-Sex-Philosophie verbreiten.

Viele sportlich Interessierte schilderten ein Gefühl des »Flow« bei ihren Aktivitäten, sei es nun beim Joggen, auf dem Surfbrett oder beim Skifahren. Über all diese Lebensbereiche würde Mars als vermeintlicher Planet des kleinen Unglücks herrschen.

Auch hier können wir also die Feststellung machen, daß bestimmte Entsprechungen ein und desselben astrologischen Prinzips sich sowohl glücksfördernd als auch glückszerstörend (Mars als Kriegsplanet) auswirken können.

Wir müssen also bei fundierter Betrachtung des Glücks über die vulgäre Vereinfachung der klassischen Astrologie hinausgehen und einen übergreifenden Ansatz finden, der Glück im Horoskop auf andere Art erklären kann.

## Glück aus esoterisch-astrologischer Sicht

Esoterik hat mit Verinnerlichung zu tun. Manche verstehen den Begriff Esoterik falsch, wenn sie an okkultes Wissen von Geheimbünden oder Logen denken. Oft wird esoterisch unter Bezugnahme auf das altgriechische Wort »esoteros« benutzt: »zum inneren Kreis gehörig«. Man weist darauf hin, daß es in allen Schüler-Meister-Verhältnissen engere innere Beziehungen zwischen bevorzugten Schülern und dem Meister gegeben habe, wie etwa zwischen Jesus und seinen Jüngern oder zwischen Pythagoras und seinem engeren Schülerkreis, und im Gegensatz dazu einen äußeren, exoterischen Kreis. Der innere, esoterische Kreis war eingeweiht in ein dem exoterischen Kreis nicht zugängliches und daher okkultes Wissen, das natürlich für die Exoteriker immer interessanter wurde. Dies hat mit dem seelischen Gesetz »Widerstand macht magnetisch« zu tun, oder anders formuliert: Tabuisiertes zieht magisch an.

Es ist daher zu allen Zeiten sportlicher Ehrgeiz für diejenigen gewesen, die nicht zum esoterischen Kreis dazugehörten, sich zu bemühen, auch in diesen privilegierten Status zu kommen. Die andere Möglichkeit, sich dazuzustellen, ist die, die Esoteriker als Spinner abzutun, und sich zum Schutz vor eigener Persönlichkeitsentwicklung in dümmliche Arroganz zu hüllen.

Das Erreichen dieser spirituellen Dimension des Esoterischen hat aber nun nichts an sich, was man käuflich erwerben könnte, oder was man durch fleißiges Büffeln sogenannten esoterischen Wissens erreichen könnte.

Nein, Esoterik ist eine innere Dimension. Eine Dimension, die sich im Menschen selbst abspielt, wenn er ein verinnerlichter, erinnernder, seine Mitte findender Mensch geworden ist. Die Legende spricht davon, daß Buddha bei einer Lehrrede vor vielen tausend Mönchen einen Moment innegehalten haben soll und lächelnd eine Rose anblickte. Nur einer der vielen Schüler, Mahakashiapa, war in der Lage, die dadurch vermittelte Botschaft zu begreifen: Auch er lächelte selig im selben Moment: Der gleiche gelöste und offene Bewußtseinszustand. Zwei Esoteriker unter sich, inmitten vieler Exoteriker.

Esoteriker wird man nicht durch »Mitgliedschaft bei der weißen Bruderschaft« oder anderen spirituellen Orden, sondern durch Sensibilisierung für die eigene Mitte. Der eigentliche Zugang zu dem bislang Geheimen erschließt sich durch eine gewisse Geistes- und Gefühlshaltung. Der Verinnerlichte gehört dazu, der in der äußeren Welt Verhaftete bleibt exoterisch. Wenn wir mit diesen Gedanken spielen, springen die Parallelen zwischen Esoterik und Glückserlebnissen geradezu ins Auge. Beides hat mit jener besonderen Offenheit des Bewußtseins zu tun, die ganz alltägliche Erlebnisse zur mystischen Einheitserfahrung – nach Maslow – werden lassen, die Leben aus der erhöhten Sensibilität der Seele dankbar und glücklich wahrnehmen lassen. In diesem Sinne waren und sind viele von uns schon Esoteriker, bevor sie jemals von diesem Begriff gehört hatten. Im »Flow« sein meint in der Mitte sein, meint zum eigenen inneren Kreis Zugang haben.

Daß sich in der Geschichte immer wieder Geheimbünde entwickelt haben, liegt einmal daran, daß sie ihr sensibleres Bewußtsein vom Leben vor der Dumpfheit exoterischer Betrachtungsweise schützen wollten und sich selbst vor der Verfolgung der Exoteriker. Ähnlich wie wir im Alltagsleben vor der Verfolgung durch den mißgünstigen Nachbarn aufpassen müssen, der das Leben seines Nächsten mit den eigenen festgefahrenen Klischeevorstellungen und Moralismen mißt, so mußten die Menschen, die sich mit den inneren Dingen des Lebens auseinandersetzen, unter der Verständnislosigkeit ihrer exoterischen Mitbürger leiden und entschlossen sich oft genug, ihre gemeinsamen Interessen im geheimen zu betreiben. Die Hoffnung, sich damit schützen zu können, wurde freilich enttäuscht, denn das »Geheime« ist nach aller Lebenserfahrung für die anderen nur um so attraktiver. Diese Tatsache kostete vielen Geheimbündlern, religiösen Gemeinschaften und auch »Hexen«, besonders im dunklen Mittelalter, das Leben, weil sie für die dumpfen, in ihren gewohnten Klischees lebenden Normalbürger zu fremdartig waren und in ihrem Anderssein die Ängste der spießigen Masse vor der Freiheit des Individuellen provozierten.

Der zweite Grund für die Bildung von Logen und anderen Geheimbünden liegt darin, daß es den Menschen als soziales Lebewesen dazu drängt, selbstgemachte Erfahrungen mit anderen zu teilen. In der Enttäuschung, von vielen Mitmenschen in den ihm immer wichtiger werdenden inneren Dingen nicht verstanden zu werden und so zu vereinsamen, macht sich der Suchende auf den Weg nach Gleichgesinnten, die er dort zu finden glaubt, wo die Beschäftigung mit der Esoterik fast professionell erfolgt. Oft genug mit der neuerlich enttäuschenden Erfahrung, daß die professionelle Auseinandersetzung keine Garantie dafür ist, dort wirkliche Esoterik zu finden.

Deshalb bleibt für esoterisches Wissen oft nur der Mut zum Alleinsein und der Schutz des Schweigens verbunden mit der Bescheidenheit, es nicht anderen aufzudrängen, wenn sie nicht ausdrücklich danach fragen, weil sie reif dafür geworden sind. Später fühlt man dann ganz intuitiv, wo sich ein Austausch anbietet und wo es besser ist zu schweigen.

Das esoterische Innewerden hat viel damit zu tun, seine eigene Mitte zu finden. Diese Mitte zeigt sich in der Figur unseres Radixhoroskops in dem Mittelpunkt des Horoskops. Die Betonungen durch Planeten und andere Horoskopfaktoren am äußeren Horoskopkreis zeigen, wo wir aus der ersehnten Mitte an die exoterische Peripherie abgedriftet sind. Sie geben uns durch die Tierkreiszeichen und Häuser, in denen sie stehen, unsere Persönlichkeit (lat. personare = hindurchtönen), unseren spezifischen Klang oder unsere Charakterfärbung, die uns in der Außenwelt kenntlich macht. Im Bild können wir uns die Horoskopmitte wie ein das gesamte

Farbspektrum beinhaltendes weißes Licht vorstellen, das durch die »Linsenvorsätze« der Tierkreiszeichen, Häuser und Planeten, gebrochen und in Einzelfarben zerlegt wird und so in individueller Färbung durch unsere Handlungen und Verhaltensweisen etc. im Außen erscheint. Die Universalität des weißen (= weisen) Kerns, der Mitte, geht in der Färbung an der Peripherie verloren und beschränkt sich auf spezifische Ausdrucksformen.

Diese Ausdrucksformen sind es, die unser individuelles Ego ausmachen, die unser persönliches Geburtsbild abbildet, und wegen denen wir von anderen geliebt und gehaßt werden, je nach dem, zu welcher »Farbe« sich der andere hingezogen und von welcher er sich abgestoßen fühlt. Und die Festlegung auf diese Färbung, die Festlegung auf die Charakterfärbung des Horoskops kann uns unglücklich machen. Je weiter wir in unserer Färbung von der weißen (= weisen) Mitte entfernt sind, um so dunkler und einseitiger wird dabei die Färbung. Je näher wir der Mitte kommen, desto mehr Ausstrahlung bekommt unser Horoskop, und es nähert sich damit der Universalität der Mitte.

Die Frage nach dieser Annäherung an die Mitte ist der gesuchte Prozeß, das Fließen, der »Flow« in der esoterischen Betrachtungsweise des Geburtsbildes. Die Frage danach, worin die Entwicklungsmöglichkeiten eines Geburtsbildes liegen.

Astrologische Untersuchungen können nämlich, je nach dem Niveau, auf dem sie betrieben werden, einen Menschen sehr unglücklich machen[10] oder aber ihm dabei helfen, sein Glück zu finden. Dies entscheidet sich nach den bisherigen Erwägungen bei der Frage, ob man das Geburtsbild als deterministische Prägung beurteilt, und dem Menschen damit Stagnation in seiner vorgegebenen Charakterfärbung voraussagt, oder ob man das Horoskop als ent-

---

10 Das mag der Grund dafür sein, warum eine Reihe katholischer Päpste Astrologie als »Teufelswerkzeug« verdammte, in der Hoffnung, daß sie nicht mehr so destruktiv eingesetzt werden könnte. Die Mehrzahl der Päpste in der Geschichte der katholischen Kirche freilich bediente sich selbst astrologischer Weisheit und bekannte sich ausdrücklich dazu. Demokrit soll diesen Umstand folgendermaßen formuliert haben: »Wasser kann gut wie schlecht sein, nützlich oder gefährlich. Gegen die Gefahren gibt es jedoch ein Mittel: Schwimmen lernen.«

wicklungsfähigen Startpunkt betrachtet, mit der Möglichkeit und Aufgabe, es weiterzuentwickeln, der inneren Mitte näherzukommen, es ins Fließen zu bringen und dabei Glück zu empfinden.

Für viele Astrologieinteressierte und auch ihre Kritiker besteht dabei anfänglich das logisch scheinbar unlösbare Problem, wie das Geburtsbild einerseits aussagekräftig bleiben kann, also in der Lage sein soll, den Charakter eines Menschen exakt zu beschreiben, und ihn andererseits dabei nicht deterministisch festlegt. Denn entweder ist der Charakter eindeutig festlegbar, und damit der Mensch auch konkret determiniert, oder aber er ist entwicklungsfähig, damit aber auch wandelbar und nicht eindeutig zu beschreiben.

Astrologen, die sich – meist in profilneurotischer Anbiederung an wissenschaftliche Denkweise – zu der deterministischen Variante bekennen, wollen dann auch aus dem jeweiligen Geburtsbild erkennen, ob es sich bei dem Horoskopeigner um einen Schwerstverbrecher oder um einen Heiligen handelt. Sie bieten manchmal sogar als Prüfungsaufgaben für ihre recht zweifelhafte Ausbildung Horoskope zu der Untersuchung an, bei welchem der Horoskope es sich etwa um einen Triebtäter und bei welchem es sich um einen genialen Musiker gehandelt haben mag und wollen dies von ihren Schülern mit astrologischen Mitteln geklärt haben.

Wie unsinnig und vordergründig dieser Ansatz ist, müßte eigentlich schon längst durch die astrologische Zwillingsforschung widerlegt sein, aus der man entnehmen kann, daß Menschen mit identischen oder nahezu identischen Geburtsbildern zwar häufig sehr ähnliche Schicksalswege nehmen, daß aber eine ähnlich große Gruppe von astrologischen Zwillingen gänzlich unterschiedliche Lebenswege nimmt.

Das heißt im Klartext, daß ein und dasselbe Horoskop auf ganz verschiedene Weise – und zwar abhängig von dem jeweiligen Entwicklungsniveau – gelebt werden kann.

Diese Tatsache wird nun wieder gern von Gegnern der Astrologie ins Feld geführt mit dem Hinweis, daß die astrologische Betrachtung einer Nullaussage gleichkomme, wenn dasselbe Horoskop zu ganz verschiedenen Aussagen führen kann.

Dies stimmt natürlich nur aus der Sicht eines Kritikers, der noch nicht erfaßt hat, daß Astrologie ihre Aussagen auf der Basis von Symbolen macht, und Symbole einen weiten Interpretationsspielraum zulassen, ohne deshalb gleich zu beliebigen Aussagen zu werden. Symbole beruhen auf analogem Denken, das Zusammenhänge erkennbar macht, die einem Denkansatz, der in kausalem Denken verhaftet ist, verborgen bleibt. Nicht alles, was sich kausal nicht erklären läßt, existiert nicht, außer vielleicht aus der Sicht eines Menschen, der das – aus Angst? – nicht zulassen möchte.

Bleibt also die Schlußfolgerung, daß Astrologie den symbolischen Spielraum festlegt. Der Zeitpunkt, in dem ein Mensch eigenständig ins Leben durch den ersten eigenen Atemzug eintritt, gibt ihm eine Charakterstruktur – sein Geburtsbild – mit, die, durch den weiten Symbolrahmen begrenzt, zur Entwicklung innerhalb der Symbolik einlädt. Je enger freilich das Verständnis des interpretierenden Astrologen von der jeweiligen Symbolik ist, desto knapper wird das Korsett, das er für den schlecht beratenen Klienten schneidert. Bei entsprechender geistiger Weite läßt sich dagegen aus jedem Horoskop ein Verbrecher oder auch ein Heiliger machen, wohlgemerkt ohne dabei beliebig und unkonkret zu werden.

Denn der entsprechende Verbrecher und der Heilige haben – aus symbolischer Sichtweise – etwas äußerst Spezifisches gemeinsam: dieselbe Charakterstruktur, dasselbe Horoskop. Nur daß der eine aus dieser Vorgabe, seiner »Lebensschulaufgabe«, nur Verbrechen begehen kann, während der andere dasselbe Lebensthema auf höchst bewußtem Niveau als Weiser lebt. Im obigen Bild gesprochen würde der Verbrecher sein Horoskop ganz an der Peripherie, äußerst exoterisch, in den dunkelsten Färbungen seines spezifischen Farbspektrums leben, der Weise dagegen in unmittelbarer Nähe jener ungefärbten und doch alle Farben beinhaltenden, gleißend weißen Mitte.

Genau der dazwischen liegende Spielraum der Charakterfärbungen ist es aber, über den ich in diesem Buch Überlegungen anstellen möchte. Denn ich glaube, daß er sehr viel damit zu tun hat, ob ein Mensch gücklich wird oder nicht. In der Nähe des inneren weißen Lichts und mit jedem Entwicklungsschritt, mit der er sich ihm annähert, wird er glücklicher.

Wenn wir mit den am Anfang des Buches stehenden Erwägungen davon ausgehen können, daß Glück uns vom Schicksal wie in der »Lerntheorie« als Belohnung und damit auch als Ermunterung in Situationen zuteil wird, in denen wir uns sinnvoll entwickeln, dann meint diese sinnvolle Entwicklung vor allem die Entwicklung innerhalb der vorgegebenen Struktur des Geburtsbildes von unerlösteren zu bewußteren und damit erlösteren Entsprechungen derselben Symbolik.

Gelingt uns dies, so leben wir damit nichts anderes als die Kultivierung des Lebenssinnes durch ein individuelles Lebensthema[11], nämlich unseren Horoskops. Wir kultivieren die Charakterstruktur durch Höherentwicklung innerhalb der vorgegebenen Symbolik und geraten damit im Geburtsbild ins Fließen.

Ich möchte dazu nochmals auf Czikszentmihalyis Untersuchungen zu sprechen kommen. Als »optimale Erfahrungen« – wie er Glücksgefühle auch nennt – unterstützende Eigenschaften erwähnt er: »Ein Gefühl, daß die eigenen Fähigkeiten ausreichen, eine gegebene Herausforderung in einem zielgerichteten, regelgebundenen Handlungssystem zu bewältigen, das deutliche Rückmeldung bietet, wie gut man abschneidet. Die Konzentration ist dabei so intensiv, daß keine Aufmerksamkeit übrig bleibt, um andere, unwichtige Dinge zu denken oder sich um Probleme zu sorgen. Das Selbstgefühl verschwindet, und das Zeitgefühl wird verzerrt. Eine Aktivität, die solche Erfahrungen herbeiführt, ist so lohnend, daß man gewillt wird, sie um ihrer selbst willen auszuführen, ohne an mögliche Vorteile zu denken, auch, wenn sie schwierig oder gefährlich ist.«[12]

Dies Eine-Sache-um-ihrer-selbst-willen-tun nennt Csikszentmihalyi »autotelisch«, ein neuer Begriff für den in der östlichen Philosophie allseits bekannten Terminus der »Wu-Wei«, des absichtslosen Tuns.

Er greift dann ein gut illustrierendes Beispiel auf: »Nehmen wir an, daß das Bild unten eine bestimmte Aktivität darstellt – etwa ein Tennisspiel. Die beiden wichtigsten Dimensionen der Erfahrung – Herausforderung und Fähigkeiten – sind auf den beiden Achsen des Diagramms dargestellt. Der Buchstabe A steht für Alex, einen Jungen, der gerade Tennisspielen lernt. Am Anfang hat Alex (A1) praktisch keine Fähigkeiten, und seine einzige Herausforderung besteht darin, den Ball über das Netz zu schlagen. Das ist nicht sehr

11 Das ist für Csikszentmihalyi die Essenz eines glückbereitenden Weges.
12 Csikszentmihalyi: Flow, S. 103.

schwierig, aber Alex hat vermutlich Spaß daran, weil der Schwierigkeitsgrad für seine rudimentären Fähigkeiten gerade richtig ist. An diesem Punkt gerät er vermutlich in ›Flow‹. Aber lange kann er dort nicht bleiben. Nach einer Weile und einiger Übung verbessern sich seine Fähigkeiten, und er langweilt sich, wenn er nur den Ball übers Netz schlägt (A2). Vielleicht trifft er auch auf einen geübteren Gegner und merkt, daß es größere Herausforderungen für ihn gibt, als nur den Ball zu treffen – hier wird er einige Unsicherheit spüren (A3) und sich um seine Leistung sorgen.

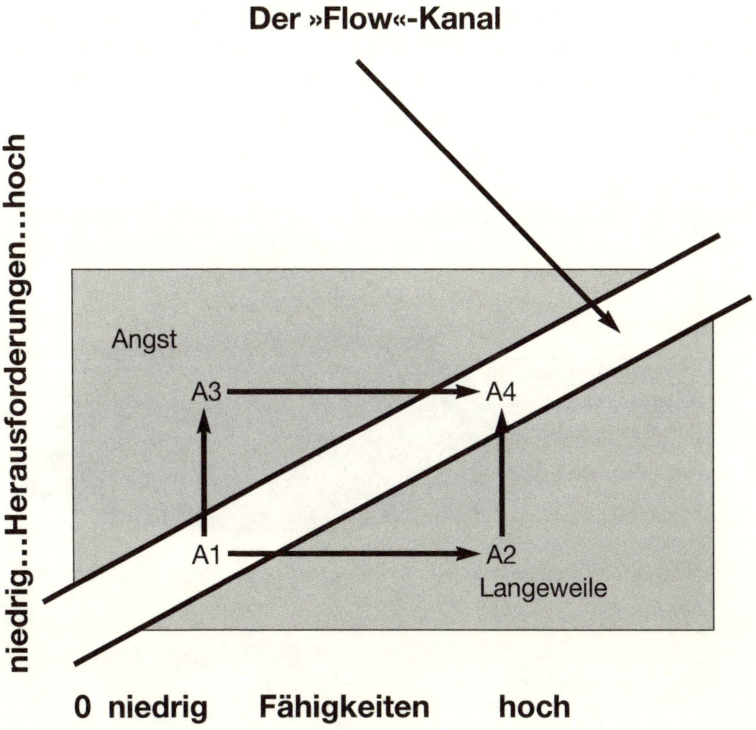


*Der »Flow«-Kanal*

Wenn Alex unsicher ist, besteht der Weg zurück zum ›flow‹ darin, seine Fähigkeiten zu verbessern. Theoretisch könnte er auch seine Herausforderungen verringern und in den gleichen ›Flow‹-Zustand zurückkehren, in dem er begann (A1), aber in der Praxis ist es schwierig, Herausforderungen nicht anzunehmen, wenn man weiß, daß es sie gibt.[13]

Das Diagramm zeigt, daß A1 und A4 Situationen beschreiben, in denen Alex sich im ›Flow‹ befindet. Beide Zustände sind recht erfreulich, doch unterscheiden sie sich darin, daß A4 eine komplexere Erfahrung darstellt als A1. Sie ist komplexer, weil eine größere Herausforderung dazugehört und dem Spieler größere Geschicklichkeit abverlangt.«[14]

In der Astrologie kann man denselben Sachverhalt mit einer Grafik des Tierkreises und der Entwicklungen in ihm deutlich machen. Im Tierkreis geht der »Flow«-Kanal in eine dritte Dimension des Geburtsbildes, die man in der Aufsicht von oben nicht erkennen kann.

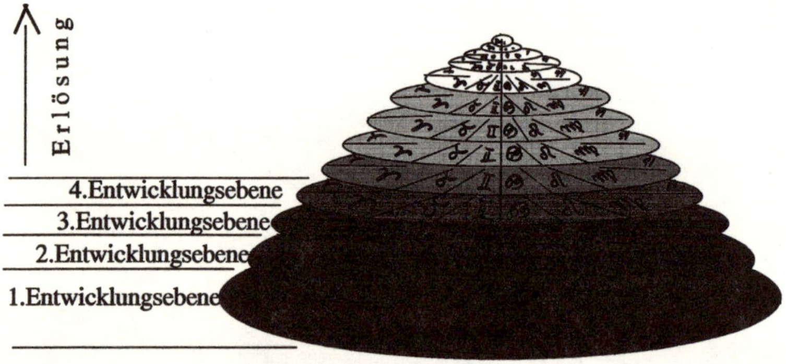


*Tierkreis und Entwicklung: Die Erlösung vollzieht sich von unten nach oben*

13 Diesen Ansatz, zum alten Punkt immer wieder zurückzukehren, und ihn doch als ewig sich erneuernden zu erfahren, finden wir dagegen in Meditationsformen wie ZA-ZEN oder T'ai Chi, weil man dort nicht wie Csikszentmihalyi davon ausgeht, daß keine Herausforderung mehr vorhanden ist. Vielmehr kann man aus der Sicht des ZEN oder T'ai Chi eine Übung nicht wirklich vollenden, weil sie immer tiefere Dimensionen mit dem Üben freilegt. Im Beispiel C.s würde das bedeuten, daß man mit der bloßen Handlung, den Ball übers Netz zu schlagen, absolute Erfüllung und Befreiung erlangen kann, wenn man lange genug übt. So lange nämlich, bis die glückselige Erfahrung eintritt, daß »es« den Ball schlägt und Einswerden mit dem Geschehen erfolgt.

14 Csikszentmihalyi: Flow. Das Geheimnis des Glücks, S. 106.

Dies ist auch der Grund, warum man aus einem Horoskop nicht ablesen kann, ob es sich bei dem Horoskopeigner um einen Verbrecher oder einen Heiligen handelt, weil dies davon abhängt, auf welcher Entwicklungsebene das Geburtsbild gelebt wird.

So wie Alex im vorigen Beispiel von Alex 1 zu Alex 4 werden kann, und damit wieder sein Glück entdeckt, so kann Widder 1 zu Widder 4 oder gar zu Widder 12 werden, was für alle Tierkreiszeichen, Häuser und Planetenprinzipien gilt. Er wird dabei immer Widder bleiben, so wie Alex Tennisspieler ist. Aber so wie es große Unterschiede zwischen Tennisspielern gibt, so gibt es auch Unterschiede zwischen Vertretern eines Tierkreiszeichens, je nach dem, welche Entwicklungsstufe sie in der entsprechenden Symbolik erreicht haben. Dabei besteht die »Erhöhung der Herausforderungen« in der Sprache von Czikszentmihalyi in dem Versuch, immer neue, erlöstere Varianten des eigenen Tierkreiszeichens zu entdecken, und damit erhöhte Fähigkeiten innerhalb der Symbolik zu erwerben.

## Der Glückspunkt

Es wäre eigenartig, ein Buch über Glück und Selbstverwirklichung im Horoskop zu schreiben, ohne dabei den Glückspunkt zumindest erwähnt zu haben.[15]

Freilich nimmt der Glückspunkt in der astrologischen Betrachtung insofern eine Sonderstellung ein, als er sich aus seiner Berechnung zwar als sensibler Punkt[16] im Horoskopkreis ergibt, aber damit nicht automatisch auch gleich seine Bedeutung entfaltet. Daß

15 Ich darf dabei auf die Formel zur Errechnung des Glückspunkts hinweisen: AC + Mond – Sonne = Glückspunkt. Dazu ein Beispiel: Wenn der AC bei 26 Grad Waage steht, der Mond bei 29 Grad Löwe und die Sonne bei 2 Grad Widder, so ergibt sich der Glückspunkt nach folgender Rechnung: 206° (26 Grad + 180 Grad für das Waagezeichen) plus 149° (29 Grad + 120 Grad für Löwe) minus 2° (2 Grad + 0 Grad für Widder) ergibt 355°, was 25° Fische entspricht. Der Glückspunkt steht in diesem Fall also bei 25 Grad Fische.

16 Die Halbsummen- oder Summenpunkte, die sich aus der Berechnung von zwei oder mehreren Planeten ergeben, nennt man sensible Punkte. Besonders gebräuchlich ist die Arbeit mit solch sensiblen Punkten in der Technik der Haburger Schule.

sie zur Auswirkung kommen kann, hat nämlich eine Vorbedingung, die sich aus seinem Wesen ergibt.

Wenn wir uns die Entstehung des Glückspunkts geometrisch vorstellen, wird das deutlich: Der Tierkreisort, an dem der Glückspunkt entsteht, ergibt sich dort, wo der Mond steht, wenn wir den feststehenden Winkel zwischen Sonne und Mond so weit drehen, daß die Sonne am Aszendenten steht.

Der Mond »gebiert«, materialisiert demnach am Ort des Glückspunkts das, was entsteht, wenn das Anliegen des Horoskopeigners[17] sonnenklar wird. Gelingt es dem Horoskopeigner, das Licht der Bewußtheit (Sonne) auf sein Anliegen zu werfen, auf das, was ihm sonst nur dämmert (AC entspricht der Morgendämmerung!), so wird er das seelisch und leibhaftig (Mond) dort verwirklichen, wo der Glückspunkt im Horoskop steht. Und zwar auf die Art, die die Symbolik des Tierkreiszeichens beinhaltet, in dem er steht, und in dem Lebensbereich, der durch die Symbolik des Hauses beschrieben wird, in dem er sich befindet.

Wir sehen daran also, daß der Glückspunkt nur dann zur Auswirkung kommen kann, wenn der Horoskopeigner sein in die Unbewußtheit gestürztes Aszendententhema[18] klar erkennt. Bis zu diesem Zeitpunkt ist der Glückspunkt ein rechnerisch ermittelter Punkt im Horoskopkreis ohne jede weitere Auswirkung.

---

17 Das »Anliegen« des Horoskopeigners wird im Horoskop durch den Aszendenten beschrieben.

18 Die Verbindung zwischen Körperlichkeit und Unbewußtheit ist eine in vielen philosophischen und religiösen Systemen übliche. So geht die Reinkarnationslehre beispielsweise davon aus, daß eine Wiederverkörperung so lange erfolgt, bis der Grad an Bewußtheit (Erleuchtung, Befreiung) erlangt ist, der von der notwendigen Wiederkehr in das Rad der Wiedergeburten erlöst. Körper und Materie werden aus dieser Sicht als Vehikel zur Bewußtwerdung benutzt, und diese Welt wird als Dimension der Schulung angesehen, in der wir uns als Schüler bewegen und nach dem Gesetz des Karma lernen.

Diese Theorie finden wir in unserer Alltagserfahrung immer wieder belegt, wenn wir daran denken, wie häufig wir erfahren müssen, daß wir gerade die Eigenschaften, die wir als Kinder an unseren Eltern besonders bekämpft haben – und nie als eigene Veranlagung erkannt hätten –, später selbst in unserer Charakterstruktur wiederfinden müssen; wenn wir erkennen, wie wir uns häufig mit einer Umgebung schicksalhaft konfrontiert sehen, die unsere eigenen

Ab dem Augenblick freilich, wo das im Aszendenten liegende Schattenthema voll bewußt ist, dieses berühmte Aha-Erlebnis entsteht, wird sich der Horoskopeigner fühlen, als habe er eine bislang verborgene, in ihm selbst liegende Schatztruhe entdeckt. Und dieses Glücksgefühl trägt er in der Weise in die Welt, die seine persönliche Stellung des Glückspunkts in Tierkreiszeichen, Häuserposition und Aspektierung symbolisiert. Es ist der Moment, in dem das Verwunschene, Verzauberte in uns zur Bewußtheit erwacht.

---

unbewußten Probleme zutage bringt oder wenn wir erfahren müssen, wie sich verdrängte Seeleninhalte in Krankheitssymptomen manifestieren.

Der Aszendent ist demnach als körperbezogenster Punkt im Geburtsbild offensichtlich der Punkt, wo bei uns der berühmte »blinde Fleck«, die größte Unbewußtheit über die Eigenperson liegt, obwohl der Aszendent unser für alle Welt erkennbares körperliches Erscheinungsbild abgibt.

# Was ist Liebe?

Wegen ihrer außerordentlichen Bedeutung bei der Entwicklung des Menschen zu seinem Glück möchte ich an dieser Stelle einige Worte zum Thema Liebe verlieren. Liebe ist zwar nicht etwas, was einer speziellen Tierkreissymbolik zugeordnet werden könnte – sie drückt sich in jedem Tierkreiszeichen aus –, oder einem Planetenprinzip, sie wird aber wie die Tierkreiszeichen je nach der Entwicklungsstufe des Menschen auf verschiedenartige Weise gelebt und begleitet so den Menschen auf seinem Weg in die Mitte.

Während wir Liebe auf den untersten Entwicklungsstufen aller Tierkreiszeichen noch kaum oder allenfalls in Form der Verliebtheit vorfinden, so hilft eine schon etwas gereiftere Form von Liebe den ersten wesentlichen Entwicklungssprung – um die 4. Entwicklungsstufe (bezogen auf das später benutzte Schema von acht Entwicklungsstufen) herum – zu unterstützen.

Dies ist die Art von Liebe, die aus der vorwiegenden Beschäftigung mit sich selbst und den eigenen Problemen herausfindet und sich dem Mitmenschen zuwendet – ganz egal ob in der Tat (Widder), im Mitgefühl (Krebs), in der Kompromißbereitschaft (Waage), in wohlmeinender Strenge (Steinbock) oder eben in der für das jeweilige Tierkreiszeichen und seinen Weg spezifischen Form.

Liebe ist hier als Zuwendung dem anderen gegenüber zu verstehen, als gute Tat oder Unterstützung, als ein Eingehen auf den anderen, was in den ersten Entwicklungsstufen noch gar nicht oder nur sehr schwach ausgeprägt war. Dort stand mehr die Verliebheit in sich selbst oder ein Bedürfnis (»Ich brauche Dich, ich kann ohne Dich nicht leben«) im Vordergrund.

Ab der 4. Entwicklungsstufe steht dagegen eine Bewußtseinsentwicklung im Vordergrund, die entdeckt, daß die Liebe zum anderen auch in einem selbst ein tieferes Liebesempfinden zuläßt. Die ersten vier Stufen sind primär durch eine eigene innere Leere gekennzeichnet, verbunden mit dem Bedürfnis, diese Leere durch die

Beziehung zu füllen. In der Symbiose mit dem Partner ist dann vorübergehend ein Gefühl des Erfülltseins vorhanden, beim Weggang des Partners tritt wieder die auch vorher empfundene Leere ein. Auf der 4. Entwicklungsstufe dagegen beginnt man zu begreifen, daß man Liebe nicht vom anderen bekommt, sondern daß sie von selbst durch die Zuwendung zum anderen entsteht. Freilich schwingt hier noch sehr spürbar der – menschlich verständliche – Wunsch mit, für seinen Liebeseinsatz in irgendeiner Weise belohnt zu werden. Sei es über ein »Do, ut des«[1] mit der Erwartungshaltung, daß der andere mit der gleichen Münze zurückzahlt, was man ihm an Zuwendung hat zuteil werden lassen, oder auch als Investition in ein besseres Jenseits.

Hier ist der Reifezustand noch nicht erreicht, wo gespürt wird, daß Lieben an sich Glück bereitet, ganz unabhängig von der Reaktion dessen, an den sie sich richtet. Hier wird Leben noch sehr aus der Spaltung in Subjekt und Objekt, in Ich und Du erfahren.

In der 4. und 5. Entwicklungsstufe wird die Erkenntnis erarbeitet, die Maharishi Mahesh Yogi auf die Frage eines Schülers, wie er in den ersehnten Zustand der Liebe gelangen könnte, kurz und bündig beantwortete: »Du kommst nur dann in den Zustand der Liebe, wenn Du sie bist; sei die Liebe, dann hast Du sie – es gibt keinen anderen Weg.«

Ähnlich äußerte sich auch Krishnamurti, als er sagte: »Du möchtest geliebt werden, weil du nicht selbst liebst; doch von dem Augenblick an, wo du selbst liebst, fragst du nicht länger, ob du von jemand geliebt wirst oder nicht.«

Wenn dies begriffen ist, kann sich ab der 6. Entwicklungsstufe, jener Stufe, wo die Begriffe »autotelisch« oder »absichtslos« gebraucht werden, eine ganz andere Qualität von Liebe entwickeln. Hier ist das tragende Prinzip die Liebe an sich, die Liebe allem gegenüber. Der große Unterschied zu den vorangegangenen Stufen ist der, daß hier Liebe als ein Gefühl des Überflusses empfunden wird, eine Fülle, die man gern mit der ganzen Welt teilen möchte und die sich auch nicht ausschließlich an einen Partner adressiert. Hier ist zumindest keine Notwendigkeit mehr gegeben, symbiotisch zu leben, da wahre Selbständigkeit, Freiheit und Unabhängigkeit erwor-

1 lateinisch: Ich gebe, damit Du (mir) gibst.

ben wurden. Und dies gilt selbst für Tierkreiszeichen, die wie Krebs oder Stier klassisch symbiotisch sind und auf Familie und Gruppe bezogene Tierkreiszeichen darstellen. Beziehung ist in diesen letzten Entwicklungsstufen Luxus, keine Notwendigkeit mehr. Ein Luxus, den man sich vielleicht gern gönnt, der das Leben im Teilen der Erfahrungen sogar noch ein wenig schöner machen kann, wie Luxus dies eben so an sich hat. Aber nicht mehr etwas, das nach einer Trennung Leere und Unerfülltheit zurückläßt. Ab der 6. Entwicklungsstufe kann Liebe aus dem Gefühl der Fülle heraus verschenkt werden – ohne jede Erwartungshaltung auf entsprechende positive Gegenreaktionen. Sie wird hier nicht in der Hoffnung auf Gegenleistung oder einen bestimmten Erfolg gelebt, sondern als selbstverständlicher Ausdruck einer in sich erfüllten Persönlichkeit.

Ein weiteres allgemeines Kriterium, woran man ersehen kann, auf welcher Entwicklungsstufe man sich derzeit befindet, ist folgendes: Die Entwicklung von der unerlösten Peripherie zur bewußten Mitte läuft in vier subjektiven Empfindungen dem Leben gegenüber ab. Beginnend mit der Empfindung »Ich muß« gelangt der Mensch zu der Empfindung »Ich will«, kommt im dritten Schritt zu dem Gefühl »Ich kann«, um schließlich mit dem Gefühl »Ich darf« zu enden. Man kann eine dieser Empfindungen mit etwa zwei Stufen in dem Entwicklungsschema der Tierkreiszeichen gleichsetzen, so daß die ersten beiden Entwicklungsstufen in unserem Tierkreisentwicklungsmodell mit der Grundempfindung »Ich muß« korrelieren, die 3. und 4. Stufe mit der Empfindung »Ich will«, die 5. und 6. Stufe mit dem Gefühl »Ich kann« und die letzten beiden Entwicklungsstufen mit dem Gefühl »Ich darf«.

Am Anfang seiner Entwicklung fühlt sich der Mensch in seiner Trägheit vom Leben gezwungen, leistet ihm aktiven oder passiven Widerstand und erlebt sich in seinem kleinen Ich von dem übermächtigen Gegner Leben vergewaltigt. Daraus resultiert sein »Ich muß«. Das kleine Ich steht im Abwehrkampf gegen das feindliche Leben. Nicht bereit oder noch unfähig zu lernen, sich anzupassen und mit dem Leben statt gegen das Leben zu leben.

Nachdem das kleine widerständige Ich seinen egozentrischen Abwehrkampf gegen das Leben und die als fremd erlebte Umwelt in der 3. und 4. Stufe als aussichtslos erkannt hat und sich der Umwelt zuwendet, statt sich von ihr abzuwenden, wächst ein wenig Freiwilligkeit. Es entsteht das »Ich will«. Die Fähigkeiten sind auf diesen Stufen noch so schwach entwickelt, daß es oft bei der Erklärung bleibt, und nicht alles Gewollte führt auch zum Erfolg. Die Sensibilität für das Leben ist noch nicht stark genug entwickelt, um zu sehen, wohin das Leben mit einem will; die eigenen Vorstellungen stehen noch vor der Wahrheit des Lebens und verstellen sie oft genug, so daß es trotz oder gerade wegen des Eigenwillens zu Mißerfolgen kommen muß. Der große Vorteil gegenüber den ersten beiden Entwicklungsstufen liegt aber darin, daß ein teilweises freiwilliges Mitmachen mit dem Strom des Lebens erkennbar ist, und nicht nur – wie zuvor – eine unbewußte Blockade.

Auf der 5. und 6. Stufe sind die Fertigkeiten im Umgang mit dem Leben schon so weit gediehen, daß das Grundgefühl »Ich kann« entsteht. Können leitet sich vom Begriff der Kunst ab, und hier ist eine Entwicklungsstufe erreicht, wo man in gewisser Weise schon von einer Lebenskunst, einem Lebenskünstler sprechen kann. Dabei meine ich mit entwickelten Fertigkeiten nicht nur ein technisches Know-how, sondern mindestens ebenso die Sensibilität, die Zeichen der Zeit erkennen zu können, und damit das richtige Timing im Umgang mit Situationen zu beherrschen. Obwohl das Ich über mannigfaltige Erfahrungen an Kenntnissen gewonnen hat und damit ein bedeutsameres Ich geworden ist, ist paradoxerweise damit auch die Bewußtheit von der eigenen Bedeutungslosigkeit mitgewachsen, nach dem Motto: »Heute weiß ich viel mehr, vor allem aber weiß ich, wie wenig ich weiß.« Es ist ein typisches Kriterium eines dummen Ich, sich für besonders bedeutsam zu halten, und eines reifen Ich, die eigenen Grenzen und die eigene Bedeutungslosigkeit zu kennen.

So gelingt auf dieser 5. und 6. Stufe des »Ich kann« erstaunlich viel, und es entsteht eine große Freude über das spielerische Erreichen von Erfolg. Spielerisch deshalb, weil nicht mehr die manische Kontrolle der »Ich-will«-Stufen die Dinge zu erzwingen sucht, sondern die Fähigkeit, im richtigen Moment mit der Unterstützung des Lebens das Richtige zu tun. So wie in der Kampfkunst das rechte Timing unnötigen Krafteinsatz erübrigt. Hier ist nicht mehr die eigene Vorstellung das Entscheidende, sondern die Vorgabe durch das Leben, die als Gegebenheit empfunden wird und gern aufgegriffen wird. So erledigt die große Kraft des Lebensstroms die Angelegenheiten fast von selbst, nur noch durch eigene freiwillige Unterstützung gefördert, und es kann Gelassenheit entstehen.

Die 7. und 8. Stufe machen es möglich, das Leben als ein Geschenk zu erleben. Daraus folgt die Grundhaltung: »Ich darf«. Da es hier zu einer Verschmelzung des Ich mit dem Ganzen, dem höheren Selbst, kommt, gibt es keine Trennung zwischen den Ambitionen eines Ich und einer dem entgegengesetzten Umwelt. Der Wille des Lebens und der eigene Wille sind eins. In dieser Situation ergeben sich die Dinge wie von selbst, weil man sich den Dingen ergeben hat. Hier existiert kein Druck mehr, der Gegendruck erzeugen könnte. Hier herrscht nur noch Einverstandensein. Hier wird Leben so selbstverständlich und schwerelos gelebt, wie das Kommen und Gehen des eigenen Atems. Kein Gefühl: »Ich muß atmen«, kein »Ich will atmen«, kein »Ich kann atmen«, sondern: »Ich darf atmen« – oder anders ausgedrückt: »Es atmet mich, und ich lasse es gern und selbstverständlich geschehen.« Kein Widerstand der Existenz gegenüber, keine zwingende Einflußnahme auf die Existenz, nicht einmal mehr souveränes Beherrschen der Existenz, sondern seliges bedenkenloses Getragenwerden durch die Existenz.

# Die Entwicklung der Tierkreiszeichen zur Erlösung

## Die Spannbreite jedes Tierkreiszeichens

Je erlöster die Entwicklungsstufe, desto mehr nähern wir uns der Mitte, dem strahlenden Licht, dem Zentrum des Daseins, in dem alle Gegensätze zu dem Einen werden, das die Mitte unseres Horoskopes abbildet.

Aus der Abbildung »Tierkreis und Entwicklung« kann man recht gut entnehmen, daß das einzelne Tierkreiszeichen mit jedem Entwicklungsschritt in Richtung Mitte seinem Antipodenzeichen ein Stück näher kommt, bis es sich mit ihm in der Einheit aller Gegensätze vereint. Daraus ergibt sich, daß Entwicklung mit der Annäherung an das Fremde, das Gegenüber zu tun hat, oder – psychologisch formuliert – mit der »Integration des Schattens«. Denn das gegenüberliegende Tierkreiszeichen verkörpert aus der Sicht des eigenen Zeichens Schattenhaftes, noch nicht Integriertes.

Mit der Partnerschaft zweier gegenüberliegender Tierkreiszeichen verhält es sich wie mit Partnerschaften im Leben. Man liiert sich gern mit seinem Schatten und hat dabei die Lernaufgabe, durch den anderen an seine eigenen verborgenen Qualitäten heranzukommen, um das Andersartige zu integrieren. Auch dabei ist die Mitte – oder wie man hier lieber sagt: die Liebe – das Verbindende.

An einem Beispiel möchte ich versuchen, Ihnen das Prinzip dieses esoterischen Tierkreises deutlicher zu machen.

Betrachten wir zunächst die beiden kardinalen Achsen des Tierkreises: Widder/Waage und Steinbock/Krebs. Am Anfang der Entwicklung eines Tierkreiszeichens, wo es noch weit entfernt von der Mitte ist und natürlich noch viel weiter von seinem Gegenzeichen, kann man die Qualitäten dieses Zeichens aus der Abgrenzung gegen das Gegenzeichen herleiten. Eigenschaften des Widdertypus wären dann etwa: Undiplomatisch, da Diplomatie eine Eigenschaft

*Tierkreis und Entwicklung, Sicht von oben*

des Gegenzeichens Waage ist, gedankenlos, da Waage das kardinale Denkzeichen ist, kompromißlos oder unausgeglichen. Waage dagegen beginnt seine Entwicklung mit Handlungs- und Entscheidungsschwäche, da Widder als Gegenpol das Zeichen von Handlung und Entscheidung ist, mit Antriebslosigkeit, fehlender Direktheit und mangelnder Ehrlichkeit.

Dies sind Beschreibungen, wie wir sie in der Populär- bis Vulgärastrologie wiederfinden. Sie haben auf einer bestimmten Entwicklungsstufe auch ihre Berechtigung, nur wäre es gefährlich, den Menschen auf dieser Ebene festzulegen, wo dem Widder als Verhaltensspektrum nur die Wahl zwischen hirnloser Aktivität und blindem Draufgängertum bleibt und der Waage nur die zwischen lauer Diplomatie und handlungsschwachem Ästhetizismus. Eine andere Form, ein Tierkreiszeichen auf seiner unerlösten Ebene darzustellen, wäre die Intensivierung bzw. Übersteigerung der Symbolik, ganz nach dem Motto: je reiner und intensiver die Symbolik, um so unerlöster, da sie damit das gesamte Restspektrum des Tierkreises ausschließt, was dann zur Vollkommenheit fehlt. Als einfaches Beispiel: Die Widderenergie beinhaltet die positive Qualität Mut. In ihrer übersteigerten Form wird sie zum unerlösten Übermut.

In der anderen Kardinalachse bliebe auf dieser Ebene für den Steinbock nur die Möglichkeit, zwischen unflexiblem (Alters-) Starrsinn, da Krebs besonders flexibel und anpassungsfähig ist, und situationsunangepaßtem programmatischem Formalismus zu wählen, und Krebs hätte die Wahl zwischen infantiler Rückgratlosigkeit, da Rückgrat die Domäne des Steinbocks ist, und Öffentlichkeitsangst.

Aber lassen Sie uns nun einen Blick auf die hochentwickelten Entsprechungen dieser Zeichen werfen, dorthin, wo sie sich der Mitte angenähert haben, zur Vereinigung mit dem Gegenzeichen bereit sind und damit »ihren Schatten« integriert haben.

In der Mitte der Achse Widder/Waage finden wir Begriffe wie Kampfkunst (Widder = Kampf; Waage = Kunst) oder Gleichmut (Waage = Gleichheit; Widder = Mut). Gleichmut ist also eine mittige, hochentwickelte Eigenschaft, zu der Widder und Waage zu gleichen Teilen beitragen. Dasselbe gilt für wahre Kampfkunst, in der

Energie (Widder) und Balance (Waage) sich harmonisch ergänzen, in der sich Geistigkeit (Waage) und Aktion (Widder) paaren und Ästhetik und Entschlossenheit miteinander verschmelzen.

In der Mitte der anderen kardinalen Achse vereinigt sich die konzentrative Komponente des Steinbocks mit der Augenblicksnähe des Krebses zur Fähigkeit, in jedem Augenblick den der Situation angemessenen (Krebs) Standpunkt (Steinbock) einzunehmen, also ein anpassungsfähiges (Krebs) Rückgrat (Steinbock) zu zeigen oder in Vereinigung mit der anderen Kardinalachse Widder/Waage, also z.B. in dem Kampfkunst-Bereich ein »Fließen in der Form«, wobei das »Fließen« aus dem Wasserzeichen Krebs und die »Form«, der immer feste Stand, aus dem standhaften Steinbock kommt. Bei dem Begriff »Fließen in der Form« denkt der Eingeweihte natürlich spontan an T'ai Chi oder bewegtes Qi Gong oder andere »Wu-Schu«, Kampfkünste.

Eine andere Umschreibung für die erlöste Mitte der Achse Steinbock/Krebs wäre das Bild vom reifen, erfahrenen Menschen (Steinbock), der sich trotz aller Lebenserfahrung die »Offenheit von Kinderaugen« nicht hat nehmen lassen und neue, an ihn herangetragene Umstände vorbehaltlos auf sich wirken lassen kann.

Etwas komplexer noch mag ein Beispiel aus dem Bereich der Astromedizin die Bedeutung der erlösenden Symbolik durch Höherentwicklung zeigen. Man kann mit Hilfe des Mandalas Tierkreis den tieferen Sinn eines Lebensbereiches wie Partnerschaft, Gesundheit, Beruf untersuchen, indem man den Aszendenten von zwölf gleichgroßen Häusern auf das Tierkreiszeichen richtet, das den zu untersuchenden Lebensbereich symbolisch am besten abdeckt, wie Waage bei der Untersuchung der Partnerschaft, Zwilling bei der Kommunikationsfähigkeit und Jungfrau bei der Frage nach dem Sinn von Krankheit und Gesundheit.

Lassen Sie mich das hier aufzeigen. Jungfrau und mit ihr die Achse 6. Haus/12. Haus wird traditionsgemäß in der Astrologie als das Tierkreiszeichen mit dem stärksten Bezug zu dem Themenkreis Gesundheit und Krankheit betrachtet. Möchte man tiefer in die Materie eindringen, so stellt man den Aszendenten von zwölf gleich großen Häusern auf 0 Grad Jungfrau ein und erhält so eine für das Thema Gesundheit und Krankheit typische Kombination zwischen den Häusern und Zeichen.

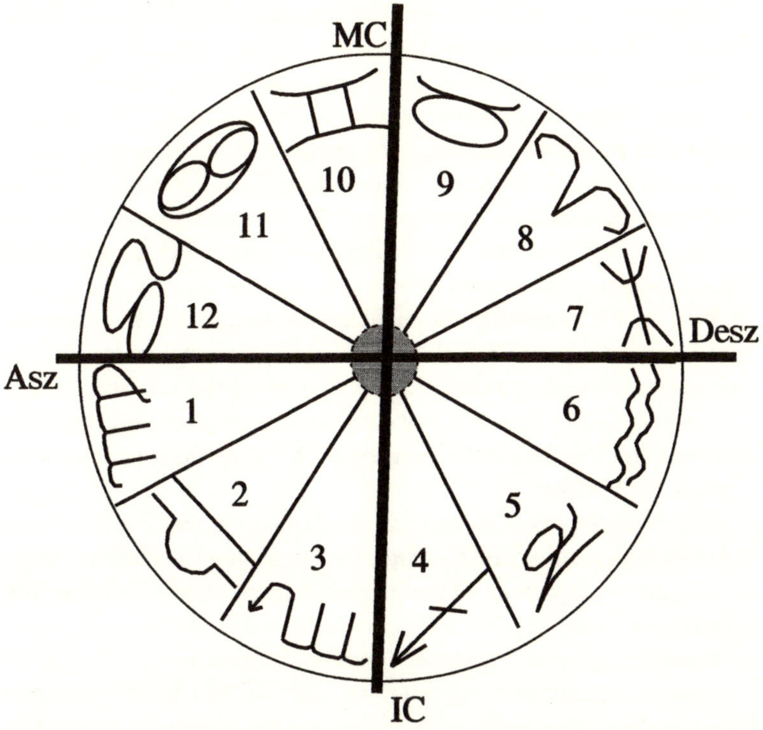


*Das Horoskop der Krankheit/Gesundheit*

Auf diese Weise stelle ich mit dem Häuserkreis die Frage an das Zeichen Jungfrau: Was ist das Anliegen, das Lebensthema (= Aszendent) des Bereiches Krankheit und Gesundheit? Denn der Aszendent steht für das Lebensthema im Horoskop, und Jungfrau verkörpert den Bezug zu Krankheit und Gesundheit. So erhalten wir zwölf Kernaussagen zu der Thematik durch die entstehende Kombination der Häuser mit den Zeichen.

Auf unerlöster, wenig entwickelter Ebene dieser Kombinationen erscheint eine exakte Umschreibung der Wesenszüge von Krankheit; auf erlöster Entwicklungsebene dagegen können wir mit dieser Methode ablesen, was der Inbegriff von Gesundheit meint.

Betrachten wir zunächst die unerlöste Dimension: Die Position des Tierkreiszeichens Löwe im 12. Haus weist darauf hin, daß sich die Lebenskraft (Löwe/Sonne) im Abseits, in der Quarantäne, im

Krankenhaus – eine klassische Definition für das 12. Haus – befindet, die Vitalität (Löwe) löst sich auf.

Krebs im 11. Haus zeigt die Zerrissenheit (11. Haus) der Gefühlswelt (Krebs), deren mangelnde Orientierung, ihr »In-der-Luft-Hängen«, kurz: Gefühlswirrwarr und Heimatlosigkeit.

Zwilling im 10. Haus kann unerlöst als Zwanghaftigkeit (10. Haus) im Denken, als eingeeiste (10. Haus) Kommunikationsfähigkeit (Zwilling), als ängstliches, pessimistisches Nachdenken über die Zukunft interpretiert werden.

Stier im 9. Haus weist auf das Anklammern (Stier) an substanzlose Hoffnung (unerlöstes 9. Haus), auf ein Haltsuchen im Humor der letzten Stunde, wie es für den Kranken oft typisch ist.

Widder im 8. Haus symbolisiert das Absterben (8. Haus) der Urenergien (Widder), den Energiestau, die Qual (8. Haus) der Entscheidung (Widder).

Durch Fische im 7. Haus wird die Auflösung von Partnerschaften verbunden mit dem Einsamkeitsgefühl des Erkrankten angedeutet, oft auch der täuschende und enttäuschende Umgang mit anderen.

Wassermann im 6. Haus steht unerlöst für den Verlust der Koordinationsfähigkeit, für ein Herausfallen (Wassermann) aus dem schützenden Netz sozialer Absicherung (6. Haus), er kann dem Kranken auch das Gefühl des Außenseitertums am Arbeitsplatz und seine Unfähigkeit, effizient und nutzbringend zu wirken, schonungslos zeigen.

Steinbock im 5. Haus ist unerlöst ein Symbol für das ausgezehrte, hinfällige, gleichsam zum saturninen Skelett abgemagerte Aussehen des Kranken, er zeigt die Blockade seiner Ausstrahlung und Kreativität.

Schütze im 4. Haus weist Überfluß und Maßlosigkeit (unerlöster Schütze), als Quelle und Mutterboden (4. Haus) der Krankheit aus und macht deutlich, daß sinnentleertes, rein quantitatives Wachstum wie ein Tumor im Bauch wuchernd organisiertes Leben verdrängt.

Skorpion im 3. Haus ist ähnlich der Aussage von Zwillinge im 10. Haus eine symbolische Umschreibung des Absterbens wahrer Kommunikation und zeigt doch gleichzeitig im Krankenheitssymptom die verdrängten Schattenseiten (Skorpion) des Kranken. Der

Körper demonstriert (3. Haus) in seiner Ehrlichkeit in der Krankheitssymptomatik die »Moorleichen« (Skorpion) aus den Abgründen des Patienten, ob dieser das wünscht oder nicht.

Waage im 2. Haus schließlich beschreibt das vage Selbstwertgefühl (2. Haus) des Erkrankten bzw. die rigide Balance (unerlöste Waage) einer Reaktionsstarre in der Körperchemie (2. Haus), also die Scheinharmonie eines auf Reize (Widder) nicht reagierenden chemischen Gleichgewichts im Körper.

Wie anders stellt sich diese Symbolverbindung zwischen Zeichen und Häusern auf einer hohen Entwicklungsstufe und damit als Ausdruck höchster Gesundheit, höchsten Ganz- und Heilseins dar:

Löwe im 12. Haus meint jetzt, sich mit ganzem Herzen (Löwe) der Transzendenz (12. Haus) zuzuwenden, meint sein Ich (Löwe) mit dem All in tiefer Meditation zu verschmelzen (12. Haus), meint herzliche (Löwe) Hingabe (12. Haus) an das Leben.

Krebs im 11. Haus heißt nun nicht mehr Zerrissenheit der Gefühle, sondern meint die tiefe Erkenntnis, daß unsere wahre Heimat (Krebs) im Himmel (Wassermann/Uranos; altgriech. = Himmel) liegt. Es beschreibt die Geborgenheit (Krebs) in der freundschaftlichen Gemeinschaft geistig Gleichgesinnter (11. Haus), die es wagen, aus den erstarrten Regeln der Gesellschaft auszubrechen (11. Haus).

Zwillinge im 10. Haus ist auf erlöster Stufe eine Umschreibung für das, was in der buddhistischen Lehre »rechtes Denken und rechte Rede« meint. Es geht dabei um die wahrhaftige (10. Haus) Kommunikation (Zwillinge) mit den Mitmenschen, um die freiwillige Selbstbeschränkung (10. Haus) in den Äußerungen, auf das Wesentliche, um Gedanken und Worte, die klar und rein wie ein Bergkristall sind.

Stier im 9. Haus kann erfahren werden als fester Halt im Glauben, als tiefe Verwurzelung (Stier) in der Religion (9. Haus), als gesammeltes Urvertrauen.

Im gesunden, heilen Menschen stirbt die Urenergie des Widders im 8. Haus nicht ab, sondern zeigt sich als der Mut (Widder) zur Metamorphose (8. Haus), die Kraft zu tiefgründiger Wandlung, zum Gang durch das Fegefeuer, um als Phönix aus der Asche aus dem Mauserungsprozeß des 8. Hauses hervorzugehen.

Fische im 7. Haus stellt auf hohem Entwicklungsniveau den von Mitgefühl geprägten Umgang mit anderen dar, Selbstlosigkeit und Humanismus in der Partnerschaft, die Befähigung, sich feinfühlig in das Du hineinzuversetzen, eins mit der Umgebung zu werden.

Wassermann im 6. Haus ist als Zeichen der Gesundheit die Fähigkeit, sich freizumachen (Wassermann) von Anpassungszwängen (6. Haus); er trägt das Wunderbare in die graue Alltäglichkeit, geht inspiriert und offen für die Möglichkeiten, die in der Zukunft liegen (Wassermann) mit seinen Routinearbeiten (6. Haus) um und findet ein paritätisches, freiheitliches Verhalten seinen Mitarbeitern und Untergebenen gegenüber.

Steinbock im 5. Haus kann sich auf der erlösten Entwicklungsstufe in der Form der Bescheidenheit und Klarheit des Auftretens zeigen, in einer Ausstrahlung der Wahrhaftigkeit und Würde, in der Lebenserfahrung und Reife. Diese Konstellation kann erlöst werden durch die bewußte Verantwortungsübernahme für das eigene Leben, die der Kranke auf unerlöster Stufe so gerne an andere übergibt.

Schütze im 4. Haus weist auf die Möglichkeit hin, wahre Religion als Mutterboden (4. Haus) für das Leben zu finden, seine Heimat im Urvertrauen auf die Sinnhaftigkeit des Lebens zu finden und sich als Weltbürger zu empfinden.

Skorpion im 3. Haus kann durch den offenen Umgang (3. Haus) mit den eigenen Schattenseiten, durch das Zur-Kenntnis-Nehmen (3. Haus) verdrängter Persönlichkeitsanteile und die Fähigkeit, sich mit anderen darüber auszutauschen, erlöst werden. Durch die Freiwilligkeit dieses »Blicks in die eigenen Abgründe« bleibt dem Körper oft das Offenbaren des Verdrängten über das Mittel von Krankheitssymptomen erspart.

Waage im 2. Haus zeigt sich im hochentwickelten Stadium in einer Harmonie der Körpersäfte, wie sie auch als Ideal von den Ärzten des alten Griechenlands bzw. in der Gesundheitsphilosophie der ayurvedischen Medizin formuliert wird. Zufriedenheit (erlöste Waage) mit der Situation der Lebensmittel (2. Haus), Ausgeglichenheit des Selbstwertempfindens und Ausgewogenheit im Umgang mit der Ernährung sind weitere Assoziationen, die sich bei einer Erlösung dieser Symbolik anbieten.

Wir sehen also, wie dieselben astrologischen Konstellationsmuster sowohl einen kranken – weil noch unentwickelten – Zustand abbilden können, als auch mit der fortschreitenden Höherentwicklung in Richtung Heilung, Ganzwerdung und damit auch Glück wachsen.

Und eben dieser Weg der Höherentwicklung innerhalb des symbolischen Spektrums eines Tierkreiszeichens ist der Weg, der tiefes Glück zu bringen vermag. Denn einerseits darf der Betreffende dabei sich selbst treu bleiben, d. h., er bleibt auf dem Weg seiner astrologischen Charakterprägung, er muß sich nicht verstellen, nicht ein anderer sein. Und doch sieht er sich nicht festgelegt, sondern kann auf seinem ganz individuellen Weg die höchste Entwicklungsstufe, die Mitte, erreichen.

# Widder: Der Weg der Tat

*Der Erlösungsweg des Widders*

Das Tierkreiszeichen Widder symbolisiert entschiedenes, entschlossenes Handeln. Der Widder ist der Archetyp des Kriegers. Er hat die Aufgabe, mit dem ungestümen Energiepotential, das ihm geschenkt wurde, auf die bestmögliche Art umgehen zu lernen. Er trägt förmlich die Energie des Urknalls in sich, aus dem Schöpfung geboren wurde, einen frühlingshaften Aufbruch der Kräfte, die sich entschlossen ihren Weg durch das Leben bahnen wollen, so wie der Keim einer Pflanze die Samenkapsel sprengt, lanzettförmig sein Keimblatt dem Licht entgegenschickt und alles, was seinen Weg zum Licht verstellt, wie mit dem Schwert beiseite schlägt.

Im Widder liegt die Fähigkeit zur Initiative, zur Entscheidung[1] und die Aufgabe, einen Anfang zu machen. So ist auch Heraklit zu verstehen: »Der Krieg ist der Vater aller Dinge.« Mit der Entscheidung wird die friedliche, aber unbewegte Situation der Einheit von Weiblichem (Scheide) und Männlichem (Schwert) getrennt, und es entsteht das fruchtbare Spannungspotential der Polarität. Unglaublich sind die Energien, die im Widder liegen. Und so ist es eine seiner schwierigen, aber doch edlen Aufgaben, diese Energien zu bändigen, damit sie sich nicht destruktiv auswirken. Dennoch gibt es Situationen, die an den Widder als Lernaufgaben adressiert sind, in der er als Krieger kämpfen und vielleicht sogar töten muß. Welche ethischen und moralischen Leitlinien dabei maßgeblich sein sollten, ist in unübertroffener Form in dem vedischen Epos »Bhagavadgita« dargelegt, einer Pflichtlektüre für den nach Erlösung strebenden Widder.

Dabei führt der Selbstverwirklichungsweg den Widder von dem rohen Einsatz seiner Kräfte, vom zornigen Gebrauch der Streitaxt bis hin zu der Erlösung im absichtslosen Tun. Am Ende steht der Sieg über sich selbst. Aufbrausende, weißglühende Wut kann sich in langem Entwicklungsweg an den mittigen Begriff der Gleichmut annähern.

Ein literarisches Beispiel für den widderspezifischen Werdegang ist der Weg des Parzival. Sein Individuationsweg führt Parzival durch verschiedene Entwicklungsstadien, in denen er in der Außenwelt mit dem Spiegelbild seiner jeweiligen Entwicklungshöhe kon-

1 Der Begriff »Entscheidung« trägt das Bild in sich, das Schwert entschlossen aus der Scheide zu ziehen.

frontiert wird. Am Beginn steht dabei die Spiegelung seiner aufbrausenden Jugend in dem Kampf mit dem roten Ither, einem noch unerlösten Widder-Archetyp. Und der Weg führt hin bis zu dem erlösten Stadium des Parzivals, der die Waffen abgelegt hat und dessen einzige Waffe seine natürliche Direktheit geworden ist, die den Amfortas durch die schlichte direkte Frage heilen kann: »Was fehlt Dir?« Eine Frage, in der sich die ganze Liebe Parzivals auf geradezu naiv anmutende Weise zeigt. Aus der dummen Naivität des Draufgängers am Anfang der Reise wurde die göttliche Naivität des Liebenden am Ende.

Widder ist seiner Veranlagung nach ein naiver Archetyp. Er ist zu undifferenziert, als daß er berechenbare Winkelzüge in seiner Charakterstruktur entwickeln könnte. Sein Weg ist immer direkt, was in ihm das Potential der Ehrlichkeit wie in keinem anderen Zeichen wachsen lassen kann. Eine Ehrlichkeit, die in der höchsten Entwicklungsstufe sprichwörtlich entwaffnend sein kann. Der Erlösungsweg wird an dieser Sprachanalyse besonders deutlich: Von der Bewaffnung am Anfang zur entwaffnenden Direktheit am Ziel der Individuation. Ein Bild, das denjenigen, die mit der Philosophie der Kampfkünste vertraut sind, sehr bekannt vorkommen wird. Dort beginnt man auch damit, technisch aufzurüsten, transzendiert aber in den letzten Entwicklungsschritten alle gelernten Techniken, um im meditativen »Wu-Wei«-Zustand durch seinen tiefen inneren Frieden die Notwendigkeit des Kampfes auch im Außen zu erübrigen und wirkt dadurch – scheinbar untätig – auf den potentiellen Aggressor entwaffnend.

Der Weg vom unbesonnenen Aktionismus bis zum Handeln aus tiefer innerer Harmonie und Frieden führt freilich über viele Zwischenstufen.

Nach dem Start beginnt die Reise in der aggressiven Atmosphäre egoistischer Eigendurchsetzung ohne Rücksicht auf andere. Hier gilt noch das Gesetz des Faustrechts, bei dem der Schwächere auf der Strecke bleibt. Es mag zwar schon einen Pseudoehrenkodex geben, der die später zu entwickelnde Ritterlichkeit vorausahnen läßt, in erster Linie geht es noch um das blinde Messen der eigenen Kräfte an allem, was sich ihnen entgegenstellt. Die Lebensphilosophie dieses Widder auf der 1. Entwicklungsstufe lautet: »Ein Mann/eine

Frau sieht rot.« Getrieben von in keiner Weise beherrschten Urenergien bahnt sich dieser Typus in rasender Zerstörungslust seine Schneise durch das Leben. Das Gefährliche daran ist, daß dieser unerlöste Umgang mit den Energien denkbar unbefriedigend ist, so daß aus der Wut auch noch ohnmächtige Wut werden kann, die sich auf der vergeblichen Suche nach Befriedigung immer weiter bis in die Erschöpfung steigert. Daß unerlöste Eigenschaften eines Zeichens keine oder nur sehr geringe Befriedigung finden, gilt nicht nur für Widder, sondern für alle Tierkreiszeichen und Horoskopfaktoren. Glück verspricht eben letztlich nur die Höherentwicklung, wenn das erste Mal etwas gelingt, was bislang mit den reduzierten Fähigkeiten noch nicht möglich war.

Als Widder 2 kann man zwar schon Zerstörungslust und blinden Trieb ein wenig in positivere Kanäle lenken, das Grundproblem des Widders, seine enormen Energieschübe, führen aber dennoch zu einem hektischen, gehetzten Aktionismus, zumindest aber zu einem sehr ungeduldigen Umgang mit langsamer veranlagten Zeitgenossen. Auch noch auf dieser Entwicklungsstufe wird der andere vor allem aus dem Blickwinkel der Rivalität betrachtet, und muß, um das eigene Ego zu stärken, besiegt werden. Widder 2 darf auch als enfant terrible betrachtet werden, das kein Fettnäpfchen ausläßt. Noch hat seine frische Unbekümmertheit nichts Angenehmes, sondern verletzt – aus Unbewußtheit – jeden zarter besaiteten Zeitgenossen.

Widder 3 beginnt langsam, etwas sublimer seine Kräfte einzusetzen, lenkt sie beispielsweise in sportliche Richtung, wo er auch weiterhin sein Bedürfnis zu siegen und der Erste zu sein befriedigen kann, ohne damit in Konflikt mit seiner Umwelt zu geraten. So gibt es auch schon ein für ihn erfreuliches, bestätigendes Feedback, vielleicht sogar ein paar kleinere »Flow«-Erlebnisse in der sportlichen Aktivität. Auch sein Hang zur Rivalität darf hier mit gesellschaftlicher Billigung gelebt werden, so daß er sich als Person nicht so abgelehnt fühlt, wie dies auch bei seinem Verhalten der 1. und 2. Stufe der Fall war. Er ist allerdings ohnehin ein Zeichen mit erstaunlichem Selbstwertgefühl, was nur ins Trudeln gerät, wenn über lange Phasen seine Leistungsfähigkeit eingeschränkt war. In dieser 3. Entwicklungsstufe kann man ihn in positivem Sinn als durchsetzungsfähig und voller Elan bezeichnen. Er packt nun Ziele mit – noch kompromißloser – Direktheit an und versucht sie auf direktestem Weg zu verwirklichen.

Widder 4 lenkt seinen Tatendrang nun schon mehr in eine Richtung, die soziales Miteinander berücksichtigt. Er kann sich für andere mit einer Zivilcourage, die kein anderes Tierkreiszeichen in diesem Maß kennt, einsetzen, weil ihm der Mut mitgegeben ist. Manchmal mag der Mut noch etwas vom Übermut voriger Entwicklungsstufen gefärbt sein. In seinem frühlingshaften, morgendlichen Schwung aktiviert er seine Umgebung, sorgt dafür, daß die Dinge in Gang kommen, ohne daß er es als seine Aufgabe ansehen würde, sie auch noch zu beenden. Diese jetzt noch fehlende Sorgfalt wird er erst in späteren Entwicklungsstufen erlangen. Körperliche Aktivität bleibt auch weiterhin für ihn wichtig, will er nicht riskieren, daß ein unterdrückter Energiefluß ihn zu einem Abgleiten in die aggressive Atmosphäre unterer Entwicklungsstufen veranlaßt.

Widder 5 zeichnet sich bereits dadurch aus, daß er seine enorme Leistungskraft in den Dienst ritterlichen Verhaltens stellt. Seine Kräfte werden nun nicht mehr primär für sich selbst, sondern im selben Maß auch zum Schutz Schwächerer eingesetzt. Er hat die Fähigkeit, seine Umwelt zu motivieren. Auch weiß man bei ihm immer, woran man ist, da er ein Ausbund von Ehrlichkeit ist, und eine besondere Gabe dafür entwickelt, im Untergrund schwärende, unausgesprochene Probleme und Stimmungen an die Oberfläche zu bringen und sie damit einer direkteren Verarbeitung zugänglich zu machen. Hier ist dann kein Platz mehr für vieldeutige Auslegungen, sondern eine Offensichtlichkeit tritt hervor, die Entscheidungen möglich macht.

Widder 6 lernt – im Gegensatz zu den vorhergehenden Entwicklungsstufen, wo sein Handeln sehr erfolgsorientiert war –, seinen Willen von der Außenwelt schrittweise abzuziehen und ihn auf die Tätigkeit an sich zu konzentrieren. So beginnt das, was Csikszentmihalyi als »autotelisch« bezeichnet. Der Widder fängt hier an, sich an der Aktivität als solcher zu freuen, unabhängig davon, ob er damit erreicht, was er will oder nicht. Er wird nun der Krieger, den die eigene Körperbeherrschung beglückt, der kämpft, ohne zu kämpfen, dem es immer weniger um Sieg oder Niederlage geht als darum, seine Sache gut zu machen.

So entsteht aus dem Kampfsport nach und nach Kampfkunst. Es erscheint in diesem Zusammenhang besonders wichtig darauf hinzuweisen, daß das autotelische Verhalten, eine Sache um ihrer selbst willen zu tun, nicht zu einer Entfremdung oder gar Abgrenzung von der Umwelt führt, sondern daß geradezu der gegenteilige Effekt eintritt. Je mehr ein Mensch sein Bewußtsein nach innen richtet, desto wacher nimmt er – und mag das noch so paradox klingen – seine Umwelt wahr. Dies ist ein altbekanntes Phänomen in der Meditation. Denn die bewußte Wahrnehmung seiner selbst führt zu einer Steigerung der Sensibilität in jeder Hinsicht, die nun gleichsam wie mit ausgefahrenen Antennen das Umfeld registriert. Daher liegt die Essenz hoher Kampfkunstgrade in immer tieferen meditativen Zuständen, die den Gegner – besser würde man auf dieser Entwicklungsstufe von Partner sprechen, da der andere hier als Chance, etwas zu lernen, begriffen wird –

## Widder

Das Tierkreiszeichen beschreibt vor allem, wie etwas geschieht, und wird bei Horoskopinterpretationen am besten mit Eigenschaftswörtern beschrieben.

gleichmütig, energievoll, in frei fließender Aktivität, unmittelbar, im Einklang mit der Schöpfung handelnd

*

scharfsinnig, anregend, kräftig, entschieden, aufbauend, frisch, frühlingshaft, tatkräftig, ritterlich, couragiert, mutig, entschlossen, impulsgebend

*

aktiv, direkt, ehrlich, spontan, leistungsbezogen, kämpferisch, sportlich, durchsetzungskräftig, pionierhaft

*

überschießend, ungeduldig, rivalisierend, übermütig, unbesonnen, heißblütig, unbeherrscht, kriegerisch, unausgeglichen, undiplomatisch

*

aggressiv, rücksichtslos, egoistisch, verletzend, kopflos, triebhaft, wütend

*

blindwütig, rasend, brutal, zerstörerisch

auch dann wahrnehmen, wenn er sich gar nicht im Gesichtsfeld befindet. Für einen unkundigen Betrachter wirkt ein solcher Kampf zwischen wirklichen Meistern der Kampfkünste nach außen hin sehr unspektakulär. Denn er sieht zwei Gegner sich gegenüberstehen, die sich scheinbar für den anderen gar nicht interessieren und nur ganz selten, vielleicht auch gar nicht agieren. Und doch ist hier höchste Energie im Raum vorhanden: Die extreme Wachheit, Konzentration und Entspannung, die den meditativen Zustand der Kämpfer kennzeichnet. Je tiefer die Meditation, desto mehr verschmelzen Subjekt und Objekt miteinander[2], werden in unserem Kampfkunstbeispiel Kämpfer und Gegner eins. Wenn dies wirklich geschieht, kann im selben Augenblick spontan reagiert werden, in dem der andere – der nun kein anderer ist, sondern gleichsam Teil der Ganzheit Ich/anderer – agiert.

Widder 7 festigt diesen Zustand der Kampfkunst, einen Begriff den man nicht zu eng verstehen sollte, sondern vielleicht weiter als die Kunst, richtig zu handeln. Wahre Kampfkunst ist ja auch nicht auf eine spezielle Kampfdisziplin ausgerichtet, sondern lernt an ihr für das Leben.

Der Weg aller Tierkreiszeichen führt in seinen erlösten Entsprechungen zu einer generellen Anwendbarkeit der auf seine ganz spezielle Weise herausgefundenen essentiellen Gesetze auf das ganze Leben. Der Weg ist bei jedem Tierkreiszeichen verschieden und speziell. Die Essenz, die es zu entdecken gibt aber ist dieselbe.

Und so kann der Widder, während er die Kampfkunst erlernt, die allgemeine Kunst des Handelns aus der Mitte, der Aktivität aus der Balance für das Leben lernen. Da er als Kämpfer angelegt ist und das Leben daher vornehmlich mit den Augen des Kriegers wahrnimmt, geht es für ihn darum, der perfekte Krieger zu werden.

Bei der Festigung seiner Kampfkunstfähigkeiten, die er in der vorigen Entwicklungsstufe erlernt hat, nämlich autotelische Aktion und meditative Selbstwahrnehmung, um eins mit dem anderen zu werden, geht es in der 7. Stufe darum, Gleichmut zu üben. Noch

2 Dies ist Zeichen für die »peak experience« Maslows, für den »Flow« Csikszentmuhalyis und die Satori-Beschreibungen von ZEN-Meistern, kurzum für Glück.

immer keimt in ihm das willensbestimmte Bedürfnis, über das Einswerden mit dem Gegner diesen zu beeinflussen, ihn beispielsweise zu der einen oder anderen Aktion zu bewegen. Und deshalb herrscht noch eine Form – wenn auch eine sehr sublime – des Kampfes. Aus dem körperlichen Ringen ist nun ein geistiges geworden, das auch noch transzendiert werden möchte.

Höchste Kampfkunst entsteht erst dort, wo ein so tiefer Meditationszustand erreicht ist, daß in der Einheit von Ich und Du kein Kampf mehr stattfindet. Dies ergibt sich aber erst dann, wenn das Ich und das Du miteinander verschmolzen sind, sich nicht mehr gegenüberstehen, eins geworden sind. Alle Kräfte, die äußeren – die ja jetzt keine äußeren mehr sind – und die eigenen, inneren – die jetzt keine eigenen mehr sind – wirken synergetisch, und das Handeln geschieht dann ganz einfach.

So entsteht die höchste und letzte Entwicklungsstufe des Widders[3], die des absichtslosen Tuns. Hier geschieht einfach Aktion. Ohne persönliche Ambition oder Motivation, ohne Kopfzerbrechen, und doch immer situationsadäquat. Da hier die Mitte des Tierkreises erreicht ist, besteht ein ausgeglichener Kontakt zu allen anderen Tierkreisqualitäten, und damit zur Wirklichkeit in ihrer Gesamtheit. Nichts ist vernachlässigt, nichts überbetont. Alles kommt zu gleichen Teilen zu seinem Recht. Der erlöste Widder trägt auch weiterhin sein Markenzeichen, nämlich das des Handelnden. Dessen, der für das Tun in der Welt verantwortlich zeichnet, an dem es liegt, Dinge in Gang zu setzen, neue Impulse zu schaffen. Aber er tut es nun in Übereinstimmung mit dem höchsten Gesetz, sein Handeln ist »Gottesdienst« geworden, heil und heilig. Und in dieser Form empfindet der Widder höchstes Glück. Er hat seine für ihn typische Entwicklung verwirklicht.

---

3 Der damit eigentlich kein Widder mehr ist, sondern sein Repertoire auf den gesamten Tierkreis erweitert hat, da im weißen Licht der Mitte des Tierkreises alle Tierkreissymbole zusammenfallen.

# Stier: Der Weg der Sinnlichkeit

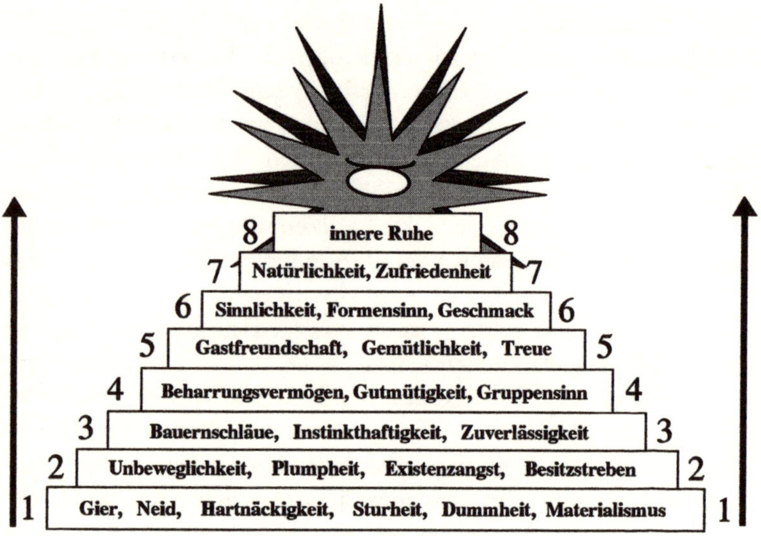


*Der Erlösungsweg des Stiers*

Auch bei dem Tierkreiszeichen Stier können wir an den Anfang der Betrachtung die Regel stellen, daß sich die Symbolik eines Tierkreiszeichens um so unerlöster präsentiert, je weniger sie die Energien des ergänzenden Gegenzeichens zu integrieren in der Lage ist. Stier steht für orale Aufnahme und Assimilation, Skorpion als Gegenzeichen verkörpert dagegen das Prinzip des Abschieds und der Ausscheidung. Stier nimmt auf, Skorpion gibt ab. Ist die Aufnahme überbetont und die Abgabe gänzlich verhindert, so kommt es zu Gier. Wir finden also beim Stier als zweitem Tierkreiszeichen im Zyklus aus buddhistischer Sicht den zweiten Hauptgrund für das Leid: Gier. Für den ersten Leidensgrund stand Widder mit seiner unerlösten Eigenschaft des Zorns. Und für den dritten wird Zwillinge, das dritte, den ersten Quadranten des Tierkreises vervollständigende Zeichen, verantwortlich zeichnen, nämlich Unwissenheit.

Gier meint auch das Klammern an etwas, das Nicht-loslassen-Können. Die Aufgabe für den Stier wird also darin liegen, sich Schritt für Schritt dieser für ihn schweren Aufgabe des Abschieds (Skorpion) zu nähern und loslassen zu lernen, bis die gesunde Mitte zwischen Aufnahme und Abgabe erreicht ist. Er wird dabei von der verhafteten Situation gierigen Speicherns bis hin in die lichten Höhen wunschlosen Genießens gelangen. Er wird lernen, aus der Enge von Existenzangst zum Halt im Ideellen zu finden, vom ängstlichen Materialismus zum realistischen Idealismus vordringen. Seine anfängliche orale Abhängigkeit wird durch notwendige Opfer erlöst werden. Seine Skepsis allen Dingen gegenüber, die er nicht sprichwörtlich begreifen kann, weil sie für ihn als Sinnlichkeitsspezialisten in der Welt der fünf Sinne nicht faßbar sind, wird er Schritt für Schritt abbauen, und auch Okkultes, Hintergründiges wird er als Realität akzeptieren lernen. Die Beständigkeit, die er anfangs nur in materieller Sicherheit sucht, wird sich auf seinem Weg ergänzen durch eine Beständigkeit im Wandel, d.h. die Fähigkeit, notwendige Mauserungsprozesse unter Aufgabe sicherheitbietender Gewohnheiten durchzumachen, um sich danach wie neugeboren zu fühlen. Anfängliche sture Hartnäckigkeit kann so loslassendem Nachgeben weichen.

Stier startet also auf Entwicklungsstufe 1, geschlagen mit den Eigenschaften Gier, Hartnäckigkeit, Sturheit, Materialismus und

Neid. Er sucht sich zu verwurzeln, wie es im Pflanzenbereich als zweiter Schritt nach dem widdertypischen Sprengen der Samenkapsel und dem schwertförmigen Austrieb des Keimblattes als nächster, existenzsichernder Schritt auch geschehen muß. So wie die Pflanze Halt im Boden finden und Nahrung aus ihm aufnehmen muß, um für die weitere Entfaltung gewappnet zu sein, so muß der Stier reviersichernd und speichernd eine feste Basis schaffen. Diesem Thema widmet er letztlich seinen ganzen Entwicklungsprozeß in mehr oder weniger verfeinerter Form. Anfänglich und unerlöst wird daraus eine Besitzphilosophie des »Hast Du was, dann bist Du was«. Der Eigenwert wird am Besitz – nicht wie z.B. beim Widder an seiner Leistungsfähigkeit – definiert. Dieser Sammeltrieb führt dann häufig zu einer Schwerfälligkeit, die sich auch in mangelnder geistiger Flexibilität äußert.

Auch auf Stufe 2 herrscht diese Unbeweglichkeit oder gar Plumpheit, gepaart mit Besitzstreben und Existenzangst noch vor – doch erweitert sich der Gesichtskreis schon ein wenig, so daß die oralen Bedürfnisse sich nicht nur auf die Eigenperson beziehen, sondern das enge Umfeld miteinbeziehen. Nahrung und Besitz werden jetzt nicht nur für sich selbst gehortet, sondern auch für die eigene Familie. Der Stier als reinster Gruppentypus des Tierkreises schließt sich zum Schutz mit seiner Gruppe, die vor allem Blutsverwandtschaft meint, ganz eng zusammen. Sein Besitzbedürfnis drückt sich hier in der Form aus: »Du gehörst mir, und ich gehöre Dir.« Freiheitlicher angelegte Zeitgenossen fröstelt es bei derart besitzträchtiger Zusammengehörigkeit, auch wenn hier schon ein erlöstes Thema des Stiertypus anklingen mag, nämlich die später sich entwickelnde Fähigkeit, einem Menschen, ohne ihn damit einzuengen, Wärme und Angenommensein zu vermitteln. Der eigene und der Gruppenbesitz wird vom Stier durch »Fluchtburgenbau« gesichert und gegen Artfremde geschützt. Der Anfangsstier mißtraut allem Neuen und Unbekanntem. Experimente sind der sicherheitsbedürftigen Machart des Stiers ein Greuel; eher schon schätzt er die Vertrautheit des Gewohnten. Damit bleibt sein Gesichtskreis in den ersten Entwicklungsstadien sehr beschränkt.

Stier 3 entwickelt in seinem Bedürfnis nach schutzbietendem Zusammenhalt die Eigenschaft der Zuverlässigkeit, die er im selben Maß von seiner Umwelt erwartet. Überhaupt ist der Stier ein sehr von dem Gefühl der Erwartung geprägter Mensch. Da er aus sich selbst heraus als fixes Erdzeichen kaum Initiativkraft entwickeln kann, hofft er naiv, daß andere auf ihn zugehen, mit ihm etwas machen und auf ihn einwirken. Er verhält sich in den noch weniger entwickelten Niveaus wie Lehm oder Ton, der geformt werden möchte. Die Veranlagung des In-sich-Ruhens und die darin liegende Besinnlichkeit führt schrittweise zu einer erstaunlichen Instinktsicherheit im Beurteilen von Situationen. Diese Bauernschläue, die aus dem Gefühl heraus entsteht, kann es durchaus mit intellektuellen Beurteilungen auf derselben Entwicklungsebene aufnehmen, obwohl sie logischen Argumenten gegenüber recht unzugänglich ist.

Stier 4 lernt bereits aus seiner anfänglichen Schwerfälligkeit die positive Eigenschaft des Beharrungsvermögens, der Geduld und dann auch der Gutmütigkeit zu entwickeln. Er erweitert sein Revier auch auf ihm fernerstehende Menschen und dehnt seinen Gruppensinn auf sie aus. Er ist hier schon in der Lage, auch Menschen, die nicht den Vertrauten angehören, ein warmes Zugehörigkeitsgefühl zu geben. Sein besonderer Bezug zu Nahrung und Ernährung läßt ihn allerdings auch hier noch oft gutgemeinte Überbegriffe begehen, so daß dem anderen auch gegen dessen erklärten Willen als Zeichen besonderer Zuneigung Nahrung aufgezwungen wird. »Geh, iß' doch noch a bisserl«, heißt es auch dann noch, wenn der andere schon eine grünliche Gesichtsfarbe entwickelt, was der Stier gerne als unzureichende Ernährung interpretiert. Doch er beginnt zunehmend mehr, sich mit dem wichtigen Thema Ernährung, für das er der Tierkreisspezialist ist, auseinanderzusetzen, gewinnt Einsicht in den Sinn und Unsinn von Diäten und ist mit der wachsenden Annäherung an sein Gegenzeichen Skorpion auch schon einmal bereit, geistig motivierten Nahrungsverzicht wie das Fasten als Möglichkeit zuzulassen.

Stier 5 beherrscht bereits die hohe Gabe der Gastfreundschaft, durch die er dem Partner das Gefühl des Angenommenseins, der

Zugehörigkeit und Geborgenheit vermitteln kann. Er kann wie kaum ein anderes Tierkreiszeichen eine Atmosphäre der Gemütlichkeit herstellen und fällt dabei im Gegensatz zu früheren Entwicklungsstufen nicht mehr auf das dumme Niveau vereinsseligen Schunkelns zurück. Hier herrscht nicht mehr bierdämpfige Keglerstimmung oder Büttenrednerwitz, sondern warmes, aber nicht bedrängendes Miteinander. Aus der Stallwärme ist eine Verbundenheit geworden, die den Freiraum des anderen zu respektieren vermag und nicht mehr in schulterklopfender Anbiederung in die Aura des anderen eindringt. Treue und ein sicherheitsbewußtes Anbieten freundschaftlichen Zusammenhalts auch in schweren Zeiten werden Markenzeichen dieses Stierniveaus.

Doch auch Stier 5 hat noch Probleme, Eindrücke aus der Vergangenheit abzuschließen und hinter sich zu lassen. Dies mag mit der mangelnden Elastizität seiner Elementarqualität der fixen Erde zusammenhängen, in der sich – wie im Lehmboden – Abdrücke lange halten.

Auf der 6. Entwicklungsstufe beginnt auch beim Stier die Fähigkeit zu autotelischem Verhalten. Er unternimmt hier die ersten Schritte, sich unabhängig zu machen von der Meinung anderer gegenüber seiner Person. Dieser Schritt ist für Stiere besonders schwierig, da sie als Herdentypus sehr stark von der Einstellung der anderen Gruppenmitglieder betroffen sind. Einzelgängerzeichen, wie etwa Widder und Löwe, sind von Anfang an weit weniger von der Meinung anderer abhängig, da sie ihr Selbstwertgefühl primär aus sich und weniger aus der Bestätigung durch die Umwelt beziehen. Ganz anders das Gruppenzeichen Stier. Hier findet geradezu ein Buhlen um die Zuneigung statt, ohne die sich der Eigenwert in einem desolaten Zustand befindet. Daher ist der hier anstehende Entwicklungsschritt ein besonders schwieriger, aber um so befriedigender, wenn er gelungen ist.

Auf der 6. Stufe beginnt der Stier die Erfahrung der Sinnlichkeit als solcher – also unabhängig von einem Miteinander – zu faszinieren. Er lernt das Genießen an sich. Sinneseindrücke, besonders im Naturerleben, aber auch als Gourmand, als Spezialist für die feine Küche, bereiten Glück. Die tief bewußte Zubereitung von Nahrung paart sich hier mit der Dankbarkeit Mutter Erde gegenüber, die uns so gut versorgt. Hier wird der Satz vollkommen begriffen, der davon spricht, daß »du bist, was du ißt und wie du ißt«. Wie in den vorangegangenen Entwicklungsstufen ist für den Stier auch hier eine Betrachtungsweise typisch, die sehr auf Wert und Solidarität achtet, nur daß sie sich in diesen höheren Regionen auf die ganz einfachen, aber essentiellen Dinge richtet. In den Anfangsstufen war es eher die Menge der Nahrungsportion, deftig und fett, die von Bedeutung war, nun ist es die Qualität der Nahrung und auch die Bewußtheit von den Hintergründen und der Entstehungsgeschichte vom Zeitpunkt der Ernte bis zu dem Moment, wo sie auf den Tisch kommt.

Wir nähern uns hier dem Gegenzeichen Skorpion, dem Zeichen der Rituale, und so bekommt bei der Nahrungsaufnahme nicht nur das Was, sondern auch das Wie sein Recht. Hier stellen sich bereits die Weichen für die noch höheren Entwicklungsstufen, wo Nahrung zum Abendmahl werden kann, zum heiligen Ritual des Brotbrechens als Zeichen inniger Verbundenheit. Aber auch im übertragenen Sinn wächst das Geschmacksempfinden. Aus der urig grobschlächtigen Sinnlichkeit der Anfangsstufen entwickelt sich feines und differenziertes Formemp-

## Stier

Das Tierkreiszeichen beschreibt vor allem, wie etwas geschieht, und wird bei Horoskopinterpretationen am besten mit Eigenschaftswörtern beschrieben.

rund, ausgewogen, ruhig, zufrieden, gesammelt, beruhigend, Halt gebend

*

fest, gemütvoll, freundlich, solide, freundschaftlich, gemütlich, gründlich, geschmackvoll, beständig, naturbezogen, organisch, naiv, idyllisch

*

beharrlich, praktisch, sinnlich, sichernd, bewahrend, bodenständig, realistisch, genießerisch, bindend, instinktiv, auf Zusammenhalt bedacht

*

unbeweglich, träge, besitzergreifend, schwerfällig, begriffsstutzig, eigensinnig, entwicklungsfeindlich

*

stur, hartnäckig, gierig, materialistisch, plump, grob, widerborstig

*

dumpf, dumm, habgierig, unzufrieden, vollgefressen

finden, bei dem der solide bodenständige Charakter erhalten bleibt und eine Vorliebe für das Traditionelle, Althergebrachte entsteht. In Überliefertem das Wahre herauszuspüren und es für das Heute und Morgen zu erhalten, bleibt ein Anliegen des Stiertypus.

Auf der 7. Entwicklungsstufe verstärkt sich die Fähigkeit des Autotelischen, eine Sache wird um ihrer selbst willen getan. Und so kommt es hier zu der Fähigkeit des wunschlosen Genießens. Weitab von jeder Gier nach diesem und jenem gelingt es dem Stier jetzt, die Geschenke, die das Leben an ihn heranträgt, dankbar wahrzunehmen und sie mit all ihrem sinnlichen Potential zu genießen. Er ist nicht mehr oral fixiert auf Dinge, die er begehrt, wie am Anfang seiner Reise, noch bleibt er haften an der Sicherheit des Gewohnten. Er nimmt das, was ist, nicht das, was aus der Sicht seines kleinen Ego sein sollte, zum Gegenstand meditativen Genießens. So kann tiefe Zufriedenheit entstehen und aus ihr ein unkomplizierter, im schönsten Sinne natürlicher Umgang mit dem Leben.

Die 8. und letzte Stufe festigt diese Qualitäten und leitet über zu der seligen Dimension der inneren Ruhe. Der Stier ist nun am Ende seiner Selbstverwirklichung angekommen. Er ist zu Hause. Ein anderes Zuhause als zu Beginn seiner Reise, wo man ihm noch Heim, Hof und die schutzbietende Gruppe nehmen konnte. Sein jetziges Zuhause ist das des Heimgekommenen. Es kann ihm nicht mehr genommen werden. In tiefer Zufriedenheit und innerer Ruhe ist er in der Welt daheim.

# Zwillinge: Der Weg der Vermittlung

*Der Erlösungsweg der Zwillinge*

Der Weg des Zwillings führt aus der Niederung unwissender Geschwätzigkeit hin zur höchsten Stufe rechten Wissens. Er startet als Ungläubiger[4] des Tierkreises, der jede Sinnhaftigkeit sophistisch hinwegrelativiert und deshalb ein sinnentleertes, bedeutungsloses Dasein führt. Anfänglich ist er auf diese Neutralität sogar stolz und hängt sein wertfreies Fähnchen nach opportunistischen Gesichtspunkten. In der Abgrenzung von seinem Oppositionszeichen Schütze fehlt ihm noch gänzlich das Empfinden für die ethischen Aspekte des Lebens, für eine sinnmachende Entwicklung im Leben. Er steht als oberflächlicher Journalist seinem ebenfalls unerlösten Pendant des pathetisch moralisierenden Predigers (Schütze) gegenüber, den er als seinen Erbfeind betrachtet. Sobald er sich freilich um die Integration der Eigenschaften des Gegenzeichens bemüht[5], hat er eine Chance, sein Ziel offener, vorurteilsfreier Sinnhaftigkeit zu erreichen. Die labile Achse Zwillinge/Schütze hat mit dem Thema Neutralität und Wertung, Relativität und Religion, Zweck und Sinn zu tun, beschreibt die Spannung zwischen Schulbildung (Zwillinge) und Weisheit (Schütze). Sie kann als Erkenntnisachse oder auch als Reise- und Fortbewegungsachse bezeichnet werden.

Zwilling steht in seiner luftig relativierenden Grundhaltung für die Vielzahl der Wege, die man im Leben gehen kann. Am Anfang seiner Wanderung fehlt ihm allerdings noch der Blick dafür, daß diese Wege alle in einem Ziel münden wollen und daß es nicht ganz beliebig ist, welchen Weg man nimmt, wenn man das Ziel erreichen möchte. Es fehlt ihm noch die Religion auf seinem Weg, die Fähigkeit zu einem synthetischen Überblick, wie ihn Schütze verkörpert, die Kunst, Wege nach geeigneteren und weniger geeigneten zu ordnen. Sein quecksilbriges Naturell huscht geschäftig an der Oberfläche der Dinge vorbei und hat anfangs noch nicht den Tiefgang, Wesentliches von Unwesentlichem zu unterscheiden. Denn sein flinker Intellekt macht ihm weis, daß letztlich in dieser Welt alles relativ ist, und in seiner Oberflächlichkeit meint er, Relativität be-

---

4 Glaube ist eine Dimension, die für das Gegenzeichen Schütze charakteristisch ist.

5 Diese Integration des Schattens, den das Oppositionszeichen für ein Tierkreiszeichen verkörpert, ist nichts anderes als der Versuch, seine Feinde lieben zu lernen und sich damit auf die selige Mitte der Dinge hinzubewegen.

deute auch Gleichwertigkeit. Freilich bewahrt ihn diese Einstellung über seinen ganzen Weg davor, blauäugiger Anhänger dubioser Glaubensgemeinschaften zu werden, so sehr er diese manchmal um die Gabe ihres Glaubens insgeheim beneidet. Auch schenkt ihm seine luftige Leichtigkeit die hohe Gabe der Heiterkeit, die sich anfänglich in flachem Kichern, in höheren Entwicklungsstufen dagegen in ansteckender Fröhlichkeit offenbart.

Zwilling 1 startet mit dem Mißbrauch seiner wunderbaren Kommunikationsgabe, in dem er sie zur Unterhaltung im wahrsten Sinne des Wortes verkommen läßt. Seine Freude am Plappern führt hier tatsächlich dazu, daß jedwede Entwicklung unterdrückt wird. Der Verbrauch intellektuellen Potentials in Bildungsleistungen wie dem Auswendiglernen von Telefonbüchern, der dann auch noch beklatscht und prämiert wird, sind traurige Anfangsstufen der Zwillingentwicklung. Die Sehnsucht über sein Motto »Wissen ist Macht, Wissen bringt Zuneigung« Erfolg zu haben, zeigt am Beginn skurrile Auswüchse.

In seinem 2. Schritt läßt der autistische Ichbezug etwas nach, so daß das Bedürfnis, sich mit »Wissensleistungen« profilieren zu wollen, schwindet. Schon sehr früh – gemessen an anderen Tierkreiszeichen – entwickelt sich in der Folge der Wunsch, sich mit anderen Menschen auszutauschen. Auch auf Stufe 2 bleibt die Kommunikation weitgehend auf Alltagstratsch beschränkt, werden die neuesten Nachrichten lebhaft diskutiert. Die immense Neugier dieses Tierkreiszeichens kennt in den ersten Entwicklungsstadien auch keinerlei moralische Hemmung.

Zwilling 3 erhebt sich aus den Niederungen geschwätzigen Halbwissens und seiner nervös flatterhaften Neugier und beginnt, seine Fähigkeit zur Vielseitigkeit als gerissener Händler einzusetzen. Sein Thema ist: »Wissen bringt Macht, und Beziehungen sind alles.« Da er jedermann – gemessen an anderen Tierkreiszeichen – locker und leicht kennenlernt und so um die Bedürfnisse und Wünsche seiner vielen Kontaktpersonen weiß, kann er sie mit Vertretermentalität zu seinen Gunsten nutzen. Seine geistige Beweglichkeit vermag andere schlau auszuspielen. Freilich verzettelt er sich auch auf Stufe 3 noch gern in die Vielfalt seiner händlerischen Aktivitäten, so daß es der einzelnen an Durchschlagkraft und Bedeutsamkeit fehlt. Es bleiben die kleinen Geschäfte nebenher, ohne den großen Wurf, den synthetischen Überblick seines Oppositionszeichens Schütze, von dem die 3. Entwicklungsstufe noch weit entfernt ist.

Zwilling 4 gewinnt nach und nach etwas an Tiefgründigkeit und verwendet die ihm eigene Vermittlungsgabe beispielsweise zu interdiszplinärer Arbeit in der Wissenschaft. Sein relativierender Umgang mit den Dingen hält ihn erfrischend frei von Fanatismus und Sendungsbewußtsein, kann aber auch auf dieser Stufe ethische Elemente noch zu wenig integrieren. So vertritt er auch hier eine Freiheit der Wissenschaft und Forschung, die religiöse Gesichtspunkte ausschließt und beispielsweise damit auch offen wäre für eine Gentechnologie ohne ethische Bremse. Aus der Neugier ohne Scham des Zwillings 2 und 3 kann hier also ein Wissensdurst ohne moralische Bedenken werden. In abgeschwächter Form wirkt auch hier die Gelehrigkeit noch ruderlos vielseitig, ohne rechte Führung durch eine übergreifende Sinnhaftigkeit.

Die 5. Entwicklungsstufe integriert diesen Aspekt der Bedeutung des Denkens und Handelns schon wesentlich mehr. Die rasche Auffassung und bewegliche Intelligenz werden nicht mehr als trickreiche Schläue benutzt, um weniger flexible Zeitgenossen zu täuschen und als Gaukler zu betrügen, sondern er fühlt zunehmend die Gewissensverpflichtung, die eigenen Talente für den anderen und nicht gegen ihn einzusetzen. Er beginnt, seine Fähigkeit als Mittler zu höheren Welten zu verstehen. Wie Merkur in der Mythologie als Sohn seines Vaters, des Gottes Zeus, und seiner Mutter, der sterblichen Maya, sowohl die Sprache des Himmels als auch die der Erde verstand und als Übersetzer die Kommunikation zwischen diesen Welten ermöglichte, so trägt auch das Merkurzeichen Zwillinge ab dieser Entwicklungsstufe die Gabe des Mittlers in sich. Die dazu nötige rasche Auffassungsgabe und flexible Intelligenz hat sich in den neugierigen Vorstufen entwickeln können, und entfaltet sich jetzt zu voller Blüte. Sie stellt sich auf dieser Stufe auch ganz in den Dienst des Sozialen, ist nicht mehr nur schlau auf den eigenen Vorteil bedacht, sondern macht sich zum Sprachrohr für

Menschen, denen es an der Begabung, sich zu artikulieren, fehlt. Der Zwilling ist hier Fürsprecher und Aufklärer. Seine Fähigkeit zur Recherche deckt soziale Mißstände und politische Machenschaften neutral und doch für alle sichtbar auf. Ohne ihn gäbe es keine Watergate-Affären oder Amigo-Entlarvungen.

Zwilling 6 erklimmt die Stufe zu autotelischer Vermittlung, die weder durch das Bemühen um den eigenen Vorteil, noch durch falsch verstandenes, soziales Engagement für den anderen getrübt ist. Diese Form wahrer Neutralität verleiht die Gabe, zum Katalysator von Prozessen zu werden. Die heitere und offene Gegenwart dieses Typus läßt ohne seine weitere Beteiligung auch schwierige Entwicklungsprozesse ablaufen, die ohne seine hilfreiche Neutralität ins Stocken geraten würden. Die luftige Gegenwart erlösterer Zwillinge wirkt geradezu befreiend auf schwierige Problemstellungen. Gerade weil es dem Zwilling auf dieser Entwicklungsstufe nicht um ein bestimmtes Ergebnis geht, sondern er die Gabe der Vermittlung als solche und um ihrer selbst willen lebt, ergeben sich die Ergebnisse ganz von selbst. Nicht einmal möglicher Ruhm verführt hier zu übertriebenem Engagement. Zum

## Zwillinge

Das Tierkreiszeichen beschreibt vor allem, wie etwas geschieht, und wird bei Horoskopinterpretationen am besten mit Eigenschaftswörtern beschrieben.

heiter, elastisch, beweglich, offen, katalysatorisch, unbeschwert

*

vielseitig, verbindlich, kommunikativ, vermittelnd, kameradschaftlich, klug, neutral, beschwingt, informativ

*

wendig, interessiert, schlau, zweckmäßig, anspruchslos, gewitzt, reiselustig, unterhaltsam, quirlig

*

oberflächlich, zerstreut, unzuverlässig, nervig, unkonzentriert, rückgratlos, vorteilheischend, wendehälsig

*

schamlos, sinnlos, unzusammenhängend, zerrissen, neugierig, sensationslüstern

*

bedeutungslos, flach, uninteressant, quasselnd, substanzlos

Wissen kommt hier nach und nach die Fähigkeit, im rechten Moment schweigen zu können, die dem Anfangszwilling noch ganz fehlt.

Auf Stufe 7 vertieft sich die Absichtslosigkeit in der Vermittlung und im Erwerb von Wissen, und die so wachsende Vorurteilsfreiheit schafft immer mehr einen Zugang zu rechtem Denken und rechter Rede. Wissen ist jetzt nicht mehr nur das Angelernte, Studierte, neugierig Entdeckte, sondern kann gleichsam frei aus dem Nichts genutzt werden. Über das gespeicherte Wissen hinaus wird durch die Absichtslosigkeit der Weg zu den großen Ideen des Lebens freigelegt, die in esoterischen Kreisen oft als »Akasha-Chronik« bezeichnet werdsen, als x-te Dimension, in der alles je Gewußte und Wißbare existiert. Hier ist es nicht mehr das Ich, das weiß, sondern das »Es in mir«, das »Höhere Selbst«.

Auf der letzten und 8. Entwicklungsstufe beginnt das Gefühl: »Es denkt in mir« und »Es spricht durch mich«. Aus dem anfänglichen oberflächlichen Schwätzer des Tierkreises ist ein Verkünder des Wahren geworden, der gelernt hat, seine Worte auf das Wesentliche zu konzentrieren, der nicht mehr über andere spricht, sondern die Botschaft des Einen vermittelt. Das Bewußtsein ist jetzt offen und weit.

# Krebs: Der Weg partizipierender Hingabe

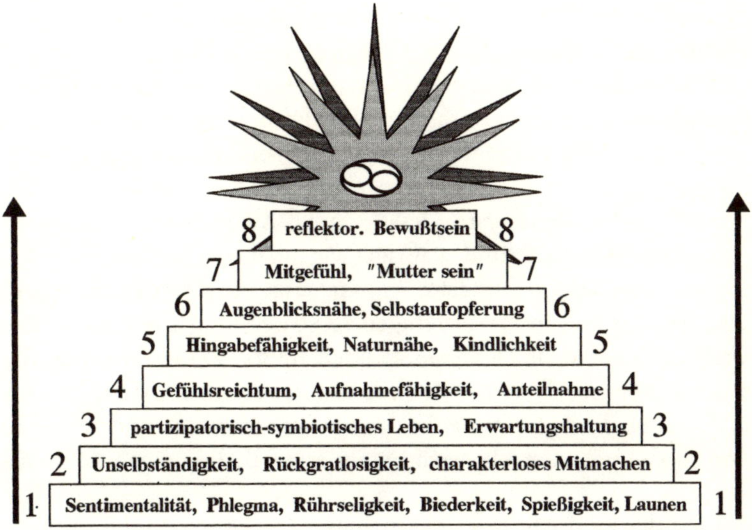


*Der Erlösungsweg des Krebses*

Der Entwicklungsweg des Krebs birgt die Spannweite von biederer Sentimentalität bis hin zu partizipatorischem Bewußtsein. Er beginnt in der unselbständigen, kindlichen Hilflosigkeit als Antipodenzeichen des Steinbocks (Symbol der Eigenständigkeit) und lernt mit der Entwicklung dessen Festigkeit und Reife zu integrieren. Die Achse Krebs/Steinbock wird in der Astrologie häufig sehr treffend als die Individuationsachse schlechthin bezeichnet, kommt in ihr doch der Weg aus der Kindheit (Krebs) bis hin zum Alter (Steinbock) zum Ausdruck – und innerhalb dieser Zeitachse auch die dazugehörenden Reifungsprozesse[6]. Steht Krebs für die kindliche Anpassungsfähigkeit und wäßrige Weichheit der noch nicht gefestigten Knochen, so verhärtet sein Gegenzeichen Steinbock im unerlösten Zustand in der brüchigen Austrocknung eines versteiften Skeletts. Kriecht das Krebskind noch hilflos umher und bemüht sich vergebens, selbst zu stehen, so erstarrt der unerlöste Steinbock in den einmal eingenommenen rigiden Standpunkten und läßt es an der Flexibilität mangeln, sich veränderten Bedingungen anzupassen.

Lebt der kindliche Krebs ganz in der Gegenwart von Stimmungen und Gefühlen, ohne den Zeitfaktor in sein Leben als strukturgebend miteinbeziehen zu können, so ist der Steinbock tendentiell gefangen in den Erfahrungen der Vergangenheit und der Furcht vor der ungewissen Zukunft, die er durch ihm Sicherheit vermittelnde Programmierung in ihrer Kreativität zu ersticken droht.

Im Spannungsfeld dieser Tierkreisachse nun vollzieht sich der Entwicklungsweg des Krebses.

Auf der 1. Entwicklungsstufe macht sich die Unselbständigkeit noch sehr drastisch bemerkbar. Sie kommt in der totalen Abhängigkeit von schutzbietenden familiären Strukturen zum Ausdruck,

6 Im archetypischen Tierkreis ist Steinbock auch das Zeichen des 10. Hauses mit dem MC als Häuserspitze. Der MC (und mit ihm die Gegenachse IC) ist die zeitbezogenste Häuserspitze des Tierkreises, die mit der Exaktheit eines Uhrzeigers durch den Tierkreis wandert, während der AC (DC) als ortsbezügliche Achse je nach Geburtsort und Zeichen, durch das er läuft, unterschiedlich schnell vorwärtskommt.
In der Strukturdeutung verkörpert der MC denn auch die Finalität, die Ergebnishaftigkeit des Horoskops, die causa finalis gemäß der aristotelischen Kausallehre.

die noch gar keinen Weg in die Emanzipation erkennen lassen. Als Paradezeichen der mütterlichen Weiblichkeit drückt diese Stufe die Situation fötaler Symbiose mit der Mutter aus. Die Unmöglichkeit, allein zu existieren, das Angewiesensein auf die Versorgung und Ernährung durch andere. Ein Emanzipationsversuch würde auf dieser Entwicklungsstufe wie eine Frühgeburt zum Scheitern verurteilt sein, weshalb auch Demütigungen hingenommen werden, um die noch gänzlich unselbständige Existenz nicht zu gefährden.

Krebs 2 erlebt die symbiotische Abhängigkeit noch ähnlich stark, was sich in charakterloser Akzeptanz des familiären Umfelds ausdrückt. Zwar ist das passive Phlegma der ersten Stufe etwas geringer geworden, doch findet sich auch hier noch die Kultivierung biederer Häuslichkeit. Nicht primär aus Neugier, wie beim Zwilling, sondern aus sentimentaler Anteilnahme faszinieren hier die Klatschspalten. So kann Krebs 2 einerseits an der für ihn so fernliegenden Sphäre der Prominenz (Steinbock) teilnehmen und wenigstens ein paar Gemeinsamkeiten mit ihr entdecken.

Die Spießigkeit einer Schrebergartenidylle muß hier noch zum erstrebenswerten Nahziel erklärt werden, damit die Gefangenheit im Familienclan nicht erdrückt.

Von hier aus ist es dann auch kein weiter Weg mehr zu den nachbarschaftlichen Gesetzen der Kleinstadt, deren Anteilnahme am Leben der Nachbarn sich durch den Blick hinter die Gardinen dokumentiert. Der ferne Saturn des Steinbocks findet in diese Regionen des Krebszeichens nur in der Form Eingang, daß jede Abweichung von der überlieferten Rollenstruktur der Familie abgewehrt wird. Steht doch zu befürchten, daß der Abhängige den Schutz des Bedürftig-Abhängigen verliert, wenn er die zu Klischees erstarrten Spielregeln verändern würde.

Auch Krebs 3 verharrt noch gern in der kindlichen Erwartungshaltung des zu Versorgenden. Persönliches Unwohlsein wird weniger als in der eigenen Person liegend empfunden, als durch den Symbiosepartner verursacht. Auch hier kann es noch, allerdings weit weniger als in den vorangegangenen Entwicklungsstufen zu Launen kommen, wenn der andere die eigenen Erwartungen nicht erfüllt. Noch immer bestimmen dessen Handlungen das Leben so dominant, daß sich die Idee kaum durchzusetzen vermag, daß eigenes Verhalten – unabhängig vom anderen – Situationen positiv beeinflussen könnte. Das für den Krebs so typische und in höheren Entwicklungsstufen ihn so auszeichnende »Wir« wird hier noch immer als abhängiges Partizipieren am Leben des Partners oder der familiären Umgebung erlebt. Wenn Initiative ergriffen werden sollte, dann auch mehr mit der Intention, den anderen zu verändern, als an sich selbst zu arbeiten. Die Schattenseite partizipatorischen Lebens liegt eben auch darin, daß der Eigenwert (muttertypisch) weniger in sich selbst, als »in der Frucht« gesucht wird. Dabei muß es nicht unbedingt die eigene Leibesfrucht sein, sondern kann durchaus auch der Lebenspartner sein, »aus dem man etwas Gescheites gemacht hat« und an dessen Prominenz man nun auch teilhaben möchte.

Auf der 4. Stufe entwickelt sich aus dem Prinzip symbiotischer Abhängigkeit nach und nach die Fähigkeit zur Anteilnahme, ohne den anderen wie bisher stark beeinflussen zu wollen oder sich von ihm beeinflussen zu lassen. Die Abgrenzung und Unterscheidungsfähigkeit der eigenen Gefühlswelt von der der Umgebung nimmt zu. So wird es möglich, sich in seinen Gefühlen als eigenständiges Individuum wahrzunehmen und nicht immer der Stimmungslage der Umgebung zu entsprechen. Trotz der sich noch steigernden Aufnahmefähigkeit für Atmosphäre erlebt sich Krebs 4 damit nicht mehr so sehr als Spielball der Umwelt, sondern weiß eigene Gefühle von denen anderer zu unterscheiden. So kann sich ein »Ich« entwickeln und Emanzipation beginnen.

Krebs 5 zeichnet sich dadurch aus, daß er trotz der schon gefundenen Eigenständigkeit ein besonders hingabefähiger Mensch bleibt. Seine Fähigkeit zur Partizipation zeigt sich nun nicht mehr in Abhängigkeit, sondern in Naturverbundenheit und besonderer Bewußtheit im Umgang mit der Erde. Aus launischem, kindischem Verhalten ist auf dieser Stufe die Gabe geworden, sich als Kind des Kosmos zu begreifen, seine Eingebundenheit in die Natur zu akzeptieren und weniger davon auszugehen, sich die Natur untertan zu machen als sich als ihr Teil zum Wohle des Ganzen einzusetzen. Das oben angesprochene »Wir« zeigt sich auf dieser Stufe schon in der erlösten Form von Gemeinschaftsbewußtsein – nicht nur bezogen auf das Sozialverhalten, sondern auch im größeren Zusammenhang mit übergeordneten Organisationsstrukturen des Lebens (Naturkreisläufe etc.).

Die 6. Entwicklungsstufe bringt – wie schon bei den vorangegangenen Zeichen – erste Ansätze zu autotelischem, absichtslosen Handeln, was in der Krebssymbolik bedeutet: Mutter sein, um der Mütterlichkeit willen, Kind sein, um der Kindlichkeit willen. Es beginnt eine innere Befriedigung zu wachsen, wenn es gelingt, einem Menschen durch fürsorgliche Empfänglichkeit Hilfe anzubieten, ungeachtet des Dankes oder positiver Reaktionen der anderen. Hier wird nicht mehr Bestätigung oder Dankbarkeit erwartet, da die eigene Verhaltensweise bereits befriedigt. Die Selbstaufopferung ist kein Märtyrerakt mehr, der durch Leiden den anderen erpreßt, sondern erfüllende Bestimmung. Und auch die Kindlichkeit wird als unvoreingenommene Empfänglichkeit erlebt, als Beschenktsein vom Leben, selbst dann, wenn das Erlebte Schwierigkeiten bringt.

Die 7. Stufe als Vertiefungsstufe des Autotelischen, der Absichtslosigkeit, verleiht dem Krebs die Gabe, Gegebenheiten als Gegebenheiten anzusehen, als vom

## Krebs

Das Tierkreiszeichen beschreibt vor allem, wie etwas geschieht, und wird bei Horoskopinterpretationen am besten mit Eigenschaftswörtern beschrieben.

natürlich, göttlich naiv, hingebungsvoll, mütterlich liebend, unverzerrt reflektierend

*

einfühlsam, anpassungsfähig, gefühlvoll, augenblicksnah, bergend, umsorgend, wandlungsfähig, regenerativ

*

hilfsbereit, aufopferungsbereit sanftmütig, weich, periodisch, abwechslungsreich, atmosphärisch, klimabildend

*

unselbständig, anlehnungsbedürftig, passiv, haltlos, unpünktlich, strukturlos, ängstlich, ausweichend, ziellos, fremdbestimmt, launisch, weinerlich

*

abhängig, vorwurfsvoll, leidend, chaotisch, klammernd, Zuwendung einklagend, kitschig sentimental, parasitär am Schicksal anderer teilnehmend

*

hilflos unmündig, quengelnd bedürftig, chamäleonartig der Meinung der breiten Masse folgend

Schicksal zum Heil Geschicktes. Hier verliert sich wieder die in der 4. Entwicklungsstufe so wichtige Unterscheidung zwischen den eigenen Gefühlen und denen der Umwelt. So kann die hohe Gabe des Mitgefühls entstehen, die in der buddhistischen Ethik einen zentralen Wert verkörpert. Dort heißt es: »Mitgefühl und Weisheit sind zwei Seiten ein und derselben Medaille.« Ohne die Gabe des Mitgefühls gibt es keine Weisheit.

Im 8. und letzten Entwicklungsschritt wird aus der Fähigkeit des Krebses zur Partizipation das, was unter reflektorischem Bewußtsein verstanden wird: Die unverfälschte Spiegelung der Wahrheit. Von diesem Vermögen ist es kein weiter Schritt zum tiefen Verständnis des Gesetzes der bedingten Entstehung: »Nur, weil du bist, bin auch ich.« Scheinbar gering ist hier der Unterschied zum Anfangskrebs, der dies als bedingungslose Abhängigkeit von Familie und Ehepartner erlebt. Jetzt aber, auf erlöster Stufe wird dies widerstandslos als Ergebenheit der Schöpfung gegenüber erlebt und auch in der Umkehrung des Satzes: »Nur weil ich bin, bist auch du.« Göttlichkeit in dem urweiblichen Aspekt der Mater, der Matrix, der Maria, der Manifestation des Göttlichen in der sichtbaren Welt.

# Löwe: Der Weg spielerisch-kreativen Seins

*Der Erlösungsweg des Löwen*

Das Tierkreiszeichen Löwe beschreitet in seiner Entwicklung den Weg der Autorität, der Souveränität, der Kreativität und des spielerischen Daseins. Als Oppositionszeichen von Wassermann kann es dessen Qualitäten am Anfang seiner Entwicklung noch in keiner Weise integrieren. Der Löwe wird also anfangs eine Form von Autorität zu leben versuchen, die das wassermännische Prinzip von Freiheit, Gleichheit und Brüderlichkeit ausschließt, den anderen mit dem Recht des Stärkeren unterjocht und daraus sein Selbstwertgefühl zieht. Von dieser Autorität entwickelt er sich bis in die lichte Höhe wahrer »väterlicher Autorität« in ihrer schönsten Form, die dem anderen seine Freiheit und seinen gleichberechtigten Platz im Leben läßt und ihn doch wärme- und kraftspendend fördert.

Der Löwe beginnt als fauler selbstgefälliger Blender, der wegen des Scheins, den er ausstrahlt, bewundert und hofiert werden möchte, und er endet als tief in seiner Mitte zentrierter, Ruhe und Wärme ausstrahlender Lebenskünstler. Sein Weg führt über die Stationen des platten Showman, der sich – gierig auf Bewunderung – laut in die Brust wirft, über den von sich maßlos überzeugten »Macho«, den »Gesellschaftslöwen« und »Don Juan«, über den erfolgreichen Wirtschaftsboß und den Profisportler oder Berufsspieler, über den Regisseur und Ausdruckskünstler bis hin zu dem souveränen »Schauspieler auf der Bühne des Lebens« und als letzten Schritt des Erkennens und Erfahrens der Satz: »Ich bin, der ich bin«.

Die wesentlichsten Talente und Anlagen dieses Zeichens sind in seiner Kreativität und Produktivität zu sehen, der Fähigkeit, als Inbegriff von Vitalität und Kraft Botschafter des Lebendigen zu sein und andere durch seine Präsenz, seine Gegenwärtigkeit und sein Herz zu fördern.

Auf der ersten Entwicklungsstufe drückt sich das noch unerlöste Löwe-Potential als unerfüllter Machthunger und als Sucht, bewundert zu werden, aus. Zu faul, um sich entsprechende Positionen zu erarbeiten, ist er hier ganz darauf angewiesen, daß er als Günstling von Mächtigen lanciert wird, daß reiche Gönner und Gönnerinnen sein »Brüllen«, mit dem er auf sich aufmerksam macht, für bare Münze nehmen, und das verwöhnte Mädchen oder den lieben

Goldjungen als Pascha behandeln. Solange der Partner hier noch nicht erkannt hat, daß hinter der »großen Mähne« das kleine »Schwänzchen mit Quaste« nachkommt, nützt Löwe 1 diese Zeit weidlich und hat auch Freude daran, den anderen aus seiner Pseudosouveränität heraus zu unterdrücken.

Auch Löwe 2 schlägt recht unverfroren Kapital aus seinem Selbstwertgefühl, mit dem dieses Zeichen von Anfang an – unabhängig von seinen Leistungen – gesegnet ist und weswegen andere Tierkreiszeichen seine Nähe suchen, als könnten sie von ihm lernen. Sogar auf der unerlösten Ebene des Blenders existiert jener dumme Stolz, der Schein, etwas Besseres zu sein, der seine Umwelt – selbst wenn hinter überheblicher Dominanz nicht mehr zu entdecken ist, als die schon bekannte Großspurigkeit, Selbstgefälligkeit und Prahlsucht – vermuten läßt, daß es noch mehr geben müßte. Denn nicht immer läßt sich das vollmundige Auftreten unerlöster Löwen psychologisch als Kompensation von Minderwert einordnen. Da ist – eben noch unerlöst, aber als Vorbote späterer echter Souveränität – ein ganz tiefes Ja zu der Schöpfung und zu sich selbst zu spüren, die andere anzieht, wie die Wärme des Sonnenlichts.

Entwicklungsstufe 3 gibt dem Löwen die Möglichkeit vom verwöhnten Faulenzer zu der Entdeckung des eigenen Kreativitätspotentials vorzudringen. So kann sich die angeborene Organisationsfähigkeit entwickeln, die Kraft als »katzenhafter Einzelgänger« für andere den Motor zu spielen, und aus der Selbstüberzeugung Risikofreude entstehen zu lassen. Dem Löwen ist die Ernsthaftigkeit eines Steinbocks im Umgang mit dem Leben schleierhaft. Er beginnt schon auf dieser Stufe den spielerischen Charakter des Lebens zu betonen, eine Fähigkeit, die in der ganzen Achse Löwe/Wassermann enthalten ist. Der Wassermann sieht das Leben aus der für ihn typischen abstrahierenden Distanz als einen einzigen großen Circus, der Löwe dagegen – im Zentrum des Lebens stehend – als Bühnenschauspiel mit sich selbst als Hauptdarsteller.

Auf der 4. Stufe beginnt die Energie aus den »verstockteren« vorangegangenen Stufen mehr ins Fließen zu kommen, so daß die Freude an der eigenen Energie verstärkt wahrgenommen und dann auch eingesetzt werden möchte. Das Trägheitsmoment, das die Faulheit in den Anfangsstufen bewirkte, weicht hier schöpferischem Tun. Immer stärker schält sich die Führungsqualität dieses Zeichens heraus; von dieser Entwicklungsstufe ab nicht mehr auf Kosten der anderen, sondern zu ihren Gunsten. Löwe trägt die Möglichkeit in sich, wie das Sonnenlicht oder die Glut des Kaminfeuers den Blick auf sich zu lenken und zu faszinieren und kann so gleichsam Brennpunkte schaffen, um die Energien vieler auf ein bestimmtes Ziel hin zu zentrieren. Sicherlich genießt der Löwe auch auf dieser Stufe das Gefühl im Mittelpunkt zu stehen, doch weiß er es hier schon mehr zu Gunsten der Gemeinschaft einzusetzen und nicht nur zur Bestätigung seines Ego.

Löwe 5 übt sich im künstlerischen Selbstausdruck, in der Freude am Farbenspiel, an bildnerischen Kompositionen, daran, seine Gefühle der Welt zu zeigen als König der Emotion. Der Macht- und Dominanzaspekt der vorangegangenen Stufen ist erlebt und weitgehend erlöst, zeigt sich nur noch in dem Bestätigungsbedürfnis und einer Erwartungshaltung an den Beifall durch die Umwelt. Er ist zwar – wie schon von Anfang an – von sich selbst und seinen Werken überzeugt, sieht es aber doch gern, wenn andere ihm diese Einschätzung bestätigen.

Auf der 6. Entwicklungsstufe verliert sich dieser Wunsch nach Bestätigung immer mehr, und es entsteht die Fähigkeit zur Absichtslosigkeit im schöpferischen Tun. Damit dominiert das Spielerische und die kindliche Freude des Gestaltens an sich. Die Erfolgsunabhängigkeit im »autotelischen« Tun und das damit geringer werdende Interesse daran, andere zu beeindrucken, verleiht seinen Aktionen immer mehr Charisma und Wirkung. Hier kommt ein allgemein gültiges Lebensgesetz zum Ausdruck: Je mehr es dem Menschen im Leben um etwas geht, je verbissener er ein Ziel zu erreichen sucht, desto mehr verweigert ihm das Leben das erstrebte Ergebnis. Je gleichgültiger der Mensch dagegen seine Energien einbringt, desto wahrscheinlicher wird der Erfolg. Er beginnt also hier zur Autorität zu werden, der es nicht darum geht, eine zu sein. Er lernt sich ganz einfach zu verschenken und strahlt auf diese Weise eine Wärme aus, die andere anzieht.

Löwe 7 vertieft die Absichtslosigkeit seines Tuns – oder sollte man besser sagen, seines Daseins, da ja das Löwe-Prinzip mehr auf spielerisches Sein ausgerichtet ist, als auf bewegende Tat wie etwa der Widder. Er verkörpert in seiner Person immer mehr das, wofür die Sonnengottheiten der Mythen und Religionen stehen: eine sich unterschiedslos an alle Kreaturen verschenkende Kraft. Sowohl Apoll als auch der Sonnengott Helios, der mit seinem vielspännigen Sonnenwagen über das Firmament fährt, sind solche Verkörperungen des solaren Prinzips. Beider Persönlichkeit zeichnet sich dadurch aus, daß sie sich nicht korrigierend in das Leben der Menschen und Kreaturen einmischen, sondern ihre Sonnenkraft allen Geschöpfen in gleichem Maß zukommen lassen. Gesichtspunkte wie Bestrafung oder Belohnung sind ihnen fremd. Sie werfen ihr lebensspendendes und lebensförderndes Licht absichtslos auf alle, die gleichberechtigt vor ihnen stehen. Hier ist also das Prinzip der Freiheit und Gleichberechtigung des anderen, wie es das Gegenzeichen des Löwen, Wassermann, im Tierkreis vertritt, schon integriert.

Der letzte Entwicklungsschritt des Löwen läßt auch diese Dualität zwischen Verschenkendem und

## Löwe

Das Tierkreiszeichen beschreibt vor allem, wie etwas geschieht, und wird bei Horoskopinterpretationen am besten mit Eigenschaftswörtern beschrieben.

selbstbewußt, zentriert, kraftvoll, wärmend, sich verschenkend, liebevoll

*

souverän, spielerisch, kreativ, schöpferisch, liebenswürdig, ausdrucksvoll, machtvoll, potent, lustvoll, lebendig, vital

*

stolz, selbstsicher, einzelgängerisch, darstellerisch, organisatorisch, kraftspendend verspielt, energisch, risikofreudig

*

autoritär, machthungrig, dominant, egozentrisch, respektheischend, verwöhnt, eitel, großmäulig, theatralisch

*

protzig, faul, selbstherrlich, unterdrückend, selbstsüchtig, willkürlich

*

tyrannisch, rücksichtslos, unterwerfend, sich maßlos überschätzend

Beschenktem zur Einheit verschmelzen. Hier existiert nur noch die Wahrnehmung reinen Seins, die göttliche Erfahrung des »Ich bin, der ich bin«. Schöpfer und Geschöpf zugleich ist er hier. Aus dem kleinen ruhmsüchtigen Ich des Anfangslöwen ist das große Ich, die Einheit mit der Schöpfung geworden, ein Bewußtseinszustand, der davon sprechen kann: »Ich und der Vater sind Eins.« Ein Ich, was nicht mehr fürchten muß, in der Schöpfung verlorenzugehen oder von ihr nicht genügend beachtet zu werden, da es selbst Schöpfung ist.

# Jungfrau: Der Weg der Achtsamkeit

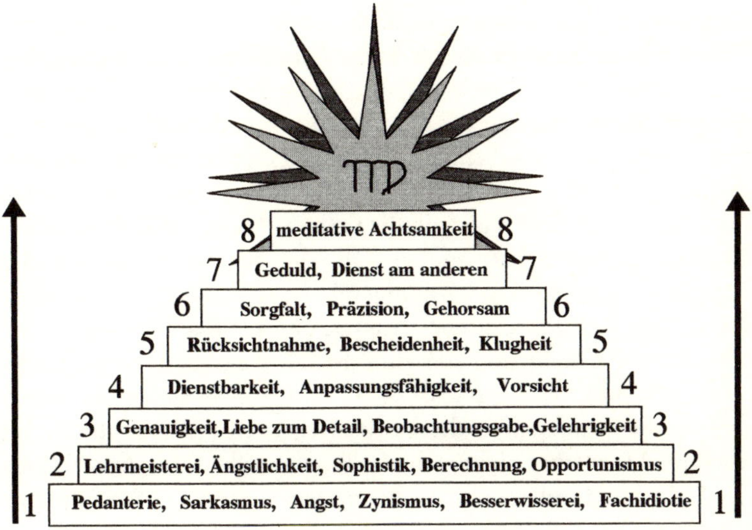


*Der Erlösungsweg der Jungfrau*

Die Jungfrau beginnt ihren Weg als gouvernantenhafter Besserwisser, dem jeder Sinn für das Transzendente (Fische als Gegenzeichen) fehlt. Sie betet das goldene Kalb rationaler Erkenntnis an, und kann nicht verstehen, was sich nicht nach den Regeln der Logik erklären läßt. Ihr fehlt am Beginn ihrer Reise jeder Sinn für das Unnennbare, Numinose des Lebens, was sie dementsprechend als Phantasterei oder Mystifizierung des Lebens abtun muß. Was sich nicht in ihrem kleinkarierten Schema kausaler Logik unterbringen läßt, macht ihr Angst und wird als unsachlich abgelehnt. Wie bei allen Erdzeichen des Tierkreises gilt die faßbare, konkrete Welt zunächst als das einzig Erfahrbare und wird als »die« Realität betrachtet. Der Ausgangspunkt der Beschäftigung mit dem Sein ist hier also ein positivistischer, philosophischer Ansatz, der nur das materiell Greifbare als real ansieht und sich ihm naturwissenschaftlich beobachtend zuwendet. Die grundsätzliche Aufgabe wird hier in einem analytischen Aufspalten der beobachteten Realität möglichst bis hin zum Atom, zum nicht mehr Teilbaren gesehen, aus dem sich aus der Sicht jungfräulicher Betrachtungsweise dann die Welt zusammensetzen muß. So beginnt der Weg der Jungfrau mit nüchterner, fast kleinlicher Denkweise und sachlichem Funktionalismus, weitab von der mystischen Hingabe des Oppositionszeichens Fische.

Die Jungfrau sucht argumentativen Halt in logischen Winkelzügen, mit denen sie das Leben zu erklären versucht. In der ausgeprägten Angst vor rational Unerklärbarem wird alles Seelische möglichst aus dem Leben verbannt oder aus dem chemischen Wechselspiel von Gefühlshormonen erklärt. Kein Wunder, wenn das gefühlsbetontere Tierkreiskollegen in der nüchternen Gegenwart noch unerlöster Jungfrauen zu verzweifeln drohen. Doch auch dafür wird der Jungfraugeborene einen außerhalb seiner Person liegenden logischen Grund als Erklärung finden. So ist es ein recht guter Maßstab für den Entwicklungsgrad der Jungfrausymbolik, inwieweit auch das Unerklärliche im Leben zugelassen werden kann, inwieweit sich eine Annäherung an das sokratische »Ich weiß, daß ich nichts weiß« schon ergeben hat oder aber wie sehr noch das ängstliche Bedürfnis besteht, alles in der Enge der Schulweisheit erklären zu müssen. Wo der Verstand noch unsicher-rechthaberisch und engstirnig ist, wo sich Besserwisserei mit Pedanterie und Fachidiotie paart, da steht Jungfrau noch ganz am Anfang der

Reise in die Mitte, die sie schließlich in die Vollendung meditativer Achtsamkeit tragen wird, in das vorurteilsfreie präzise Arbeiten und den liebevollen, sorgfältigen Umgang mit dem Leben, in das Verschmelzen der Achsenpole der Achse Jungfrau/Fische in dem klösterlichen Grundsatz des »Ora (Fische) et labora (Jungfrau)«.

Jungfrau beginnt also den Entwicklungsweg auf Stufe 1 als besserwisserischer Pedant voll von Lebensängsten, die sie durch Fachidiotie zu bekämpfen versucht. Sieht die Jungfrau sich bedroht, so versprüht sie Zynismus und Sarkasmus. Der später in reifer Form sehr positiv in Erscheinung tretende Hang zu Sauberkeit und Hygiene ist in dieser Anfangsstufe noch als zwanghafter Reinlichkeitswahn gefangen. Kritisch gleitet der Blick des Jungfrautypus über Holzleisten, um Staubkörner zu entdecken, jätet gedanklich Blumenbeete und sortiert Formularblätter nach Sachgebieten. Hier gleitet der Blick noch nicht hinaus über die Schrebergartenordnung, sondern wacht kritisch über die Einhaltung der Vorschriften. Im Korsett der Verwaltungsrichtlinien und Lebensängste geht der Atem noch sehr flach, und nimmt auch den Mitmenschen durch seine verstaubte Atmosphäre die Luft.

Auf Entwicklungsstufe 2 zeigt sich eine leichte Besserung der Verklemmtheit und Lebensangst, doch bleibt auch hier wie auf fast allen Stufen bis auf die letzen beiden die für die Jungfrau-Fische-Achse typische Ängstlichkeit erhalten. Bei der Jungfrau führt sie zu einer besonderen Gelehrigkeit mit der Hoffnung, den Risiken des Lebens durch Fachwissen begegnen zu können, das Oppositionszeichen Fische versucht es dagegen mit Hilfsgebeten.

Jungfrau 2 setzt eine merkuriale Veranlagung ein, um mit Berechnung Vorurteile für sich zu erarbeiten, was sich auf dieser noch wenig entwickelten Stufe in kriecherischem Opportunismus zeigen kann. Kein Zeichen weiß genauer, wo man durch Raffinesse günstigere als die allgemein üblichen Konditionen bekommt, keiner kann besser durch Verhandlungsgeschick noch ein paar Prozente herausschlagen (gefolgt von dem anderen Merkurzeichen Zwillinge).

Das gründlich erworbene Detailwissen wird auf dieser Stufe noch vorwiegend für schulmeisterliche Besserwisserei genutzt, denn für den Blick auf ganzheitliche Zusammenhänge fehlt dem jungfräulichen Denkansatz – zumal in diesen Anfangsstufen – der Überblick. Wie der unerlöste Schütze sich prahlend in oberflächlichen Pauschalisierungen ergeht, so verliert sich die Jungfrau in nebensächlichen Details.

Auch auf der 3. Entwicklungsstufe kann es noch passieren, daß die Jungfrau weitschweifig die eigene Gelehrigkeit vorzeigt und dabei ganz am Wesentlichen vorbeigeht; das ist einer der typischen Anfangsfehler von Jungfraugeborenen. Und doch entwickelt sich auf Stufe 3 bereits aus dem angelegten Genauigkeitsbedürfnis die beste Beobachtungsgabe aller Tierkreiszeichen, gepaart mit einer besonderen Liebe für das Detail, die nicht über Feinheiten hinweggleitet, sondern Nuancen wahrnimmt und erkennt, daß große Dinge oft genug an ganz kleinen scheitern können. Aus dieser hier schon entstehenden Fähigkeit wird sich in hohen Entwicklungsstufen die große Gabe der Achtsamkeit ergeben, die die Welt der Form und die Gefangenheit in ihr zu transzendieren vermag. Auch beginnt auf dieser 3. Entwicklungsstufe neben der angeborenen Neugier und Gelehrigkeit die Bereitschaft, sich Dinge systematisch zu erarbeiten, emsig wie eine Ameise zum sozialen Ganzen seinen Eigenbeitrag zu leisten, eine Fähigkeit, die dem vorangegangenen Tierkreiszeichen Löwe bis zu den letzten Entwicklungsstufen fast gänzlich fehlt.

Jungfrau 4 verstärkt diese soziale Ader hin zur Gabe des Dienens. Nicht umsonst wurde in der klassischen Astrologie das jungfrauanaloge 6. Haus als Haus der Diener und Bediensteten bezeichnet, gelingt es doch keinem anderen Tierkreiszeichen so gut, ihm übertragene Arbeiten präzise und exakt durchzuführen. Dies kann die Jungfrau vor allem deshalb so gut, weil sie dabei nicht durch ein eigenes Bedürfnis nach Kreativität gestört wird. Eigene Intuition und gestalterisches Ausdrucksbedürfnis – wie etwa beim Löwen – sind diesem Zeichen eher fremd. Was ihm nicht vorgezeichnet wird, kann es aus eigener Kraft kaum zum Konzept hin verdichten, sondern muß darauf hoffen, daß sich aus den Einzeltätigkeiten ein logisches Ganzes entwickelt. Am ehesten noch geht die Arbeit mit Checklisten systematisch vonstatten. Jungfrau ist das klassische Zeichen naturwissenschaftlichen Arbeitens ohne gleichzeitiges geisteswissenschaftliches Eingebundensein. Hier wird nach einem Optimum der Rationalisierung gestrebt, einer funktionalen Effizienz, die mit geringstmöglichem Kraftaufwand maximalen Nutzen erreicht. Ökonomischer Einsatz der Kräfte heißt die Devise. Der Begriff der Rationalisierung trifft aber auch in seiner psychologischen Bedeutung, nämlich der logischen Begründbarkeit eigenen Verhaltens vor sich und anderen, auf die Jungfrau zu. Dieses Bedürfnis nach kausal verständlichem Verhalten, nach einer Einbindung in logische Zusammenhänge schafft auch auf dieser Entwicklungsstufe ein Diktat der Ratio, es prägt die Jungfrau zum Vernunftmenschen mit allen Vor- und Nachteilen. Jungfrau 4 kann es zum kühl-besonnenen Wissenschaftler bringen, der durch sachliches Understatement, durch vorsichtige Zurückhaltung auffällt. Dies wird sich nicht mehr durch destruktives Mißtrauen oder durch skeptischen Zynismus zeigen, wie in vorangegangenen Stufen, sondern durch eine wohltuende Versachlichung allzu emotionaler Diskussion vitalerer Tierkreiszeichen und die Betonung von kontrastergänzenden Grautönen. So kann Jungfrau 4 dabei helfen, von überspitzter Schwarzweiß-Malerei – wie die des unerlösten Skorpions –

## Jungfrau

Das Tierkreiszeichen beschreibt vor allem, wie etwas geschieht, und wird bei Horoskopinterpretationen am besten mit Eigenschaftswörtern beschrieben.

achtsam, bedacht, situationsadäquat, aufmerksam, dienstbar

*

profund informiert, klug, fürsorglich, restaurativ, genau, präzise, differenziert, vernunftbetont, bescheiden, gelehrig

*

nüchtern, rationell, sachlich, neutral, wissenschaftlich, kausal, vorsichtig, zurückhaltend, zweckbestimmt, sparsam

*

besserwisserisch, lehrmeisternd, gouvernantenhaft, säuerlich, opportunistisch, unehrlich, ängstlich, geizig

*

angstvoll, verklemmt, gottlos, zweiflerisch, spöttisch, sophistisch, pseudointellektuell, kritiksüchtig

*

zynisch, sarkastisch, zwanghaft, angstbestimmt

zu ausgewogeneren Zwischenschattierungen beachtenden Betrachtungsweisen zu gelangen und auf diese Weise dem Mittlernaturell seines Zeichenherrschers Merkur zu entsprechen.

Auf dieser 4. Entwicklungsstufe hat sich aus opportunistischer Unterordnung der Vorstufen bereits eine Anpassungsfähigkeit entwickelt, die auf der Erkenntnis fußt, daß es oft nicht nur zweckdienlich ist, nicht unangenehm aufzufallen, sondern daß man den Interessen der Gemeinschaft und auch einzelnen Partnern durch vernünftiges Nachgeben oft mehr dienen kann, als durch unüberlegten Kräfteeinsatz wie der Widder. Und doch ist auf dieser Stufe die Bereitschaft zu konstruktiver Kritik vorhanden, und nicht mehr der Reflex des verschlagenen, unehrlichen »Bücklings« mit dem Hintergedanken eigenen Vorteils, wie bei den unerlösten Anfangsstufen.

Auf der 5. Entwicklungsstufe schält sich die jungfrautypische Begabung situationsbezogenen Verhaltens mehr und mehr heraus. Die genaue Beobachtungsgabe wird in zunehmend sozialer Rücksichtnahme und auch Bescheidenheit gelebt, es entsteht eine Lebensklugheit, wie wir sie in besonders ausgeprägter Form beim Orden der Jesuiten[7] wiederfinden und wie sie im asiatischen Kulturgut vornehmlich von Kung-fu-tse vertreten wird.[8]

Die 6. Entwicklungsstufe bringt die hohe Kunst autotelischer, absichtsloser Verwirklichung der Jungfrausymbolik. So entsteht hier die Freude an der Sorgfalt im Arbeiten an sich, das Empfinden dafür, wie schön es ist, das, was man tut, präzise und genau zu machen, unabhängig davon, was für einen Nutzen das bringen mag, und frei von dem berechnenden Zweckdenken der Anfangsstufen. Die Detailliebe verdichtet sich hier in einem selbstvergessen methodischen Umgang mit dem Arbeitsobjekt.

Diese hohe Form der Sachbezogenheit macht es auch möglich, nicht nur dem in der Situation Vorgesetzten gegenüber Gehorsam zu üben, sondern auch die Lebensbedingungen demütig als Gege-

7 So der bekannte Jesuit Baltasar Gracian in seinem Buch: Handorakel und Kunst der Weltklugheit. Deutsch von Arthur Schopenhauer, Stuttgart.

8 Der polare Ergänzungspol dazu – und dementsprechend der Fischesymbolik zuzuordnen – wäre Lao-tse und der Taoismus.

benheiten anzusehen, die dazu gegeben sind, mit größtmöglicher Achtsamkeit und Genauigkeit zu arbeiten. Unentwickeltere Vorgesetzte werden in dieser Stufe nicht mehr durch hinterhältige Winkelzüge oder Intrigen angegriffen, sondern geduldig durch die liebevoll achtsame Durchführung der Arbeit eines Besseren belehrt.

Jungfrau 7 vertieft die Fähigkeit absichtsloser Erledigung übertragener Arbeit und damit auch den geduldigen Dienst am anderen. Fürsorglichkeit wird so zum Bedürfnis an sich und hat gar nichts mehr von der Einmischung in das Leben des anderen oder der Angewohnheit, die Eigenprobleme auf die Umwelt zu projizieren und dort besserwisserisch zu bearbeiten. So ist an den fürsorglichen Diensten auf der 7. Entwicklungsstufe auch nichts mehr von dem moralischen Zeigefinger, der aus der eigenen Lebensangst heraus vor jedweder Lebenslust warnt, wie dies die unerlösten Jungfraustufen an sich haben können. Hier auf der 7. Stufe macht der Dienst am anderen so viel Freude, daß sie als Lebenslust auf die Umwelt ausstrahlt. Hier wird sorgfältiges Arbeiten zur Berufung, ist nicht mehr lästiger Broterwerb.

In der letzten 8. Stufe transzendiert die meditative Achtsamkeit im Umgang mit dem Leben die anfängliche Gefangenheit in der Welt der Form und der Materie; es wird möglich, das Wunder (Fische) in der Welt des Alltäglichen (Jungfrau) zu finden. Hier wird Arbeit (Jungfrau) zum Gebet (Fische); die »unio mystica« des »Ora et labora« findet statt, jede alltägliche Tätigkeit ist zum Gottesdienst geworden. Hier in der Verschmelzung des Gegensatzpaares Jungfrau/Fische kann der Satz des alten Taoisten selbst erfahren werden: »Oh Wunder über Wunder, ich gehe Holz holen und Wasser schöpfen.« Keine lästige Alltagsarbeit mehr, kein widerwilliges Ableisten von Verpflichtungen.

# Waage: Der Weg der Ausgeglichenheit

*Der Erlösungsweg der Waage*

Mit dem Tierkreiszeichen Waage kommen wir zum Gegenpol des stürmisch handelnden Widders. Am Anfang der Waageentwicklung fehlt also noch ganz die Entschiedenheit und Entschlossenheit dieses Gegenzeichens. Handlungsschwäche, ja Handlungsunfähigkeit werden durch gekünstelten Ästhetiszismus zu kompensieren versucht. Kommt der Anfangswidder vor lauter Aktion nicht zum Nachdenken und handelt triebhaft und blindlings, so blockiert nun die Waage vor lauter Denken ihr Handeln und bleibt in Entscheidungsschwäche stecken. Da ihr gesamtes Aktionspotential nicht zum Handeln verwendet wird, sammelt es sich in der Geistigkeit und entwickelt dort ein erstaunliches geistiges Aggressionspotential. In Gedanken dreht sie sich demnach um so mehr um den Themenkreis der Aggression, je weniger der für die Waage so schwierige Schritt zur Aktion gefunden wird. So kann auf minderer Entwicklungsstufe Schreibtischtätertum entstehen, die parfümiert dekadente Aggression eines Kardinal Richelieu, der mit gespreizter Geste in Glacehandschuhen Todesurteile unterzeichnet oder ein Pontius-Pilatus-Syndrom, das verurteilen läßt und seine Hände dabei in vermeintlicher Unschuld wäscht, obwohl die eigene Entscheidungsverantwortung gegeben war.

Aus der ihr eigenen Entscheidungsschwäche wird die unerlöste Waage so gerne zum Schreibtischtäter, zum Delegationstäter, der sich ausführender Werkzeuge bedient, um sich hinter deren Verantwortung zu verstecken. Die eigene körperliche Schwäche, verbunden mit der in der Geistigkeit gestauten Agression, kann beim unerlösten Waageaszendenten (wie etwa Adolf Hitler) dazu führen, eine Herrenmenschenideologie aufzubauen[9], in der sich die Waage mit Anhängern umgibt (Widder als Gegenzeichen = Umgebung), die dann – ebenso unerlöst – alles zerschlagen, was die Waageideologie ihnen befiehlt.

Die Achse Waage/Widder umschreibt das Spannungsfeld von Diplomatie (Waage) und Direktheit (Widder), von Krieg (Widder) und Frieden (Waage), von sportlicher Energie und Intensität (Widder) und künstlerischer Dekadenz (Waage). In der Astromedizin beherrscht der Widderplanet Mars den arteriellen Anteil des Blut-

9 Auch Nietzsche hat eine starke Waagebetonung.

kreislaufes, die der Waage zugeordnete Venus dagegen den venösen. Und so kann man am Erscheinungsbild dieser sich ergänzenden Teile des Blutkreislaufs die innere Qualität der Planeten und ihrer Tierkreiszeichen widergespiegelt finden: Im hellroten, sauerstoff-(energie)reichen arteriellen Blut, das frisch vom Herzen weggepumpt wird und voller Druck zur energetischen Versorgung des Organismus bereitsteht, die Widderqualität, und die Waage im drucklosen, bläulichen venösen Blut, das langsam zurück zum Herzen strömt, befrachtet mit alten Schlacken.

Ferner kann die Achse Widder/Waage als Begegnungs- bzw. Beziehungsachse definiert werden, da in ihren Achsenpolen die größte Betonung von Ich (= Widder) und Du (= Waage) aufeinandertrifft. Dabei kommt Waage vom Du-Pol und sieht sich gerne über den anderen.

Auf der 1. Entwicklungsstufe beginnt die unerlöste Waage als entschlußloser, handlungsunfähiger und feiger Zeitgenosse. Sie versucht sich reibungslos durch das Leben zu mogeln, was Unehrlichkeit nötig macht, eine Eigenschaft, die sie mit den unerlösten Stufen der Tierkreiszeichen Zwillinge, Jungfrau, Skorpion und Fische verbindet. Nur, daß sich die Waage-Unehrlichkeit in aufgesetzter Höflichkeit zeigt, während sich die des Zwillings durch Listigkeit, die der Jungfrau durch Berechnung, die des Skorpions durch psychotaktische Strategie und die der Fische durch tarnende Unangreifbarkeit offenbart.

Der oft hochgelobte Sinn der Waage für Ästhetik ist auf dieser Stufe noch zur Unkenntlichkeit verkümmert, kann sich durchaus noch als Geschmacklosigkeit äußern, die traditionelle astrologische Zuordnungen als fragwürdig erscheinen läßt, da höherentwickelte Stufen anderer Tierkreiszeichen oft sehr viel mehr künstlerisches Empfinden zeigen als die Waage in ihren anfänglichen Entwicklungsstufen[10].

---

10 Hier liegt eines der großen Probleme der Astrologie bzw. aller auf Symbolik fußenden Systeme, daß nämlich das Kriterium der Entwicklungshöhe so entscheidend für den symbolischen Ausdruck ist und innerhalb der Symbolik nicht gefunden werden kann. So kann ein hochentwickelter Zwillingstypus – obwohl die Zwillingssymbolik kaum Bezüge zur Ästhetik aufweist – mehr Sinn für das Schöne im Leben zeigen als eine unerlöste Waage, obwohl diese doch das Zei-

Wie es für den Widder als 1. Zeichen des Tierkreises noch keine Alternative gibt und daher Entscheidungen spontan und ohne Überlegung – unabhängig von ihrer Qualität – getroffen werden können, ist Waage als das Zeichen der Alternative immer in die Entscheidungsnot gestellt, aus der Balance zweier gleichwertig erscheinender Möglichkeiten eine herauszugreifen. Oft genug bleibt sie dabei – jedenfalls auf den unerlösten ersten Entwicklungsstufen – in einer Entscheidungslähmung befangen, und erstarrt in rigider Scheinharmonie.

Waage 2 ist noch immer durch ein hohes Maß an Unentschlossenheit gekennzeichnet. Das Spektrum der unerlösten Waage zeigt sich hier von Blasiertheit im Auftreten über Kompromisse hin zu geistiger Dekadenz. Wo ein Fortkommen über Schmeichelei nicht möglich erscheint, versucht die unerlöste Waage in ihrer geistigen Aggression andere für ihre Pläne zu benützen und zeigt sich so als geistiger Brandstifter. Persönlicher Konfrontation entzieht sich die Waage auf dieser Entwicklungsstufe weiter und hofft darauf, den Lebenskampf auf die Ebene geistiger Planspiele verlagern zu können.

Auch noch auf Entwicklungsstufe 3 findet sich die natürliche Gabe der Freundlichkeit, die der Waage in die Wiege gelegt wurde, in einer auf Reibungslosigkeit bedachten glatten Form. Die tiefe Harmoniesehnsucht der Waage bringt es mit sich, daß sie die Welt auch dort mit Schminke übermalen möchte, wo der offene Umgang mit Problemen angebracht wäre. Die Gefahr dieser Beschönigung des Lebens tritt besonders auch im partnerschaftlichen Bereich auf, wo harmlose Freundlichkeit oft auch ein Desinteresse an einer tieferen Auseinandersetzung mit dem Partner bedeuten kann, ein Versuch, durch höflichen Umgangston untangiert durch das Leben zu kommen. Der sprichwörtliche Kunstsinn der Waage zeigt sich hier in einem gewollt wirkenden, gekünstelten Ästhetizismus, dem man

---

chen des Ästhetischen ist. Logisch denkende Astrologiekritiker werden hier durch die Schwierigkeit der Zuordnung von Symbolqualitäten an Grenzen gebracht. Und tatsächlich muß man einräumen, daß hier nur langjährige Erfahrung und das damit wachsende Gespür für die Symbolik helfen kann, dem System symbolischen Denkens treuzubleiben.

die Unsicherheit im Umgang mit Stil und Geschmack noch sehr deutlich anmerkt. Hier finden sich der kunstkritische Vernissagengänger und der gesellschaftliche Diplomat in der Szene zusammen. Hier zeigt sich vor allem noch der Versuch, sich künstlerisch in Szene zu setzen und zu profilieren, was sich in einer auf eine bestimmte künstlerische Richtung fixierten Grundhaltung zeigen mag, die alles andere als unter Niveau abqualifiziert und damit das eigene Niveau – ohne dies zu wollen – deutlich offenbart. Die vermeintliche Stilsicherheit liegt hier in einer ängstlichen Reduktion auf das gerade eben Entdeckte, was durch Abqualifikation alles anderen sorgsam geschützt werden muß.

Das 4. Entwicklungslevel ist ein erster Quantensprung in der Symbolqualität der Waage. Hier wird der für die Waage so wichtige Partner ehrlich durch Diplomatie und Höflichkeit umworben. Kein Tierkreiszeichen begreift so sehr, daß für eine wirkliche Beziehung Kompromisse auf beiden Seiten nötig sind. Und auf der 4. Entwicklungsstufe ist der Umgang mit der Waagesymbolik schon so bewußt geworden, daß bewußte Kompromisse eingegangen werden können, d.h. keine Kompromisse, die Verdrängung nötig machen und sich dementsprechend später rächen. Hier kommt es nicht mehr zu der waagetypischen Situation, wo nach langjähriger, reibungsloser und geradezu beispielhafter Ehe sich ein kaum mehr überbrückbarer Abgrund auftut, weil deutlich wird, daß die höflichen Umgangsformen und Kompromisse nicht ehrlich und bewußt als notwendiges und gewolltes Opfer an die Partnerschaft gemeint waren, sondern nur ein angenehmes Leben ermöglichen sollten.

Diplomatie auf Stufe 4 dagegen ist als ein ehrlicher Versuch zu verstehen, die Gegensätzlichkeit von einander sich anziehenden Partnern lebbar zu machen, ohne sich ständig durch seine verschiedenen Eigenarten zu verletzen. Die künstlerische Ader hat hier schon Schliff bekommen, wird allerdings noch vorwiegend dazu eingesetzt, den anderen zu beeindrucken, also für das der Waage so gut liegende Klima der Verführung und des Flirts. Auch zeigt sich die Ästhetik der Waage nicht immer in künstlerischem Formensinn, sondern oft in einem besonderen Empfinden für das Ästhetische an geistigen Modellen. Die auch hier noch sehr schwach ausgeprägte

Eigeninitiative wird durch raffinierte Systeme kompensiert. Kein Tierkreiszeichen vermag es so gut wie die Waage, den »Schwarzen Peter« des Handelns dem Partner zu überlassen. Hier werden Taktiken entwickelt, wie jede Entscheidungsfrage – am besten so, daß der andere nichts davon merkt – dem anderen überlassen bleibt und die Waage sich auf die Warteposition des kritischen Beobachters zurückziehen kann. Trifft der Partner dann eine Entscheidung, so wird diese in den seltensten Fällen den hohen Anforderungen an Ausgewogenheit, die die harmoniebedürftige Waage an sie stellt, angemessen sein und daher von ihr – wenn auch höflich – in Frage gestellt. Auf diese Weise erzeugen paradoxerweise gerade die friedensbedürftigen Waagen in Beziehungen gern Krieg. Denn wer einerseits zu feige oder unentschlossen ist, selbst Entscheidungen zu treffen und sie deshalb mit allerlei Taktiken anderen überläßt, andererseits aber deren Entscheidungen als unausgewogen kritisiert, muß mit dem Zorn des Partners rechnen. Diese waagetypischen Probleme bauen erst in Entwicklungsstufen ab, wo die Waage sich ihrem handlungsstarken Gegenpol Widder schon angenähert hat und daher entweder selbst entscheidungsfähiger geworden ist oder die

## Waage

Das Tierkreiszeichen beschreibt vor allem, wie etwas geschieht, und wird bei Horoskopinterpretationen am besten mit Eigenschaftswörtern beschrieben

friedvoll, ausgeglichen, von innerer Schönheit, geistvoll

*

ausgewogen, schöngeistig, ästhetisch, verliebt, künstlerisch, zärtlich, beschwingt, feinsinnig, intelligent, ausgleichend, harmonisch, fruchtig, wohlgeformt, elegant

*

liberal, höflich, diplomatisch, verführerisch, flirtend, vermittelnd, schmückend, verschönernd, dekorativ, duftig, wohlriechend, dezent

*

unentschlossen, lauwarm, gekünstelt, artifiziell, geziert, beschönigend, parfümiert, glatt, ungreifbar, handlungsschwach, kosmetisch, indirekt

*

dekadent, überschminkt, aalglatt, inaktiv, bequem, blasiert, unehrlich, pseudointellektuell, phrasendreschend, langweilig, hohle Schickeria

*

verlogen, maskenhaft, sublim aggressiv, »Delegationstäter«, der sich die Finger nicht persönlich schmutzig macht, sondern sich gedungener Täter bedient

Problematik der Entscheidung von innen heraus besser verstehen kann und den anderen daher weniger kritisiert.

Das Empfinden für die Ästhetik geistiger Systeme wird in Stufe 5 besonders wirksam und kann sich in der Freude an einer eleganten Lösung eines mathematischen Problems, der Schönheit in der stilistischen Anlage einer meisterlichen Schachpartie oder der besonderen Ausgewogenheit eines juristischen Plädoyers zeigen. Die Fähigkeit, befriedend zu wirken, ist hier schon sehr stark ausgeprägt. Sie baut nicht mehr – wie auf unerlösteren Stufen – auf die Beschönigung von Fakten und im Abschluß dementsprechend fauler Kompromisse, sondern auf das ernste Bedürfnis, Lösungen zu finden, die der Sachlage aller Beteiligten am ehesten gerecht werden, und schafft so die Basis für bewußte Kompromisse. Auf dieser Stufe wird der Waage (wohl am meisten von allen Tierkreiszeichen) deutlich, wie sehr äußere Form inneres Wesen widerspiegelt, so daß Ästhetik nicht als bloße Äußerlichkeit gelebt wird, sondern als Ausdruck einer schönen Seele.

Die 6. Entwicklungsstufe bringt den so entscheidenden Schritt zum Autotelischen, zum absichtslosen Tun. Hier wird nicht mehr so sehr auf die Wirkung von Stil und Ästhetik auf die Außenwelt geachtet, wie das gerade bei der Waage als partnerschaftsbezüglichem Zeichen gern der Fall ist, sondern es entsteht die Freude an der Schönheit an sich. Losgelöst von der Wirkung auf andere lebt Waage 6 in der Empfänglichkeit für die schönen und harmonischen Aspekte dieser Welt, kann aus dem nunmehr ausgereiften, ästhetischen Empfinden die Natur als höchste aller Künste wahrnehmen und sich von ihr inspirieren lassen. Körperbetonte Waagen werden auf dieser Ebene ihrer eigenen Schönheit nicht mehr nur physisch gewahr, sondern erlangen die Fähigkeit, Bewegung und Energie (Domänen des Gegenzeichens Widder!) in sich als harmonisch und ausgewogen und damit als schön zu empfinden. Daraus kann sich nach und nach eine besondere Ausgewogenheit im Denken und im Handeln ergeben. Dasselbe gilt analog für den vorwiegend intellektuell betonten Waagetypus, der die Harmonie geistiger Energien fühlen lernt, um sie dann auch in seiner Körperlichkeit zu erfahren.

Auf der 7. Stufe vertieft sich diese Fähigkeit und wächst zu einer inneren Balance. Unterstützt kann dies durch meditative Riten und Formen werden, die besonders mit Gleichgewicht und Balance arbeiten, wie spezielle Yoga-Übungen, T'ai Chi und Qi Gong, die die Verbindung von äußerer Form und innerem Wesen dazu nutzen, mit Hilfe äußerer Gleichgewichtsübungen das innere Gleichgewicht zu fördern und zu stabilisieren. Die wachsende Nähe zum Gegenpol Widder läßt dabei auch immer mehr Kraft und Energie spürbar werden, so daß nicht mehr – wie auf unteren Stufen – oberflächliche Balance entsteht, sondern eine Synthese aus innerem Gleichgewicht und daraus erwachsender Kraft und Mut.

In der letzten 8. Entwicklungsstufe entwickelt sich daraus auf der Ebene der »unio mystica« die Erfahrung von tiefem Gleichmut und daraus innerer Friede. Hier wird das erreicht, was in der griechischen Mythologie durch die Geburt der Harmonia als Tochter des Kriegsgottes Ares/Mars (Widder) mit der Liebes-, Friedens- und Schönheitsgöttin Aphrodite/Venus (Waage) gezeigt wird. Schon die alten Griechen wußten um die Wahrheit, daß Harmonie nicht die kraftlose Friedenssehnsucht der Anfangswaage meint, sondern das Ergebnis einer Vermählung von Krieg und Frieden, von Mut und Konfrontationsbereitschaft auf der einen Seite und innerer Balance und Friedenswillen auf der anderen. Hier wird die Kraft gefunden, aus tiefer innerer Balance heraus auch für sein Glück zu kämpfen (Widder). Hier ist das Optimum gefunden zwischen der Bereitschaft, kompromißfreudig auf den anderen zuzugehen, und dabei doch seine eigenen Bedürfnisse und Wünsche artikulieren zu können. Innerer Frieden und mutige Handlungsbereitschaft sind eins geworden.

# Skorpion: Der Weg der Selbstüberwindung

*Der Erlösungsweg des Skorpions*

Das Tierkreiszeichen Skorpion symbolisiert den Wunsch, über sich selbst hinauszuwachsen, das Niedere in sich zu überwinden und als größten Sieg den Sieg über sich selbst zu feiern. In den übersteigerten, unerlösten Entwicklungsstufen führt dies zur Selbstkasteiung, zu masochistischer Selbstquälerei oder auch zu sadistischen Tendenzen. Für kaum ein anderes Tierkreiszeichen ist es so schwer, die Normalität und Banalität des Menschseins zu akzeptieren. Ein fast zwanghafter Drang nach 120-Prozentigkeit gibt dem unerlösten Skorpion ständig Versagens- und Schuldgefühle, selbst in Situationen, die von ihm menschlich perfekt gemeistert werden.

Die fixe Tierkreisachse Skorpion/Stier spiegelt den Entwicklungsweg deutlich wider: Hier der zwanghaft idealistische Skorpion, der die gegenständliche Welt in ihrer Banalität verachtet, der ständig nach den Hintergründen fragt und im Okkulten sucht, dort der diesseitig sinnliche Stier, der die real faßbare Welt genießen möchte, und dessen pragmatischer Realitätsbegriff den Blick auf das Hintergründige verstellt. Will Skorpion sich also jener goldenen Mitte nähern, die das Ziel aller Entwicklung ist, so wird er die anfängliche Verachtung des Diesseitigen Schritt für Schritt ablegen und sich dem naiv Durchschnittlichen der Stiersymbolik annähern müssen.

In der Achse Stier/Skorpion ist auch die Thematik des Aufnehmens (Stier) und Ausscheidens (Skorpion), von Haben (Stier) und Loslassen (Skorpion), von materiellem (Stier) und immateriellem (Skorpion) Besitz angesprochen. Wo Stier sich gruppenbildend verwurzelt, ist der Skorpion zwischen dem Wunsch nach Zugehörigkeit (fixes Zeichen!) und seiner Abschiedsthematik hin- und hergerissen. Die ihm immer wieder gestellte Aufgabe der Loslösung steht im Widerspruch zu seiner Qualität als fixes Tierkreiszeichen und läßt in ihm die für ihn typischen Haß-Liebe-Empfindungen entstehen, diese Mischung zwischen Angezogenwerden, und sich von Abhängigkeiten durch Gewaltakte befreien wollen.

Skorpion ist das große Zeichen der Metamorphose, des »Stirb und Werde« und damit gleichermaßen fasziniert vom Tod und allem, was mit ihm zusammenhängt, wie auch von der Sexualität als Mittel zur Reproduktion, zum Wieder-Werden. Dionysische Selbstzerstückelung und die ergänzende Fähigkeit zur Regeneration kennzeichnen seinen Entwicklungsweg.

Auf der 1. und unerlöstesten Entwicklungsstufe ist der quälende Perfektionismus noch so stark ausgeprägt und noch so weit von der ihn ergänzenden sinnlich runden Stierpolarität entfernt, daß er zu den Extremen von Masochismus und Sadismus führt. Die selbstquälerische Komponente entsteht dabei oft aus dem Vergleich der leitbildhaften Idealvorstellungen von sich mit dem realen Selbst, damit aus einem Haß auf das nichtperfekte Selbst. Der sadistische Ansatz dagegen ist ein verzweifelter Versuch, die an sich selbst gehaßte Schwäche auf andere zu projizieren und dort zu bestrafen.

Was in erlösteren Stufen gerade eine besondere Gabe des Skorpions ist, nämlich einen steten Entwicklungsmotor in sich zu tragen, ein Streben nach dem Besseren, reicht in der anfänglichen Überdosierung nur zu großem Leid. Denn je stärker er mit der Brechstange versucht, über sich hinauszuwachsen ins Übermenschliche, desto mehr wächst gleichzeitig der Schatten in ihm an. Er will den Engel in sich züchten, und schafft damit unbewußt den diabolischen Gegenpol.

Kaum ein anderes Zeichen erfährt ohnmächtige Abhängigkeit so stark im Leben. Auf den anfänglichen Entwicklungsstufen kann sie sich als Drogenabhängigkeit oder sexuelle Hörigkeit zeigen. Unerlöste Skorpione können von dem Thema Sexualität geradezu besessen sein und in exzessiver Suche nach Erfüllung bis in die Perversion hinein experimentieren. Alles Normale wird hier als lau erlebt und durch heiß-kalte Leidenschaftlichkeit zu ersetzen versucht. Kein anderes Zeichen ist zu so eiskalter Grausamkeit fähig und keines zu so heißer, besessener Leidenschaft. Die Umgebung wird in zwei Kategorien eingeteilt: Diejenigen, mit denen sich der Skorpion in gegenseitig abhängiger Symbiose verschweißt und eifersüchtig seinen Absolutheitsanspruch auf den Partner verteidigt, und die anderen, die nicht zur »magischen Blutsbrüderschaft« gehören, die als Feinde betrachtet werden. Ein lockerer Umgang mit Beziehungen, die nicht auf dem Schwarzweiß-Raster beruhen, ist kaum denkbar. Aber selbst das Eigene wird mißtraurisch überwacht. Denn zu der skorpionischen Doppelagentenmentalität gehört auch die Erfahrung, von der Geliebten als getarnter Gegenspionin nach dem Geschlechtsakt ermordet zu werden, wie dies im Tierreich in der dem Skorpionprinzip zugeordneten Spinnenfamilie ebenso beobachtet werden kann wie in ähnlicher Form beim Hochzeitstanz der Wüstenskorpione.

Das Tierkreiszeichen Skorpion wurde in der klassischen Astrologie vor der Entdeckung Plutos vom Mars regiert, so daß dessen aggressive Grundqualität in der Skorpionmentalität fühlbar ist. In alten Büchern wird oft Widder als der Kämpfer mit dem offenen Visir bezeichnet und Skorpion als der »schwarze Ritter«, der sein Gesicht hinter dem geschlossenen Visier verbirgt. Und so äußert sich beim unerlösten Skorpion Aggression auch nicht – wie beim Widder – in offensichtlicher Wut, sondern in unterschwelligem Haß und Rachegefühlen. Als wasserelementares Gefühlszeichen verbirgt der Skorpion, wenn er sich verletzt fühlt, die in ihm entstehende Aggression und seine Betroffenheit hinter einer undurchdringlichen Maske und schmiedet geheime Pläne, wie er sich am wirkungsvollsten rächen kann.

Auch auf der 2. Entwicklungsstufe zeigt sich sein Perfektionszwang noch in Form von Fanatismus und Extremismus, und es bleibt weiterhin, wenn auch etwas abgemilderter, das seelische Wechselbad von Mißtrauen und Hörigkeit. Seine Ohnmachts- und Minderwertigkeitsgefühle sucht der unerlöste Skorpion durch indirekte, suggestive Machtausübung zu kompensieren. Oft fühlt er sich selbst von fremden Mächten gesteuert, und so liegt es ihm nahe, dies auch mit seiner Umwelt zu versuchen. Er drängt sich – ohne diesen Übergriff zu fühlen – in den Privatraum des anderen wie mit krankhafter Eifersucht, um Schuldbeweise in der Intimsphäre des Partners auszuspionieren.

Auch noch die 3. Entwicklungsstufe auf dem durch Extreme gekennzeichneten Weg des Skorpions wird durch Abhängigkeitssituationen gekennzeichnet. Manchmal äußert sich dies in einem Aussaugen von Partnern oder auch in der Suche nach Abhängigen, die ihn selbst an seinen Schuldgefühlen und Idealvorstellungen packen, und ihn so ausbeuten können. Selten ist der freie Umgang in selbständiger Partnerschaft zu beobachten. Die eigene Abhängigkeit oder die des anderen wird fatalerweise als besondere Tiefe der Beziehung gewertet. Der Satz »Ich kann ohne dich nicht leben« zergeht genüßlich auf der Zunge des Skorpions, sowenig er ein Zeichen von Zuneigung ist. Er demonstriert bestenfalls kindliche Abhängigkeit. Daß Leidenschaft Leiden schafft, wird vom noch wenig entwickelten Skorpion gern in Kauf genommen, oft sogar gesucht. Hier ist seine Liebesfähigkeit noch ganz im Dionysischen oder Dämonischen gefangen. Sich schlagen und versöhnen können Ausdruck der skorpionischen Entweder-Oder-Einstellung sein. Doch ist die Selbst- und Fremdzerstörungslust auf der 3. Stufe schon eher am Abklingen.

Letzte Reste von Vergewaltigungstendenzen finden sich auch noch auf Entwicklungsstufe 4. Doch wird dem Skorpion hier schon seine Neigung zu suggestiver Beinflussung bewußter; er begreift, daß die Infiltration der Sphäre des anderen ein Zwang ist, der auf ihn selbst zurückfällt. Und da der Leidensdruck auf den ersten Ebenen sehr massiv ist, wächst hier die Bereitschaft, vom Zwang auf andere oder die eigene Person abzulassen.

Begreift man den Tierkreis als Symbol zyklischer Entwicklung, in der jedes Tierkreiszeichen logisch auf das andere folgt, so ist der nächste logisch auf Skorpion folgende Schritt das Tierkreiszeichen Schütze und damit das Thema Toleranz. Toleranz – sowohl sich selbst als auch anderen gegenüber – ist Skorpion noch nicht bekannt und muß auf dem Weg zur Mitte noch integriert werden. Diese Erkenntnis wächst auf Stufe 4, die den Blick von der Gefangenheit auf sich selbst ablöst, und beginnt, das eigene Schicksal mehr als mitmenschlich Verwobenes wahrzunehmen. Hier kann dem Skorpion deutlich werden, daß sein Perfektionismus, seine Ablehnung menschlicher Unvollkommenheit bei sich selbst und bei anderen – zumindest bei zu starker Dosierung – die ihm so wichtige Eigenentwicklung eher gefährdet als unterstützt. Er sieht, daß Toleranz auch eigenen Fehlern gegenüber Unverkrampftheit und Gelassenheit fördert und daß in dieser Haltung bessere Ergebnisse entstehen als in zähverbissenem Verfolgen idealistischer, fixer Ideen. Was er hier allerdings noch mit der skorpiontypischen Zwanghaftigkeit betreibt, ist eine Art spiritueller Idealismus. Sie ist von einer geradezu hörigen Abhängigkeit von spirituellen Meistern, Gurus gekennzeichnet, besonders, wenn diese ihre Anhängerschaft durch echte oder vorgetäuschte Siddhis faszinieren, wie etwa Sai Baba bei seinen Materialisationskunststücken. Die für den

Skorpion so signifikante Sehnsucht nach der Übermenschlichkeit, nach Fähigkeiten, die die Naturgesetze überwinden können, wird hier als möglich erkannt. Hier droht dem Skorpion noch einmal ein Straucheln auf dem Weg zur Mitte. Sein Bedürfnis, über Menschenmögliches hinauszuwachsen, wird noch einmal aufgepeitscht, der für ihn so wichtige Weg in die normale Banalität des Lebens wird in Frage gestellt.

Wie sehr könnte ihm hier der Sinn folgender ZEN-Anekdote behilflich sein: Ein junger ZEN-Mönch kam enttäuscht zum Meister und erzählte ihm davon, daß der Meister seines Freundes – ein bekannter Magier – so viel mehr könne als sein eigener: »Meister, ihr sagt immer, ihr könntet essen, wenn ihr hungrig seid, trinken, wenn ihr Durst habt, und schlafen, wenn ihr müde seid – nichts weiter. Der andere Meister aber hat mächtige Siddhis, so kann er z.B. durch das Rezitieren von Mantren töten und auch wieder zum Leben erwecken.« Der Meister versprach, sich den großen Magier aus der Nähe zu betrachten. Er ging zu ihm und fragte: »Stimmt es, daß ihr ein Mantra sprechen könnt, und jener Elefant dort wird tot zusammenbrechen?« Der Magier bejahte. Da bat ihn der ZEN-Meister um eine Demonstration. Und in der

## Skorpion

Das Tierkreiszeichen beschreibt vor allem, wie etwas geschieht, und wird bei Horoskopinterpretationen am besten mit Eigenschaftswörtern beschrieben.

immer wandlungsbereit, aufopferungsvoll, alchimistisch, »zweimal geboren«

*

anspruchsvoll, tiefgründig, selbstbeherrscht, vorbildhaft ausdauernd, idealistisch, magisch, faszinierend, magnetisch, sühnend

*

suggestiv, hintergründig, überfordernd, indirekt, ausschließlich, polarisierend, extrem, zäh, regenerationsfähig, perfektionistisch, absolut, sexuell offen

*

mit sich und der Welt unzufrieden, exzessiv, zwanghaft, fanatisch, okkultistisch, spiritistisch, abergläubisch, spionierend, doppelgesichtig

*

selbstzerstörerisch, vampiristisch, ausnützerisch, süchtig, abhängig, hörig, sexbesessen, ungepflegt, pornographisch, sündig

*

sadistisch, masochistisch, zerstörerisch, besessen, rachsüchtig, stinkend, aussätzig, zuhälterisch, mißhandelnd, schmarotzerisch

Tat, nachdem der Magier das Wort gesprochen hatte, brach der Elefant zusammen. Da sprach der ZEN-Meister: »Und ist es auch wahr, daß ihr ihn wieder zum Leben erwecken könnt?« Der Meister nickte, sprach ein anderes Mantra, und der Elefant erhob sich prustend. Alles, was der ZEN-Meister dazu zu sagen hatte, war: »Und?«

Auf Entwicklungsstufe 5 offenbart sich das Ringen mit sich selbst schon in den positiven Schattierungen einer wohldosierten persönlichen Opferbereitschaft zugunsten der weiterhin hohen Zielsetzungen. Das Thema »Der größte Sieg ist der Sieg über sich selbst« zeigt sich hier eher in einem – gemessen an anderen Tierkreiszeichen – sehr wachen Umgang mit der eigenen Schwäche, dem kein Raum gegeben wird, hohe Ziele zu sabotieren.

Ab der 4. Entwicklungsstufe beginnt bei allen Tierkreiszeichen das Erwachen aus einer auf sich selbst fixierten Grundhaltung und die Orientierung hin zur Mitmenschlichkeit und zum Einsatz der eigenen tierkreisspezifischen Talente und Begabungen für den anderen und die Gemeinschaft.

Bei Skorpion als Gemeinschaftszeichen[11] drückt sich dies in der schon genannten Opferbereitschaft aus, und zwar nicht nur im Opfer für hohe eigene Zielsetzungen, sondern gerade auch in der Fähigkeit, sich selbstlos für Gemeinschaftsziele einzusetzen. Immer weniger gibt es hier die anfängliche verdrängte Erwartungshaltung, das eigene Opfer vom anderen entlohnt zu bekommen und damit die vorprogrammierte Enttäuschung, wenn der andere dies nicht tut. Immer weniger ist hier der spirituelle Idealismus durch die Abhängigkeit von Kunststücken getrübt. Ab hier wird die Notwendigkeit, die Kinder auf der spirituellen Suche manchmal durch Demonstrationen locken zu müssen, eingesehen, zumal man sich selbst aus dieser kindlichen Abhängigkeit dem Guru gegenüber zu lösen beginnt, ohne ihm deshalb die Verehrung entziehen zu müssen.

---

11 Von sogenannten gemeinschaftlichen, sozialen Zeichen spricht man ab der die zweite Tierkreishälfte einleitenden Waage, also bei den »Herbst«- und »Winterzeichen« Waage bis Fische.

Mit dem 6. Entwicklungsschritt und damit der wachsenden Fähigkeit zum autotelischen Handeln fällt dieses Investitionsdenken immer mehr in sich zusammen. Der Skorpion erfährt hier seine Befriedigung im absichtslosen Opfer. So gibt es kein Opfer mehr, was sich nicht lohnt, kein »Undank-ist-der-Welt-Lohn«-Empfinden mehr, da es sich an sich gut anfühlt, für andere ein Opfer zu bringen, und die Grenze dabei auf dieser Entwicklungsstufe weit vor der in den unteren Stufen skorpiontypischen masochistischen Selbstschädigung liegt. Der Idealismus ist durch die Annäherung zum Gegenzeichen Stier realistischer geworden; er hat begriffen, daß fundamentalistische Gewaltakte nicht nur nichts bringen, sondern auch in der Ausführung an sich keine tiefe Befriedigung erlauben. Das Verkrampfte des Fanatismus per se macht auf dieser 6. Entwicklungsstufe endgültig einem gelösten Idealismus Platz. Die Fähigkeit zur Selbstüberwindung dient nicht mehr der verbissenen Suche nach dem Absoluten, seine Liebe dem Absoluten gegenüber beweist sich nicht in der Verachtung und Unterjochung des Körperlichen, sondern nähert sich wohltuend der naiven Diesseitigkeit der Stiersymbolik. So entsteht das ganz normale Opfer im Alltag, die Freude daran, den kleinen Verzicht zu leben. Wo Skorpion anfangs Lebensqualität im Extrem suchte, in immer fanatischerer Höherdosierung von Reizen mit der Gefahr, in neronischen Exzessen[12] innerlich auszubrennen, entdeckt der erlöstere Skorpion – auch wenn gerade ihm das besonders schwer fällt – die Wahrheit von Sätzen wie: »Man soll immer dann aufhören, wenn es am schönsten ist.« Er gewinnt immer höhere Freude an so klein erscheinenden – in Wirklichkeit aber großen – Selbstüberwindungsspielen, wie etwa das Essen mit noch etwas Appetit zu beenden.

12 Der römische Kaiser Nero soll hier als Beispiel dafür dienen, wie hoffnungslos der Versuch endet, durch Reizerhöhung Befriedigung zu finden. Es ist so offensichtlich, daß z.B. sexuelle Erfüllung nicht in den perversen Spielen gefunden werden kann, die Nero seinen Sklavinnen und Sklaven abverlangte, immer auf der Suche nach noch extremeren Formen, so daß es erstaunlich ist, wie sich – besonders skorpion- oder plutobetonte Personen – immer wieder von solchen Versuchen fasziniert zeigen und einer Philosophie Marquis de Sadescher Prägung anhängen.

Oder am tantrischen Verzicht auf orgiastische Energieentladung[13] in der sexuellen Erfahrung, am Kommen und Gehen, ohne sich dabei gehen zu lassen. So kann erfahren werden, daß quantitatives Weniger oft ein qualitatives Mehr bedeutet, ein Weg, der immer wieder in feiner Dosierung Selbstüberwindung verlangt.

Skorpion gehört dabei zu den Tierkreiszeichen, die einen besonderen Zugang zum Ritual haben und die die unterstützende, weil bewußtseinsbündelnde Kraft ritueller Formen kennen. Sicherlich kann Bewußtheit in ihrer höchsten Form auch frei von der Kunstform des Rituals gelebt werden, bis zu diesem Endpunkt erweisen sich aber Rituale als sehr unterstützend, besonders dann, wenn sie nicht als goldenes Kalb verehrt, sondern als Transformationshilfe erkannt werden.

Skorpion 7 vertieft die Fähigkeit der absichtslosen Selbstüberwindung, der Freude an dem »Weniger ist mehr«, am sinnvollen Verzicht. Es entsteht die Kunst des Loslassens, des Sich-Wandelns. Die anwachsende Energie findet keine Faszination mehr darin, in den Schattensümpfen des Daseins zu baden. Neben der Begabung, die Tiefen der Seele forschend mit all ihren Abgründen zu erkunden, steht jetzt gleichberechtigt der wache Blick für das Licht im Leben.

In der letzten 8. Stufe steht der Skorpion als sogenannter »Zweimalgeborener« – oder vielleicht sollte man besser sagen »Vielmalgeborener« – da, der viele Tode gestorben ist, immer wieder Abschiede durchlebt hat und wiederauferstanden ist, der sich dem Wandel, dem Stirb und Werde des Lebens ergeben hat.

Er fliegt nun als Adler dem Licht entgegen, in seinen Fängen die sich krümmende Schlange anfänglicher Begierden und Leidenschaften.

---

13 Ein Leitsatz tantrischer Philosophie lautet: »Hüte die Glut am Anfang, und hüte dich vor der Asche am Schluß.« Durch den dosierten Umgang mit dem erotischen Reiz soll der gemeinsame Energielevel sanft und stetig ansteigen und darf nicht durch leidenschaftliche Besinnungslosigkeit entladen werden.

# Schütze: Der Weg des Vertrauens

*Der Erlösungsweg des Schützen*

Schütze ist deshalb in dem hier behandelten Thema ein besonderes Zeichen, da er als das klassische Zeichen des Glücks gilt und sein Planetenherrscher Jupiter als der Glücksbringer. Wir haben anfangs gesehen, daß das mit den Schütze zugeschriebenen Eigenschaften der Sinnsuche und der Entwicklung zu tun hat – Begriffe, die bei der Suche nach dem Glück eine besondere Rolle spielen. Und doch sahen wir auch in den Ergebnissen der Glücksforschung, daß andere Schützeanalogien, wie etwa Reichtum, wenig, solche wie Hypertrophie und Tumorwachstum gar nichts mit Glück zu tun haben.

Gerade am Schützen wird deutlich, wie entscheidend die Entwicklungsstufe der Symbolik – die wir auch als Erlösungsgrad bezeichnen können – dafür ist, ob Glück oder Unglück entsteht.

Und wieder einmal zeigt sich, daß die Überzeichnung einer Symbolik, die Übertreibung ihrer Thematik von Übel ist: Schützeeigenschaften wie Evolution und Wachstum sind förderlich, ihre Übersteigerung in Hypertrophie und Wucherung führen ins Leid. Wo der unerlöste Schütze anfangs in die Sinnlosigkeit wächst, wie ein gesundes Leben verdrängender Tumor, und nur als quantitative Vergrößerung wirkt, lernt der sich entwickelnde Schütze Quantität von Qualität zu unterscheiden und seine Sehnsucht nach Weite und Wachstum nicht nur in der äußeren Welt, sondern in den Reisen in die Tiefen der Seele zu stillen. Er kann auf seinem Entwicklungsweg, nachdem er Firmen vereint hat, zu immer größer wachsenden wirtschaftlichen Zellverbänden verbunden hat, auch verschiedene religiöse Grundeinstellungen zu einer, seiner Weltreligion verbinden, in der es keine Dogmenkriege mehr gibt, weil sich ihm ein einheitlicher Sinn in all den verschiedenen Ansätzen enthüllt hat, der die Frage der Zugehörigkeit zu einer bestimmten religiösen Tradition zur reinen Geschmacksfrage werden läßt.

Am Anfang seiner Reise als wertender Moralist, als einseitig sendungsbewußter Missionar seiner noch recht engen Weltsicht startend, nähert sich der Schütze seinem Ergänzungszeichen Zwillinge, jenem Zeichen des Relativismus auf seinem Weg in die Mitte, um in Vereinigung mit diesem Prinzip zu erkennen, daß alle Wege zum Ziel führen. Die Integration des Zwillingsprinzips macht ihm die Relativität und Vielseitigkeit der möglichen Wege deutlich, während er selbst die Begabung mitbringt, das gemeinsame Vielfache in all diesen Wegen, ihren letztendlichen Sinn zu entdecken. Schütze trägt in sich die Gabe der Synthese, des Erkennens des Wesentlichen. Solange diese Gabe noch nicht ganz ausgereift ist, kann sie oft zu einem arroganten Verlachen der Schritte des anderen führen oder gar zu einer geistigen Inquisition. Im erlösten Zustand dagegen weicht das Missionarstum einer Vorbildfunktion durch die eigene, Glauben und Vertrauen ausstrahlende Lebensweise, einer ansteckenden Begeisterungsfähigkeit für das einzige Ziel.

Auf der 1. Entwicklungsstufe haben wir es mit dem noch ganz in der Welt der Materie gefangenen Schützen zu tun. Er ist eine Mischung aus von sich selbst überzeugtem, neureichem Angeber und moralisierendem Spießer. Als Glückskind von Jupiter verwöhnt und weniger als andere von Schicksalsschlägen zur Demut angehalten, hält er sich selbst für den Größten und seine oberflächlichen Pauschalbetrachtungen für höchste Weisheit. Hinter seiner weitausholenden, theatralischen Geste ist auf dieser Stufe meist nicht mehr als heiße Luft. Die schützetypische Anlage, keine Grenze finden zu können, zeigt sich hier in Unmäßigkeit bis hin zur Gigantomanie. Die im Zeichen vorhandene Neigung, sich mit religiösen Themenkreisen auseinanderzusetzen, ist hier noch gar nicht vorhanden, der Lebenssinn beschränkt sich auf ein unmäßiges Ausbreitungsverlangen, gepaart mit Vergnügungssucht.

Schütze 2 versucht bereits, seinem späteren Ruf als Globetrotter gerecht zu werden, indem, er seine Visitenkarten mit Wohnsitzangaben in Metropolen der ganzen Welt bedruckt, auch wenn es sich nur um Postfachadressen oder ähnliches handelt. Die große weite Welt hat es ihm angetan, er möchte dazugehören zum Jet Set der Neureichen. Arrogant lexikalisches Pauschalwissen verströmend, hält er differenziertere Zeitgenossen für Kleinkrämerseelen und setzt sich mit großer Geste in Szene. Seine Kritiklosigkeit, was die eigene Person anbetrifft, ist erstaunlich. Selbst dann, wenn er entlarvt wird, findet er noch einen gloriosen Abgang.

Selbst auf der 3. Stufe gehören Großspurigkeit und Hochstaplertum noch zu seinen Kennzeichen, auch wenn diese sich von dem Protzen auf materieller Ebene ein wenig in Richtung geistiger und geistlicher Gefilde bewegen, einer späteren Domäne dieses Zeichens. Hier wird auch die Begabung weiterentwickelt, Unangenehmes von sich wegzudelegieren, insbesondere wenn es um dem Schützten verhaßte Kleinigkeiten geht. Der Schütze ist der geborene Hedonist, der die Lebensphilosophie leichten Genießens für sich beansprucht. Wo er es sich genießerisch leicht machen kann, wird er dies tun, und er kann Leute nicht verstehen, die sich ihre Erfolge selbst erarbeiten wollen, wo es doch Wege gibt, andere für sich arbeiten zu lassen. Sein Bezug zum Klerikalen findet auf dieser noch unerlösten Stufe in schwülstigem religiösem Pathos Ausdruck. Seine in ihm angelegte Gabe zur Überzeugung, zum Verkünden des Positiven lebt er auf dieser Stufe auch als verantwortungsloser Werbefachmann, der die Macht genießt, das Volk durch großsprecherische Anpreisung verführen zu können. Er kann sich darüber amüsieren, wie jemand sich durch die von ihm gemachten Versprechungen für das blau verpackte Waschmittel entscheidet und ein vielleicht besseres, aber nicht so großtönend angepriesenes Konkurrenzprodukt liegen läßt.

Schütze 4 lebt seinen Missionsdrang, sein Sendungsbewußtsein nicht mehr so sehr auf Kosten der anderen, da die 4. Stufe in der Regel die Bewußtheit für die Eingebundenheit in Sozialstrukturen schärft und so Mitgefühl für die anderen entstehen läßt. Nicht mehr das eigene Machtstreben wie auf den ersten drei Stufen steht im Vordergrund, sondern die Interaktion mit dem Du. Hier entsteht das Bedürfnis, anderen zu helfen, was der Schütze auf dieser Stufe in der ihn lange begleitenden Selbstüberschätzung als flammender Missionar lebt. Den Horizont des Partners als eng wertend, sucht er diesen von seiner Weltsicht zu überzeugen und ihm seine Philosophie oder Religion aufzunötigen. Er greift zwar hier nicht mehr zu dem Brachialmittel von Glaubenskriegen, versucht aber doch – überzeugt von seiner Meinung – den anderen durch pathetische Gesten eines Besseren zu belehren. Allerdings zeichnet sich auf dieser Stufe bereits ab, daß der wachsende Schützetypus tatsächlich eine besondere Begabung zum großen Überblick mitbekommen hat, sich nicht so leicht im Dickicht von Einzelheiten verliert und in einer Menge von Einzeldaten sinnhafte Zusammenhänge zu entdecken vermag. Immer deutlicher beginnt sich schon auf dieser Stufe herauszuschälen, worin eine wesentliche Erlösung der Schützesymbolik liegt: von der Quantität zur Qualität. Anfangs ist der unerlöste Schütze sehr stark in der Dimension des Quantitativen gefangen. Er hält Vergrößerung und Ausweitung in jeder Form für Entwicklung und läuft so Gefahr, in sinnloses Wuchern auszuufern.

Bezeichnenderweise erkrankt ja auch das Jupiter-Schütze-Organ, die Leber, in aller Regel an einem Zuviel des Guten. Später dagegen findet die Entwicklung des Schützen in einer qualitativen Dimension statt, in Vertrauen und Religiosität.

Auf der 5. Entwicklungsstufe entsteht immer mehr echte Überzeugungskraft, und zwar – so paradox es erscheinen mag – um so mehr, je weniger es dem Schützen darum geht, den anderen zu missionieren, und je mehr bei ihm selbst – auch ohne die Bestätigung durch die Umwelt – ein echter Glaube entsteht. Sein Fernweh hat ihn auf dieser Entwicklungsstufe schon so häufig in ferne Länder geführt, hat ihm gezeigt, wie unterschiedlich man in anderen Kulturen mit denselben Lebenssachverhalten umgeht, wie verschieden Lebensphilosophien und Religionen in ihren äußeren Aspekten sein könnten und doch dieselben Grundlagen besitzen, daß echte Toleranz aus diesem Überblick entsteht. Diese

## Schütze

Das Tierkreiszeichen beschreibt vor allem, wie etwas geschieht, und wird bei Horoskopinterpretationen am besten mit Eigenschaftswörtern beschrieben.

glücklich, vertrauensvoll, weise, weitsichtig, religiös

*

priesterlich, enthusiastisch, begeistert, tolerant, sinnvoll, das Wesentliche überblickend, wegweisend, überzeugend, philosophisch

*

vielseitig, großzügig, werbend prächtig, humorvoll, bejahend, begeisternd, hinweisgebend, sendungsbewußt, offenherzig

*

arrogant, überheblich, überdimensioniert, pathetisch, übertrieben, theatralisch, bequem, hysterisch, moralisierend, missionierend, neureich

*

großspurig, pauschalierend, grundlos selbstüberzeugt, verachtend, verweichlicht, aufgedunsen, bigott, pseudoreligiös, verantwortungslos

*

großkotzig, hochstaplerisch, größenwahnsinnig, inhaltsleer aufgeblasen

Toleranz hat nichts mehr mit der feigen Bequemlichkeit des unerlösten Schützen zu tun, mit der Angst davor, Farbe zu bekennen, Position zu zeigen, auch wenn es persönliche Unannehmlichkeiten gibt. Hier hat der Schütze schon begriffen, daß er sich manchmal auch unbeliebt machen muß, wenn er anderen wirklich helfen möchte. Hier kann er trotz seiner diesbezüglichen Schwäche auch einmal »Nein« sagen und dadurch Kontur und Angriffsflächen bieten.

Aus dem platten Humor der Anfangsstufen hat sich hier wahre Begeisterungsfähigkeit und Freude entwickeln können. Hier strahlt der Schütze unverbrüchlichen Optimismus aus und die nicht zu unterschätzende Gabe, halbgefüllte Gläser als halb voll zu betrachten. Er sieht das Positive im Leben und trägt diese Einstellung wie mit der olympischen Fackel in der Hand durch das Leben und wirkt so begeisternd und gewinnend auf seine Mitmenschen.

Der 6. Entwicklungsschritt mit seinem Quantensprung zur Fähigkeit des absichtslosen Tuns, zu autotelischem Verhalten verstärkt dies um so mehr, zumal das anfänglich sehr stark ausgeprägte Bedürfnis, auf andere zu wirken, hier einer stillen Freude und einem missionsfreien Glauben Platz gemacht hat. Dieses innere Erfülltsein macht es dem Schützen leicht, großzügig und gönnerhaft im besten Sinn zu seinen Mitmenschen zu sein, da er sich selbst auch als beschenkt empfindet. Er hat auf dieser Stufe zu seiner Religion gefunden, empfindet seine Entwicklung für sich selbst als sinnvoll und strahlt diese Zufriedenheit absichtslos aus. Anderen etwas zu gönnen, macht ihm hier selbst Freude, ganz unabhängig von der Dankbarkeit oder Bestätigung durch diese, die sich aber gerade jetzt, wo er sie nicht mehr erwartet, immer mehr ergibt.

So entsteht auf der 7. Entwicklungsstufe eine Zuversicht gepaart mit warmem Humor und verständnisvoller Toleranz, die ihn oft genug zum Guru werden läßt. Sein Weitblick und die Fähigkeit, auch schwierige Sachverhalte mit bestechender Leichtigkeit auf das Wesentliche zu bringen, gibt orientierungsloseren Zeitgenossen einen Wegweiser an die Hand und facht ihr entschwundenes Vertrauen ins Leben wieder an. Das Bestechende an diesen schützehaften Hinweisen zur Sinnfindung ist die völlige Freiheit von gouvernantenhaftem Moralismus, von säuerlicher Rechthaberei und bedrückender Ernsthaftigkeit. In seiner humorvollen Art kann der Schütze hier auch in tiefen Lebenskrisen steckenden Menschen einen Weg ins Licht weisen, ihnen leichthändig Mut einflößen, ohne die Schwierigkeiten damit zu überspielen, wie er das in früheren Entwicklungsstufen so gerne tat. Dies läßt ihn in der Tat als begabt erscheinen für das Amt des Pontifex, des Brückenbauers zu den über das Persönliche des Menschen hinausreichenden Dimensionen.

Hier ist der Schütze zum wahren Priestertum berufen. Hier ist er nicht mehr der Oberflächliche, der sich selbstgefällig auf die Kanzel begibt, um Angelesenes, aber selbst nicht Gelebtes zu predigen. Hier ist er zum Evangelisten, zum Verkünder froher Botschaften geworden, die er selbst in sich fühlt.

In seiner höchsten, der 8. Entwicklungsstufe, vereinigt sich die Schützequalität tiefen Glaubens und Vertrauens mit der Offenheit und Neutralität seines Oppositionszeichens Zwillinge. Hier steht auch für den tief gläubigen Schützen außer Frage, daß viele Wege zu Gott führen und daß es nicht sinnvoll ist, dem anderen seinen Weg zugunsten des selbstgefundenen auszureden. Jede Form von anfänglicher Selbstbeweihräucherung ist hier vom Schützen abgefallen. In der Terminologie des ZEN-Buddhismus würde man sagen: Dieser Schütze stinkt nicht nach Erleuchtung, wiewohl er sie hier gefunden hat.

Seine jetzt gefundene Weisheit, sein nun eingetretener Bewußtseinszustand kann mit einer Antwort des Urahns des ZEN-Buddhismus Bodhidharma beschrieben werden. Auf die Frage des chinesischen Kaisers, was denn der höchste Zustand sei, soll Bodhidharma gesagt haben: »Offen und weit, nichts von Heiligkeit.«

# Steinbock: Der Weg der Klarheit

*Der Erlösungsweg des Steinbocks*

Der Entwicklungsweg des Steinbocks führt aus der angstvollen Enge kategorischer Rechthabererei, aus depressiver Zwanghaftigkeit und kaltem Widerstand zu den Gipfeln mitfühlender Klarheit und stiller, reiner Bescheidenheit.

Als der eine Pol der Individuationsachse Krebs/Steinbock verkörpert er Alter und Reife im Gegensatz zur kindlichen Flexibilität der Krebssymptomatik. Der Greis (Steinbock) und das Kleinkind (Krebs) stehen sich hier ergänzend gegenüber. So kommen im Steinbock vor allem die Vorzüge und auch Schwächen des Alters zum Ausdruck. In ihren unerlösten Ausprägungen – d.h. entsprechend weit von dem ergänzenden Krebspol entfernt – finden wir in der Steinbocksymbolik den Starrsinn des Alters, seine Unfähigkeit, unvoreingenommen neue Erfahrungen an sich heranzulassen, kategorisches Pochen auf die eigenen, oft schlechten Erfahrungen, pessimistisches Misanthropentum und sich verhärtende Einsamkeit.

In der Annäherung an die Mitte und mit zunehmender Integration der ergänzenden Krebseigenschaften, wie z.B. offener, vorurteilsfreier »Kinderaugen« und anpassungsbereiter Hingabefähigkeit kann sich eine offene Reife ergeben, die trotz der gemachten Erfahrungen keinen verhärmten Rückzug antritt und sich gegen die Welt verschließt, sondern für den periodischen Wandel des Lebens offenbleibt.

Die Achse Krebs/Steinbock ist aber auch die sogenannte Zeitachse, wobei Krebs die Vergänglichkeit des gegenwärtigen Augenblicks symbolisiert, während Steinbock für die Zeit in ihrer Dauerhaftigkeit, in ihrem ewigen Fortschritt von Vergangenheit über die Gegenwart in die Zukunft steht. Steinbock ist das Symbol für die Ewigkeit, für das unendlich langsame Ticken einer äonenalten Uhr, für das Verrinnen der Zeit im Sanduhrglas. Steinbock steht am Anfang seiner Reise für den Menschen ohne Kindlichkeit, an dem die Zeit der Jugend scheinbar ganz ohne Wirkung vorüberging, den immer schon Alten, der gar nicht weiß, was kindliche Verspieltheit meint. Für den Menschen, der keine Kindheit hatte, sondern von Anfang an – vom Ernst des Lebens überrascht – in die Pflicht genommen wurde.

Die Antike illustrierte dies mit der Mythologie des Steinbockherrschers Kronos/Saturn. Dessen Geschichte zeigt sich zunächst in der Vernichtung des Kreativen, was durch die Gestalt seines Vaters Uranos dargestellt wird. Er wurde durch seinen Sohn Kronos/Saturn mit der Sichel des Schnitters, die auch später immer ein Saturnsymbol blieb, entmannt und damit seiner fast trunkenen Schöpfungsbereitschaft beraubt. Bis zu seiner Ermordung durch Kronos hatte Uranos in geradezu manischer Kreativität alle möglichen bizarren Geschöpfe gezeugt.

So steht das saturnbeherrschte Steinbockzeichen zum einen als Symbol der Kreativitätsfeindlichkeit, als Bringer einer klaren, unkreativen Ordnung, die keine Ausnahmen von den einmal in aller Strenge gesetzten Regeln zulassen möchte.

Zum anderen erzählt uns der Mythos davon, daß Kronos/Saturn seine eigenen Kinder immer gleich nach ihrer Geburt verschlungen haben soll, aus Angst vor dem ihm prophezeiten Schicksal, auch einmal von dem eigenen Sohn entmachtet zu werden.[14] Dieses Verschlingen der eigenen Kinder zeigt metaphorisch das steinbocktypische Verdrängen der eigenen Kindlichkeit aus Angst, durch die gelebte Kindlichkeit Macht und Position zu verlieren.

Auf der 1. Entwicklungsstufe beginnt der Kampf um Position in gleichermaßen unterwürfig autoritätshöriger wie rücksichtslos strenger Weise. Die Eigenschaft des Steinbocks, sich in der von ihm so stark empfundenen Hierarchie des Lebens strebend nach oben zu bewegen, zeigt sich hier in verhärmtem Neid auf Bessergestellte, in zwanghaftem Geiz, um die eigene Position materiell abzusichern, in depressiver Angst vor Armut – die sich gerade deshalb auch oft einstellt – und in engstirniger Rechthaberei.

Auch auf der 2. Entwicklungsstufe findet sich noch die streberische Mentalität, die nach oben dienert und nach unten befiehlt, in der Hoffnung, auf diese Weise Positionsgewinne zu erreichen. Es erscheint widersprüchlich, daß wir bei diesem noch recht unentwickelten Steinbocktypus einerseits ein hohes Maß an Lebensverneinung finden und Widerstand gegenüber nahezu jeder Äußerung

---

14 Sein Sohn Zeus/Jupiter, der ihn tatsächlich voraussagegemäß als oberster der Götter ablöste und in die Verbannung schickte, wurde nur durch eine List seiner Mutter und Gattin des Kronos, Rhea, vor dem Schicksal des Verschlungenwerdens gerettet.

des Lebendigen, andererseits aber eine enorme Karrieregier, die man eigentlich als Interesse, am Leben teilzuhaben, werten könnte. Mag sein, daß die Antwort auf diese Frage in den tiefsitzenden Minderwertsgefühlen des Steinbocks zu suchen ist und der Hoffnung, als Prominenter nicht mehr mit ihnen kämpfen zu müssen. Doch zeigt die Erfahrung, daß dies kein erfolgversprechender Weg ist, denn auch die großen Anerkennungen helfen kaum, das mitgebrachte Minderwertigkeitsempfinden zu kompensieren. Es klebt am noch unerlösten Steinbock oft wie der Makel minderer Geburt.

Wehe, wenn einem Steinbock dieser Entwicklungsstufe gesellschaftliche Macht verliehen ist. Er wird sie mit kaltem Triumphgefühl an Höherstehenden, aber seiner Amtsposition unterworfenen Mitmenschen abreagieren oder zumindest seine Macht engstirnig und autoritär ausüben.

Auch die 3. Entwicklungsstufe ist – wenn auch wesentlich schwächer – von dieser neiderfüllten emotionalen Kälte gekennzeichnet, die sich in der Härte Mitmenschen gegenüber zeigt, und von einem erstaunlichen Maß an Unfähigkeit, sich in sie einzufühlen. Die ersten drei Stufen in der Entwicklung aller Tierkreiszeichen haben vornehmlich mit der Selbstbehauptung gegenüber der Welt zu tun[15], und doch zeigt sich bei wenigen Zeichen dieser Drang so stark wie beim noch unerlösten Steinbock. Durch besessenes Arbeiten (»worcaholic«) sucht er seiner Persönlichkeit ohne Rücksicht auf andere Profil zu geben und sich in höhere Positionen zu bringen. Dabei läßt ihm sein erdhaft materialistischer Ansatz hier noch keine andere Möglichkeit, den Wert eines Menschen oder einer Sache zu beurteilen, als auf äußere Titel und Markenzeichen zu achten, von denen er sehr abhängig ist, und daher auch glaubt, mit dem Erwerb dieser Etiketten sein Glück zu finden.

Vorübergehend mag es ihm denn auch gelingen, sein schwaches Selbstwertgefühl durch den erreichten Status zu überdecken, was sich dann in instinktloser Selbstsicherheit widerspiegelt. Er pocht

---

15 Hier kann man durchaus Parallelen zu der Chakrenlehre sehen, wo auch die ersten drei Chakren, Muladhar = (Basis-)Chakra, Swadhistan = (Sexual-)Chakra, und Manipura = (Macht-)Chakra, mit egodominanten Bedürfnissen zu tun haben und erst mit dem 4. Chakra, dem Anahata-Chakra, das Thema Mitgefühl und Liebe eine Rolle zu spielen beginnt.

dann auf den gebührenden Respekt derer, die er auf der Karriereleiter überholt zu haben scheint, und überrollt die Umwelt ohne Feinfühligkeit. Das letztere mögen seine Zeitgenossen auch deshalb so empfinden, weil der Steinbock sich meist auf einer Schiene bewegt. Was in höheren Stufen als Geradlinigkeit und Konsequenz Ausdruck findet, zeigt sich hier noch als zwanghaftes Verfolgen einer einmal vorprogrammierten Grundhaltung.

Steinbock 4 wird schon etwas flexibler in der geschilderten Linientreue, sucht seine Stabilität aber weiter ängstlich in Formalismen. Die tiefe Sehnsucht des Steinbockprinzips, das Richtige zu tun, Wahres von Falschem und Echtes von Unechtem unterscheiden zu lernen, orientiert sich gern an der herrschenden Meinung, an den im gesellschaftlichen Umfeld maßgeblichen Personen. Ein Unterscheidungskriterium für die Güte und den Wert einer Sache ist für den Steinbock die Dauerhaftigkeit, mit der die Sache das Leben zu überstehen vermag. Was so lange den Stürmen des Lebens trotzt, muß schon etwas Besonderes sein. Widerstandsbereitschaft wird so zum Gütesiegel, Anpassung dagegen zur Gefahrenzone.

Immerhin beginnt der Steinbock sich auf dieser 4. Stufe für die Umwelt – soweit das mit seiner Mentalität überhaupt vereinbar erscheint – zu öffnen. Er hat hier die härtesten Entbehrungen schon hinter sich, sich eine gewisse Position erarbeitet, die es ihm möglich macht, ohne profilneurotische Ängste mit seinen Mitmenschen zu verkehren. Mag er die Umgebung hier noch immer stark aufgrund ihrer hierarchischen Position in der Hackordnung der Gesellschaft beurteilen, sich noch immer von Titeln und Marken abhängig machen, so versucht er auf dieser Stufe zumindest, den Menschen hinter der gesellschaftlichen Fassade zu sehen und kann manchmal vielleicht sogar lebendig Unkonventionelles und emotional Spontanes schätzen lernen. Hat er dies auf den ersten drei Stufen als verachtenswerte Schwäche kategorisch abgelehnt, so spürt er hier ab und zu schon eine gewisse Sehnsucht nach diesen, seine Veranlagung ergänzenden Lebensqualitäten und sucht sie z. B. in Partnern mit Betonung im Tierkreiszeichen Krebs. Als der ewig unter Zeit- und Verpflichtungsdruck stehende Pol zieht ihn das familiäre Phlegma, die empfängnisbereite Muße seines Gegenübers an.

Auf Entwicklungsstufe 5 schälen sich die Vorzüge der Steinbocksymbolik deutlicher heraus. Die erreichte Position gibt dem Steinbock hier die Chance, aus den Härten besessener Arbeitswut in die ruhigeren Gefilde stetiger Arbeitsfreude zu wechseln. Er hat die hohe Gabe, Arbeit als ein Geschenk sehen zu können, was Zufriedenheit bringt, besonders dann, wenn man seine Arbeit gründlich und konzentriert tut. Auf dieser Entwicklungsstufe zeigt sich der Steinbock in seiner Qualität als Mensch von Charakter und Rückgrat, als treuer und verläßlicher Partner. Aus dem anfänglichen Geiz wird wohldosierte Sparsamkeit, aus seelenloser Härte entwickelt sich Verantwortungsgefühl und freiwillige Selbstbeschränkung.

Die 6. Entwicklungsstufe mit ihrer Mutation zur Absichtslosigkeit zeigt sich in der Steinbocksymbolik in der Freude an der eigenen Diszipliniertheit, der Konsequenz und Tiefgründigkeit in der Auseinandersetzung mit dem Leben. Die anfängliche Schwermut und depressive Lebenseinstellung weichen hier einer süßen Melancholie, einer Fähigkeit, das Traurige und den Weltschmerz nicht als etwas Destruktives zu erleben, sondern als eine notwendig zum Leben

## Steinbock

Das Tierkreiszeichen beschreibt vor allem, wie etwas geschieht, und wird bei Horoskopinterpretationen am besten mit Eigenschaftswörtern beschrieben.

klar, still, rein, ewig

*

bescheiden, selbstgenügsam, konsequent, aufrecht, zurückhaltend, reif

*

ehrlich, geradlinig, treu, diszipliniert, sparsam, solide, ernst, seriös, grenzsetzend, kategorisch

*

kantig, eckig, unbeugsam, selbstgerecht, verurteilend, geizig, widerständlerisch, gehemmt, melancholisch, streng, rigide, beschränkend

*

rücksichtslos, egoistisch, rechthaberisch, verklemmt, unsensibel, unlebendig, autoritätshörig, hartherzig

*

depressiv, in aller Härte unterdrückend, bleiern, erstarrt, kalt, tot gehörende Seite, die es möglich macht, die Gefilde des Oberflächlichen zu verlassen und die ganze Tiefe der Existenz dankbar zu erfahren. Diese Ernsthaftigkeit hat es nicht mehr nötig, oberflächlichere Zeitgenossen zu verachten oder sie lehrmeisternd zurechtzuweisen, wie dies der unerlöste Steinbock gern tut. Oberflächliche Plauderer suchen in der Gegenwart von soviel ruhig gewordener Lebenserfahrung von selbst betroffen das Weite oder verstummen vor soviel ehrgebietender Tiefe. Mag sein, daß sich auch hier das Umfeld des Steinbocks ausdünnt und er mit der seinen Weg begleitenden Einsamkeit weiter Kontakt hält. Früher, weil er sich gegen andere hart und gefühllos abgrenzte, jetzt, weil nicht jeder soviel tiefgründige und ernsthafte Reife aushalten kann. Doch fühlt sich der Steinbock auf dieser Stufe infolge des karmischen Gesetzes »actio gleich reactio« nicht mehr von der Umwelt zurückgestoßen, sondern beginnt das Alleinsein als Lebensqualität zu schätzen, schafft sie doch Raum für noch mehr Konzentration und Stille.

Steinbock 7 entwickelt diese Fähigkeiten noch weiter. Insbesondere entfaltet er sich hier zu der schönsten Form von Aufrichtigkeit. Wenn früher sein Rückgrat noch Waffe gegen die Umwelt war, so ist es hier als Aufrichtigkeit in seiner verinnerlichten Spielart voll entwickelt. Der erlöste Steinbock kann als Symbol für Bescheidenheit gelten, für einen Menschen, der sich und anderen keine Grenzen mehr setzen muß, weil er seine menschlichen Grenzen erkannt und akzeptiert hat. Und dies auf eine Weise, die nichts Verhärmtes oder Resignatives in sich trägt, sondern seine Demut mit aufrechter Haltung trägt. So kann auch ein Rückgrat entstehen, das nicht steif und verhärtet durch das Leben geht wie in der Angst der ersten Entwicklungsstufen, sondern sich in aller Aufrichtigkeit weich und flexibel dem Gebot der Stunde anpassen kann. Eine Haltung, die nichts Unterwürfiges mehr hat, aber auch nichts rechthaberisch Stolzes, die sich der Weisheit des Lebens nach dem Motto »Freiheit ist Einsicht in die Notwendigkeit« beugt.

So findet der erlöste Steinbock schließlich seine Mitte im 8. Entwicklungsschritt als reiner, klarer und stiller Mensch. Er steht in der Welt wie eine gotische Kathedrale, als Mahnmal des Strebens nach dem Höheren, ernst und schlicht. Ewig in seiner Wahrheit, die nicht den Modeerscheinungen des Lebens unterworfen ist, und trotz seiner mühevollen Erfahrungen in einer Reife, die noch offene Kinderaugen kennt.

Er hat seine Heimat gefunden in einer Dimension, die der ZEN-Meister Sosan treffend umschreibt. Auf die Frage eines Schülers, was die Essenz des Lebens sei, soll Sosan geantwortet haben: »Hier sitze ich auf meinem Stein, ganz für mich allein.«[16]

16 Hier sitze ich auf meinem Stein, ganz – also in der Totalität, einfach nur sitzen, ZA-ZEN in höchster Form – für mich. Für wen sonst? Mit der klaren Erkenntnis, daß für andere nichts Wesentliches getan werden kann, daß jeder seinen eigenen Weg zu gehen hat, ganz für sich. Allein, d.h. eins mit allem, keine Uneinigkeit, kein Getrenntsein von der Schöpfung, wahre Erfahrung reinen Seins.

# Wassermann: Der Weg der Freiheit

*Der Erlösungsweg des Wassermanns*

Wassermann ist als Gegenpol zum Zeichen Löwe, dem Zeichen des Zentrums, das Symbol für Zentrumslosigkeit und Zentrumsflucht. Verkörpert der Löwe in sich zentrierte Kraft, die Ruhe ausstrahlt, so steht Wassermann für zentrifugale Energien. Beide Zeichen gehören gemeinsam der Kreativitätsachse des Tierkreises Löwe/Wassermann an, die man auch als Strahlungsachse bezeichnen könnte. Löwe als der eine Achsenpol symbolisiert physische und psychische Kreativität, praktische Zeugungs- und Schaffenskraft, während Wassermann für geistige Kreativität, für Ideenreichtum und Erfindungsgabe steht. Löwe wird durch das Bild des glutvollen Sonnenballs illustriert, der ruhig nach allen Seiten hin Wärme abstrahlt, Wassermann durch das kühle Glitzern von Wunderkerzen, die ihr kaltes Licht knisternd an die Peripherie versprühen.

Wassermann ist wie eisklare Winterluft, in der Abertausende von Eiskristallen flirren, in denen sich das Sonnenlicht in seine Spektralfarben zerbricht, oder wie elektrostatisch überladene Gewitterluft, von wetterleuchtenden Blitzen durchzuckt. Wassermann spiegelt sich wider im flackernden Blick des vom Irrsinn Gejagten, aber auch in der Exzentrizität des Genialen und im verschrobenen Einzelgängertum skurriler Erfinderpersönlichkeiten. Wassermann ist der Narr des Tierkreises, im Leben verloren wie der Clown unter der Zirkuskuppel, der seine Späßchen reißt und sich beim Lachen des Publikums einsam fühlt.

Das Gespann Wassermann/Löwe ist der Mythos vom Narren (Wassermann) am Königshof (Löwe), beide sich ergänzend und auf einander angewiesen. Der Narr auf die ihm fehlende Wärme, Kraft, Macht und Zentriertheit des Königs und der wiederum auf die unverblümte und respektlose Wahrheit des Narren. Kein anderer dürfte dem König die Wahrheit so schonungslos karrikierend vortragen, ohne Gefahr zu laufen, sein Leben aufs Spiel zu setzen. Dem Narren aber, den keiner ernst zu nehmen braucht und der deshalb so ernst genommen werden kann, gebührt die Narrenfreiheit. Die Selbstbewußtheit, für die der König/Löwe steht, wird von ihm herausgefordert, und auf ihre Wahrheit hin getestet. Der Narr bezahlt die Freiheit seiner Wahrheit mit seiner Außenseiterrolle. Nie dürfte er so demaskierend wirken, wenn er selbst zum Kreis der Mächtigen gehörte. So steht er immer draußen, belächelt als Narr und doch unentbehrlich in seiner aufdeckenden Wahrheit. Selbst maskiert darf er demaskieren, im Witz bloßstellen. Legte er die Narrenmaske ab, wäre er verloren.

Das Närrische zeigt sich am Anfang seines Wegs, wo er weit davon entfernt ist, sein eigenes Zentrum zu finden, noch weitab vom ihn ergänzenden Löwepol, in Zerrissenheit und Wahnideen, als schwebte er verloren im Weltraum; er manifestiert sich in fahriger Rebellion. Er bekämpft hier nicht nur jede Autorität in der Welt, sondern auch – ohne es zu wissen – seine eigene innere Autorität. In der schrittweisen Integration des Löwepols beginnt auch in ihm selbst Zentriertheit und Souveränität anzuwachsen. Der Weg des Wassermanns führt so aus einer Freiheit von etwas, die gegen die Autorität von Außen kämpft, zu einer Freiheit in etwas, zu einer Freiheit, die Einsicht in die Notwendigkeit meint und die auch Freiwilligkeit genannt werden kann.[17] Der Begriff Freiwilligkeit setzt sich dann zusammen aus dem Wassermannpol »Frei« und dem Löwepol »Willigkeit«.

Auf der 1. Entwicklungsstufe beginnt der Wassermann mit unsicher aufbegehrender Rebellion gegen alle, die er als autoritär empfindet – und das sind sehr viele. Denn sein zerrissenes Selbstwertgefühl erlebt die meisten anderen als zentrierter und selbstmächtiger. Er fühlt sich von ihnen bedroht und sucht sich durch die

17 »Freiheit von etwas« ist als die Illusion zu verstehen, man wäre frei von gesellschaftlicher Konvention, wenn man auf dem Wiener Opernball in Jeans gekleidet Witze reißt, um die dort herrschenden Formen zu brüskieren. Hier stellt sich nur eine vermeintlich freiere Form, die nur eine andere Uniformität verkörpert, gegen eine vermeintlich verstaubtere Form. In Wirklichkeit aber erhebt sich derselbe Verdacht wie beim Aufbegehren eines sich unterdrückt fühlenden Pubertierenden, der gegen die Autorität der Eltern kämpft, weil er sich in Wirklichkeit nicht frei fühlt.

Unter »Freiheit in etwas« verstehe ich dagegen die Souveränität, Leben als einen einzigen großen Zirkus zu durchschauen, der verschiedene Spiele kennt. Dann kann man in jedes Rollenspiel auf dieser Erde schlüpfen. Die Souveränität des »Narren« zeigt sich dann darin, daß er alle Spiele als Spiele entlarvt hat, in keiner Rolle und keinem Klischee verhaftet ist, und sich amüsiert unter denjenigen bewegen kann, die ihre Rolle so wichtig nehmen, daß sie sie für die einzige im Leben halten. Daraus ergibt sich dann jenes einsame und heimatlose Gefühl, was jeder hat, der nicht bequemen Halt in festgefahrenen Rollenspielen sucht, sondern überall – und damit nirgends – zu Hause ist und der als der wahre Narrenfreie die Spiele der anderen demaskieren kann.

Flucht in Arroganz zu schützen. Seine fehlende Selbstsicherheit kompensiert er durch Pseudooriginalität und versucht sich das Image des Besonderen zu geben. Die in der Symbolik enthaltene nervöse Zerrissenheit kann sich in Wahnideen äußern. Jedwede Einschränkung seiner vermeintlichen Freiheit, die auf dieser Stufe noch nicht einmal eine Karrikatur davon ist, löst klaustrophobe Ängste aus. So entzieht er sich hier auch für ihn wichtigen und Halt bietenden Strukturen und flieht ins Chaos, das er für Freiheit hält.

Auch auf der 2. Entwicklungsstufe begleiten ihn noch nervöse Verwirrtheit und Fluchtgedanken, sobald sich längerwährende Perspektiven im Leben ankündigen. So ist hier weder an dauerhaftere zwischenmenschliche Beziehungen, noch an eine klare Linie im Beruf zu denken, da allein schon die Vorstellung von Konsequenz und Permanenz Angstschübe auslöst. Das Leben hat hier einen Charakter von Getriebenheit und Sprunghaftigkeit, der sich in wilden Zick-Zack-Kursen äußert. Ein ausgeprägter weltfremder Idealismus tut seinen Teil dazu, daß der Wassermann als nicht akzeptierter Außenseiter durch die Welt geistert. Er ist hier noch Narr im wirklich tragischen Sinn, zentrumsloser Irrwisch ohne Kraft und Perspektive.

Wassermann 3 mag auch noch weiterhin durch Schrulligkeit und Exzentrizität auffallen, er bekommt hier schon eher die liebenswürdige Komponente eines zerstreuten Professors. Wirr und eigenartig, etwas blutleer und zerfahren auf der Suche nach der genialen Idee, die aus der Monotonie des Üblichen heraushilft. Als einsamer Exzentriker von nervöser Unruhe durch das Leben getrieben, heimatlos in der Welt absonderlicher Ideen gefangen, geistert der Wassermann auch hier noch als gespenstische Karrikatur seiner selbst durch die Existenz. In seinem anrührenden Bemühen, Anerkennung für besondere Originalität zu bekommen, mutet er manchmal an, wie der gescheiterte Erfinder, der ein Leben lang für die Patentierung seiner weltfremden Ideen und Einfälle kämpft, ohne ihre Untauglichkeit erkennen zu können.

Auf der 4. Entwicklungsstufe nimmt die Lebensfremdheit etwas ab. Die hier in den Vordergrund rückende Auseinandersetzung mit der

Gesellschaft bremst das absonderliche Außenseitertum. Der Wassermann sieht hier nicht mehr nur sich in seinem Selbstbefreiungskampf, sondern engagiert sich für die Befreiung unterdrückter Kreise der Gesellschaft. Er fühlt seine soziale Verpflichtung als Revolutionär und setzt seine Kräfte vorwiegend für Minoritäten ein, wo er Verwandtschaft spürt. Sein Engagement betreibt er dabei freilich von einer letztlich überheblichen Position aus. Er bleibt persönlich unberührt, seine Nivellierungsbestrebungen, die Freiheit, Gleichheit und Brüderlichkeit fordern, schließen die eigene Person hier noch nicht mit ein. Aus der Distanz der Vogelflugperspektive heraus werden idealistische Forderungen formuliert, die an die anderen gerichtet sind und die eigene Position nicht antasten, die überheblich über den Dingen schwebt. Wassermann ist hier der theoretische Beobachter, der von außen die hierarchischen Strukturen der Gesellschaft bekämpft, sich zum Fürsprecher von Minoritäten macht, ohne jede persönliche Konsequenz für sich selbst. Er selbst bleibt um seiner persönlichen Freiheit willen der Unberechenbare, außerhalb von Zeit und Ordnungssystemen lebende Einzelgänger. Er bekämpft Ordnung und Macht, weil er sie in sich noch nicht finden kann.

In Wassermann 5 schälen sich langsam die erlösten Eigenschaften dieses Zeichens heraus. Hier zeigen sich sein Ideenreichtum und seine Erfindungsgabe in ihrer ganzen Genialität. Er sprüht geradezu in seinen Einfällen, zerbricht Denkklischees und regt seine Umwelt mit unkonventionellen Gedanken an. In seiner Ideenwelt ist er oft um Jahre bis Jahrhunderte seiner Zeit voraus. Sein Außenseitertum wird hier nicht mehr primär auf der Ebene des lebensuntüchtigen Sonderlings gelebt, sondern eher als geistige Einsamkeit empfunden, da er so wenige Menschen findet, die seine Visionen teilen können. Er leidet unter der geistigen Trägheit seiner Umgebung, auch wenn das auf dieser Stufe kein Grund mehr für ihn ist, sich über die Unbeweglichkeit der anderen arrogant erhaben zu fühlen. Im Gegenteil; oft beneidet er hier die Schlichtheit im Gemüt seiner Mitmenschen und die daraus erwachsene Fähigkeit, sich im Leben zu verwurzeln, die ihm selbst so ganz fehlt. Von immer neuen Einfällen gejagt, trägt ihn seine Geistigkeit wie ein Luftballon, der seine Fesseln verloren hat, gen Himmel, in dem er auf dieser Stufe seine

Heimat noch nicht ganz gefunden hat und sich oft verzweifelt um Kontakt und Halt in der konkreten Welt bemüht.

Erst die 6. Entwicklungsstufe mit ihrem Mutationssprung zum Autotelischen läßt ihn begreifen, daß seine wahre Heimat die kreative Weite eines genialen Intellekts ist. Hier versucht er auch nicht mehr, durch geschlechtliche Ergänzung seine Heimatlosigkeit zu kompensieren. Er hat die Freiheit in der Aufhebung von Geschlechterrollen gefunden und fühlt sich unabhängig von Rollenklischees, auch wenn er sie vorübergehend als Spiel übernehmen kann. Auf dieser Ebene läutert sich auch das Sozialempfinden in der Form, daß der Wassermann sich nicht mehr von seinen eigenen Brüderlichkeitsbestrebungen ausnimmt, sondern bereit ist, seine Theorien von Freiheit, Gleichheit und Brüderlichkeit auch auf die eigene Person anzuwenden. So ist er auf dieser Stufe nicht nur ein Visionär einer besseren Welt, sondern geht als Vorbild für einen freiheitlichen und individuell-kreativen Umgang der Menschen miteinander seiner Umwelt voran. Die Annäherung an den ergänzenden Löwepol hat auch schon zu einer höheren Zentriertheit in sich selbst geführt, so daß auch das Gefühl heimatloser Zer-

## Wassermann

Das Tierkreiszeichen beschreibt vor allem, wie etwas geschieht, und wird bei Horoskopinterpretationen am besten mit Eigenschaftswörtern beschrieben.

frei, genial, einzigartig

*

erfinderisch, einfallsreich, geistreich, kreativ, schöpferisch, wahrheitsliebend, erfrischend

*

originell, unkonventionell, spritzig, witzig, tänzerisch, zukunftsorientiert, der Zeit voraus, revolutionär, besonders

*

zerstreut, unkonzentriert, unzuverlässig, exzentrisch, abartig, sprunghaft, unruhig, explosiv, zentrifugal, eigenartig, vogelfrei, verkannt

*

wirr, zerrissen, heimatlos, unberechenbar, verrückt, gejagt, pseudooriginell, ausgestoßen, einsam, widerständlerisch revolutionär, spröde

*

wahnsinnig, irr, pervers, im Raum verloren, zur falschen Zeit am falschen Platz, anarchistisch, gegen alles rissenheit schwindet. Je mehr die Integration des Ergänzungsprinzips Löwe erfolgt, desto mehr kann die Empfindung wachsen: »Ich bin überall zu Hause, wo ich bin.«

Mit der 7. Entwicklungsstufe hat sich der schöpferische Intellekt des Wassermanns zum Höhepunkt entwickelt. Die sich mit der Annäherung an den Löwepol immer mehr einstellende Fähigkeit, in sich zu ruhen, bringt auch die Ideenflut zur Ruhe, so daß sich ganz von selbst Wesentliches von Unwesentlichem zu scheiden vermag. So wird der Wassermann hier nicht mehr von seinen Gedankenblitzen gejagt und verwirrt, sondern kann die wesentlichsten Eingebungen so verdichten, daß sie auch zu praktischer Kreativität (Löwe!) führen und nicht nur kurzfristig aufleuchten. Er findet hier intuitiv den rechten Zeitpunkt zur Realisierung, was bisher immer zu seinen größten Problemen zählte.[18]

Sein Empfinden für die Gleichberechtigung aller Menschen nebeneinander findet hier in einer positiven Form der Respektlosigkeit vor Höhergestellten Ausdruck. In unteren Entwicklungsstufen drückte sich das in plump kumpelhafter Anbiederung oder in einem Zwang aus, Selbstbewußtere bekämpfen zu müssen, wobei es für Außenstehende leicht erkennbar war, daß diese Verhaltensweisen Folge des eigenen Minderwertgefühls waren. Jetzt dagegen kann der in sich zentrierte Wassermann dem anderen in seinem gleichberechtigten Menschsein ohne Neid auf dessen Rolle gegenübertreten, ohne daß darin Anbiederung oder Mißachtung der Rolle und Position seines Gegenübers liegt.

Immer mehr wächst hier das Bewußtsein, ein Kind des Him-

18 In der Zeit zu sein fällt nämlich dem unerlösten Wassermann ähnlich schwer, wie dem unerlösten Steinbock. Beide sind in der Zeitachse unterwegs, der Steinbock mehr gefangen von den Erfahrungen der Vergangenheit und im Korsett seiner Zukunftsprogramme, der Wassermann in seiner bizarren Welt von Zukunftsvisionen, die er ungeduldig in die dafür noch nicht bereite Gegenwart einbringen möchte.

Dagegen verkörpern die Ergänzungszeichen Krebs und Löwe ein Leben in der Lebendigkeit der Gegenwart, oft mit dem Nachteil, die Zusammenhänge zwischen der Gegenwart und den ergänzenden Aspekten der Zeit, nämlich Vergangenheit und Zukunft, nicht zu sehen.

mels[19] zu sein, was zu einer tänzerischen Leichtigkeit im Umgang mit dem Leben führt: Frei von Klischees, von der Gefangenheit in situationsunpassenden Formalismen, nur der eigenen Intuition von der Wahrheit und Einzigartigkeit des gegenwärtigen Augenblicks verbunden.

Die 8. und letzte Entwicklungsstufe führt zur »chymischen Hochzeit«, zur mystischen Vereinigung mit dem Löweprinzip. Höchste Freiheit gepaart mit dem Ruhen in der eigenen Mitte. Ein Empfinden, als strömte der Atem tief und ruhig durch das zentrale Herzchakra. In der sich hier einstellenden Einheit kommen auch die letzten unruhigen Gedanken, die den Wassermann so lange gejagt hatten, zur Ruhe.

Der sich jetzt ergebende Zustand ist bildhaft umschreibbar mit Worten aus dem Chorgesang des ZEN-Meisters Hakuin: »Dann wird sein Denken das Denken des Nicht-Denkens, und sein Singen und Tanzen sind Stimme der Wahrheit ...«

---

19 Wassermann wird von Uranos regiert, was im altgriechischen wörtlich »der Himmel« heißt.

## Fische: Der Weg der Selbstlosigkeit

*Der Erlösungsweg der Fische*

Das Tierkreiszeichen Fische geht seinen Entwicklungsweg über hilflose Einsamkeit und selbstbetrügerische Illusionen, über weltfremde Träumerei und gelähmtes Ausgesetztheitsgefühl bis hin zum selbstlosen Aufgehen in der Schöpfung.

Am Anfang fehlen dem Fisch die Gaben seines Gegenzeichens Jungfrau, zweckmäßiges und kluges Verhalten, gänzlich. So kommt es zu einem hilflosen Schwimmen in konkreten Lebenssachverhalten und einer Abwehr gegen die Nüchternheit des Alltäglichen. Fische suchen ihre illusionären Schwärmereien in einer irrealen Traumwelt und werden dadurch lebensuntüchtig, was die Anforderungen des Alltäglichen angeht.

Ihre dadurch entstehenden Schwierigkeiten, ihren Lebensunterhalt selbst zu erwerben, suchen unerlöste Fische durch Täuschungsmanöver und Betrügereien zu kompensieren. Auf seinem Entwicklungsweg muß der Fischetypus lernen, sich auf der Suche nach dem Wunderbaren von seinen Träumereien nach einem phantastischen Land zu lösen und das Wunderbare im Alltäglichen zu finden. Er wird lernen, aus der Dimension mitfühlender Sprachlosigkeit in die Welt differenzierenden Ausdrucks zu gelangen, und seine Angst davor, unverstanden zu bleiben, durch exakte Beschreibung seiner Seelenzustände zu überwinden. So wird er erfahren können, daß viele leidvolle Mißverständnisse ihre Ursache in seiner fehlenden Ausdrucksfähigkeit hatten, in seinem idealistischen Hoffen auf die sensiblen Antennen der anderen, auf die er so häufig vergeblich wartet, weil er dem Partner keine Hilfestellung durch Positionslichter seines eigenen Befindens gibt.

Seine Probleme resultieren aus der Grundstimmung: »Leider in dieser Welt, doch Gott sei Dank nicht von dieser Welt.« Der Fischetypus verweigert sich dieser konkreten und realen Welt, empfindet sich einer anderen – nicht greifbaren – Heimat zugehörig und kommt mit den Gesetzen dieser Welt, die ihm so fremd ist – jedenfalls am Anfang seiner Entwicklung – nicht zurecht. Seine Sehnsucht nach dem Jenseitigen läßt ihn unter einer Art Inkarnationsschwäche leiden. Sein tiefer Wunsch ist das Thema »Ich bin in allem, und alles ist in mir« – ein Aufgehen in der Universalität der Schöpfung. Der Akt der Konkretisierung der Schöpfung wird dagegen von ihm als Verlust der Ganzheit empfunden, als Zersplitterung in die Welt der »Zehntausend Dinge«, wie die Chinesen es formulieren. Daher bewegt er sich lieber im Land der unbegrenzten, weil noch nicht realisierten Potenzen, denkt und fühlt lieber in Möglichkeiten als im realisierten Ergebnis. Denn das erwirkte Ergebnis ist aus der chaotischen Ganzheit des unrealistischen Nichts in die Verbannung des Diesseits gegangen und in ihr in Einsamkeit verloren, wie der Säugling nach seiner Trennung von der Mutter.

Damit stellt er den Gegenpol zum Tierkreiszeichen Jungfrau dar, dem es primär um das zweckmäßige Ergebnis geht. Die Jungfrau richtet ihr Augenmerk auf das Detail, auf die einzelne Komponente, und fragt sich nach deren Nutzen und deren funktionalen Einsatzmöglichkeiten.

Der Fisch betrachtet das Ganze, erlebt und fühlt es als untrennbar und zusammenhängend, und erlebt Vereinzeltes als Fremdkörper bezogen auf die Ganzheit der Dinge. So muß er schließlich sich selbst in seiner Individualität auch als Fremdkörper erleben und versucht dem dadurch zu entgehen, daß er seine Individualität verleugnet. Als Ergebnis dieser Verleugnung folgt die Unfähigkeit, sich selbst in Fühlen und Denken zu definieren, was lange Zeit darin Ausdruck findet, daß er chamäleonartig die Färbung und den Geschmack seiner Umwelt übernimmt und ihn für das Eigene hält. So führt der Weg den Fisch von der Ichlosigkeit zur Selbstlosigkeit, vom Chaos in das Fließen der göttlichen Ordnung, von der Illusion zur Wahrheit, vom Alleinsein zum All-Eins-Sein.

Auf der 1. Entwicklungsstufe lebt der Fisch noch ganz im Schleier seiner illusionären Welten und kommt mit den Anforderungen dieser Welt, denen er sich durch Täuschung zu entziehen sucht, nicht zurecht. Dies kann sich in wahnhaften Verirrungen zeigen oder in einem Gefühl der Gelähmtheit. Hier fehlt dem Fisch noch ganz eine Verankerung in der greifbaren Realität. Es ist, als hinge er hilflos im Raum und würde zu den ihn umgebenden Situationen und Gegebenheiten ohne seine Zustimmung bestimmt. Wie eine Nußschale in den Wogen des Ozeans tanzt, so ist er Spielball seiner Umstände. Er wird mehr gelebt, als daß er selbst Einfluß auf sein Schicksal nehmen könnte. Seine einzige Chance liegt hier darin, sich oder anderen etwas vorzumachen oder in Traumwelten zu fliehen. Seine eigene Weigerung zu inkarnieren, sich der Welt so zu stellen, wie sie ist, nicht so wie der Traum sie ersehnt, läßt ihn sich selbst als Ausgestoßenen fühlen. Er entzieht sich der Welt durch Drogen und wird von ihr verdammt. Seine Sehnsucht führt ihn in die Sucht, die ihm auf dieser unerlösten Stufe als einzige Möglichkeit erscheint, die Welt als erträglich zu erleben.

Auch auf der 2. Stufe besteht noch dieses Bedürfnis nach Narkotisierung, unterstützt durch die starke Tendenz zum Selbstmitleid. Die wunderbare Gabe des Mitgefühls mit jeder Kreatur, die der Fischetypus am meisten von allen Tierkreiszeichen in sich trägt, ist hier nur in der verkümmerten Form des Selbstmitleids vorzufinden, da sich auf dieser Stufe alles primär um das kleine Ich dreht. Seinen Widerwillen, sich den nüchternen Alltagsanforderungen zu stellen, versteckt er in Undurchsichtigkeit und Geheimniskrämerei. Er windet sich wie ein Fisch auf dem Trockenen und entzieht sich jeder Verantwortlichkeit.

Die 3. Entwicklungsstufe ist auch weiter von den Gefühlen der Verlorenheit, Orientierungslosigkeit und Hilflosigkeit gekennzeichnet, obwohl hier schon stärkere Anstrengungen unternommen werden, sich in die Tatsachen des Lebens zu fügen und sie zumindest neben den so geschätzten illu-

## Fische

Das Tierkreiszeichen beschreibt vor allem, wie etwas geschieht, und wird bei Horoskopinterpretationen am besten mit Eigenschaftswörtern beschrieben.

weise, einverstanden, allein, selbstlos, wahr

*

medial, mitfühlend, mystisch, fragil, religiös, fließend, intuitiv, selbstvergessen, opferbereit, lösend, durchlässig

*

phantasievoll, zart, zerbrechlich, anpassungsfähig, spirituell, humanistisch, künstlerisch, lyrisch, empfänglich, beeinflußbar, feinsinnig

*

illusionär, jenseitig, heimlich, ambitionslos, inaktiv, resignativ, selbstmitleidig, beeinflußt, verträumt, unrealistisch

*

unehrlich, unheimlich, resigniert, einfallslos, schlampig, fremdbestimmt, unsauber, gelähmt, neurotisch, wahnhaft

*

hinterhältig, chaotisch, sich dem Leben verweigernd, schmierig, schleimig, zersetzend, vergiftend, psychotisch sionären Traumwelten anzuerkennen. Auch ist jetzt – analog zur Qualität des 3. Chakras – ein gewisser Wille zur Selbstbehauptung zu erkennen, der die tranceartige Gelähmtheit der ersten beiden Stufen zu überwinden beginnt. Der Fisch läßt sich nicht mehr selbstmitleidig gehen wie eine amorphe Masse, sondern beginnt, sich und seine Bedürfnisse in dieser Welt zu definieren. Auch wenn dies aus der Sicht anderer Tierkreiszeichen noch kaum bemerkbar ist, beginnt er ein wenig, den Kampf mit dem Leben aufzunehmen, und sich etwas aus der ihn immer umgebenden Deckung herauszubewegen.

Trotz dieser Ansätze ist auch die 4. Entwicklungsstufe oft noch vom Gefühl der Ausgesetztheit und Einsamkeit begleitet. Doch die stärkere Hinwendung zu anderen, vor denen er sich bislang immer in traumartige Schutzräume zurückzog, schafft ein wenig Halt. Auch wenn er sich – gerade in konkreteren Beziehungen – von seinen Mitmenschen in aller Regel unverstanden fühlt, bekommt er von diesen Bestätigung. Denn für die anderen wird ersichtlich, daß die Ergebenheit des Fisches durchaus ein großes Potential enthält. Und so kann der Fischetypus gerade von den Tierkreiskollegen, die darauf gepolt sind, ihr Leben selbst in die Hand zu nehmen und es willensstark bestimmen zu wollen, Bestätigung erfahren. Manche von ihnen werden ihn zwar wegen seiner Durchsetzungsunfähigkeit verachten, viele aber werden auch bewundernd und ein wenig neidvoll seine Duldsamkeit und Fähigkeit, den Dingen ihren Lauf zu lassen, zur Kenntnis nehmen. Der Fisch ist nun einmal kein Zeichen, das sich am Leben durch positives Tun hervortut, sondern viel eher durch ein Unterlassen gekennzeichnet ist. Sein Problem ist es, zu lange ohne Eingreifen zuzuschauen, wie die Dinge sich von selbst entwickeln, als durch aktives Handeln Fehler zu machen. So kann er sich im Gegensatz zu tätigeren Kollegen den – negativen, aber auch den positiven – Erfolg eines Geschehens nicht zurechnen, er bleibt eher im Hintergrund. Doch schon auf dieser Stufe wird dem Fisch sehr bewußt, daß im Leben die meisten Dinge nicht durch Menschenhand bewegt werden; und so faßt er es auch nicht mehr so sehr als persönliches Manko auf, so wenig Effizienzstreben mitbekommen zu haben.

So kann auf der 5. Entwicklungsstufe eine seiner besonderen Fähigkeiten zu wachsen beginnen, das Vertrauen in den Lauf der Schöpfung. Bisher hatte sich das kleine Ich immer gegen die Strömung der Schöpfung gestellt und sie dabei als widrig und fremd erfahren. Nun aber beginnt der Fisch, sich auf seine Gabe zu besinnen, sich von der Strömung tragen zu lassen. Dabei hilft ihm das wachsende Vertrauen auf seine Intuition, die ihn vor allen anderen Tierkreiszeichen auszeichnet. Seine bisher weltflüchtigen Träumereien stellen sich als Gabe der Phantasie und Vision in den Dienst der Sozietät. Wer sollte besser als er die Visionen des Wunderbaren, der Romantik und Lyrik vertreten und seinen Mitmenschen zeigen, daß es mehr als die Nüchternheit harten Alltags gibt. Er lebt hier sein Mitgefühl als Samariter im Dienst an der leidenden Menschheit, ist immer da, wo er andere durch seine einfühlsame Teilnahme, sein unausgesprochenes Verständnis oder beredtes Schweigen oft mehr unterstützt, als durch aufdringliche Aktion.

Die 6. Entwicklungsstufe mit ihrem Mutationssprung zum absichtslosen, autotelischen Tun bringt den Fischetypus dazu, Nächstenliebe als etwas Schönes an sich zu empfinden. Für die leidende Kreatur – gleichgültig ob Mensch, Tier oder Pflanze – dazusein, gibt seinem Leben Sinn und Freude. Persönliche Wünsche verblassen immer mehr bis hin zur Bedürnislosigkeit. Das Fischezeichen ist wie geschaffen für das absichtslose Tun bzw. Lassen. Bisher krankte es weniger an der Absichtslosigkeit als an der Orientierungslosigkeit, was zu tun sei. Nachdem hier aber zugleich die Berufung zum Helfen entdeckt wird, fällt auch dieses Problem in sich zusammen.

Dazu kommt, daß sich zunehmend mehr die Gabe der Medialität entwickelt. Sie war in früheren Entwicklungsstufen noch in der Form kitschiger Sentimentalität oder schmierigem Okkultismus gefangen, befreit sich aber jetzt nach und nach zu wahrer Mystik. Was sich anfangs in vulgärem Kartenschlagen und schillernder Jahrmarktsprognostik zeigte, wandelt sich nun zur Bewußtheit um die Vergänglichkeit aller Individualität, hinter der das wahre Ich durchzuscheinen vermag: die unzerstörbare göttliche Natur in allen Geschöpfen.

So kann sich in Verdichtung dieser Bewußtheit auf der 7. Entwicklungsstufe Selbstlosigkeit und Alliebe herauskristallisieren. Immer mehr auch wird ihm hier klar bewußt, was die Aussage im Hinduismus bedeutet, daß diese ganze Welt Maya, Illusion sei. Nicht in der Form, daß die greifbare Welt nicht greifbar wäre, sondern, daß sie keinen Bestand kennt, und daß sie den Menschen zu permanenter Illusion verhilft. Angefangen bei der Illusion, äußerer Reichtum mache glücklich, über die vielfältigen Illusionen, die fälschlicherweise unter der Überschrift Liebe laufen, und doch meist nicht mehr sind als Verliebtheit – die »schönste Neurose der Welt« –, bis hin zu den Illusionen verkitschter Gottesbilder, die häufig die Verantwortung für das eigene Leben von sich wegdelegieren wollen. All diese Illusionen werden durch den schmerzhaft desillusionierenden Erfahrungsweg des Menschen durch sein Leben einer Klärung entgegengetragen, die dann keine neuen Täuschungen mehr zuläßt.

Paradoxerweise trägt das Tierkreiszeichen Fische vom Anfang seines Weges an bereits beides in sich: die Bereitschaft zur Illusion ebenso wie die Fähigkeit zur Desillusionierung, zur Enttäuschung. Die Bereitschaft zur Illusion erstreckt sich dabei in für ihn typischer Weise auf sehr unrealistische Sehnsüchte und Ziele, über die pragmatischere Tierkreiszeichen eher lächeln würden. Dagegen fühlt der Fisch wie kein anderes Zeichen den illusionären Charakter der diesseitigen Ziele, auf die seine konkreteren Zeitgenossen so fixiert sind: Reichtum, beruflicher und gesellschaftlicher Erfolg, das Häuschen im Grünen etc. Mag sein, daß er sich am Anfang seines Entwicklungswegs wegen eben dieser Ahnung von der raschen Vergänglichkeit jenes weltlichen Glücks in seine weltfremderen Illusionen flüchtete. Auf dieser 7. Entwicklungsstufe aber ist kein Platz mehr für Täuschungen. Die Enttäuschung ist so weit fortgeschritten, daß der Fisch nun keiner Verlockung dieser Welt mehr ins Netz geht. Er kann ab dieser Stufe mit lächelnder Fassungslosigkeit die gierige Ambitioniertheit der Menschen wahrnehmen, die ihren Träumen und Täuschungen gehetzt hinterherjagen und bei deren Erreichen sie eine ebensogroße Leere fühlen wie zuvor. Er kann sehen, wie sie sich neue Illusionen aufbauen, um die alte Leere zu überdecken und aufs neue ruhelos zu jagen beginnen: von einer Täuschung und Enttäuschung zur nächsten.

Der Fisch 7 aber steigt aus diesem Kreislauf der Illusionen aus. Er beginnt die Wahrheit in Form unmittelbarer Seinserfahrung zu entdecken. Es ist dieselbe, die Buddha Shakjamuni unter dem Bodhi-Baum fand, nachdem er davor vergeblich bei allen Meistern Befreiung vom Leid gesucht hatte und von all ihren Lehren und Praktiken erschöpft und enttäuscht unter dem Baum der Erleuchtung niedergesunken war. Nichts, was man ihm jetzt noch Verführerisches hätte anbieten können – die Oberflächlichkeit eines Lebens in Reichtum hatte ihn schon als begüterten jungen Prinzen desillusioniert, das Leid hatte ihn auch in der intakten Ehe mit gesundem Kind nicht verlassen, und als er sich aufmachte, das Rätsel dieser Welt zu lösen, war er von Meister zu Meister gegangen[20], ohne Lösungen finden zu können.

Jetzt aber, da er gänzlich enttäuscht, absichtslos und leer geworden, sieben Tage und Nächte unter dem Baum gesessen hatte, tat sich ihm das Wunder des Lebens mit dem aufgehenden Morgenstern kund. Eine Wahrheit, die immer schon da war, nicht neu. Doch die Augen, die sie wahrnahmen, waren ganz neu. Nicht voller Ambitionen und Wünsche, nicht getrübt von Erwartungen und Absichten. Jetzt, wo die Aussichtslosigkeit am größten geworden war, konnte die tiefste Einsicht erfolgen.

Die Wahrheit, die jetzt hervortritt, ist die, die auch die folgende ZEN-Anekdote zu umschreiben sucht: Ein ZEN-Meister wurde von seinem Schüler gefragt: »Meister, ich sehne mich so nach der Wahrheit, wie kann ich sie finden?« Der Meister antwortete: »Suche nicht nach der Wahrheit; habe keine Meinung, und Du bist wahr!«

Damit ist nicht Meinungslosigkeit gemeint, sondern vielmehr die Einsicht, daß Meinung immer ein »Mein«, einen persönlichen Standpunkt wiedergibt und daß davon nur ein winziger Ausschnitt dessen dargestellt wird, was die ganze Wahrheit ausmacht. »Habe keine Meinung« ist also ein Appell, das kleine, beobachtende und bewertende Ich abzulegen, in der Ichlosigkeit eins zu

20 Vergleichbar mit einem »Eso-Groupie« der heutigen Zeit, der von den indischen Gurus über die Reiki-Szene bis zur Channeling-Session, vom Urschrei über Rebirthing und Reinkarnationssitzungen, vom Tarot-Orakel über Yoga-Erfahrungen und vieles andere durch den Esoterik-Zirkus gewandert ist.

werden mit dem, was ist, und aus der Einheit der Wahrheit teilhaftig zu werden.

Und so erreicht der Fisch schließlich die letzte und 8. Stufe seines Entwicklungswegs. Es ist die Verschmelzung mit dem Kosmos, das Einswerden, das All-eins-Sein. Kein Zeichen vermag es so sehr in der Schöpfung aufzugehen, sich auf sie einzulassen. Keines kann so tief wie die Fische fühlen, was es heißt: »Ich bin in allem, alles ist in mir.« Widerstandslosigkeit der Schöpfung gegenüber liegt in jedem Moment ihrer Existenz in der Ewigkeit.

Hier kann der Fisch in tiefer Weisheit und Ergriffenheit vom puren Sein seinen Weg gehen, wie der Bodhisattwa Hotei, der mit verklärtem Lächeln – sein Bündel auf dem Rücken – die Welt bereist. Trifft er auf Maurer, so wird er die Freude des Maurers über den kunstvoll mit der Kelle an die Wand geworfenen Mörtel teilen, trifft er auf Mediziner und Psychologen, so wird er sich gern mit ihnen über die neuesten Theorien unterhalten, trifft er auf Künstler, so wird er dankbar mit ihnen musizieren und malen, und trifft er auf Kranke und Leidende, so wird ihnen sein Mitgefühl und sein wissendes Schweigen um die Vergänglichkeit alles Leidvollen auf dieser Welt sowie Trost und Linderung spenden. Er ist überall zu Hause, ohne ein definiertes Zuhause zu haben. Er kommt und geht, so wie alles auf der Welt kommt und geht. Er ist eins geworden mit allem, was ist. Er ist im Fluß – im »Flow«.

# Die »coniunctio oppositorum« der Häuser. Die Mitte zwischen den Polen

Als Vorbemerkung zu diesem Thema ist darauf hinzuweisen, daß wegen der symbolischen Analogie zwischen den Tierkreiszeichen und den Häusern viele der bei den Tierkreiszeichen erwähnten Entwicklungsschritte auch für Besetzungen in den Häusern gelten. Da sich die Grundaussage der Häuser aber mehr auf die Lebensräume, das »Wo« eines Geschehens bezieht, während die Tierkreiszeichen mehr den Schwerpunkt auf die Art und Weise, das »Wie« legen, möchte ich um der Differenzierung willen die Häuser hier noch einmal gesondert in ihrem Entwicklungsweg beschreiben.

Die Betrachtungsweise der Entwicklung innerhalb von Tierkreiszeichen und Häusern ist übrigens der Vorgehensweise bei der Betrachtung der Mondknotenachse recht ähnlich. Beim Mondknoten fragen wir: Wo kommt der Mensch her, was sind seine alten Verstrickungen (absteigender Mondknoten)? Wo soll er um der Komplettierung seiner Persönlichkeit willen hin, was ist noch zu integrieren (aufsteigender Mondknoten)? Dabei geht es im Gegensatz zu mancherorts in der Literatur vertretenen Meinungen nicht darum, den aufsteigenden Mondknoten als Ziel zu definieren. Genauer ist zu sagen, daß die Symbolik des aufsteigenden Mondknotens integriert werden möchte, um das eigentliche Ziel – die Mitte zwischen den Polen der Mondknotenachse – erreichen zu können.

Ähnlich ist es auch bei allen anderen astrologischen Betrachtungsweisen: Das eigentliche Ziel ist die Mitte des Horoskops. So kommen wir beispielsweise als Widderaszendent oder 1.-Haus-betonter Typus aus der Dimension subjektiver Egozentriertheit und müssen die polaren Gegenprinzipien der Waage und des 7. Hauses (diplomatische Du-Bezogenheit) integrieren lernen, um in den Mittelpunkt zu gelangen. Es geht für einen Widderaszendenten nicht darum, Waageaszendent zu werden, auch wenn er durch die Aszendentenbetonung in seine Widdereigenschaften ähnlich verstrickt ist wie ein Mensch, der den absteigenden Mondknoten im

Widder hat. Auch er soll Waagequalitäten nur integrieren und nicht zur Waage werden.

Der Weg zur Mitte ist wegen der Gebundenheit an die eigene Symbolik aber oft nur dann möglich, wenn man die Symbolik des Gegenzeichens oder -hauses direkt anstrebt. Die Fixierung auf das eigene Potential stellt ohnehin sicher, daß wir nicht von einem Achsenpol ins Extrem des Gegenpols fallen, sondern bei der Integration des Gegenprinzips »nur« die Mitte erreichen.

Die Lernaufgabe bei den Häusern liegt demnach analog zu den Zeichen darin, die Mitte zu finden. Dabei gibt das mit Planeten besetzte Haus den Ausgangspunkt der Entwicklung an, von dessen Einseitigkeit es sich mit der Höherentwicklung zu lösen und stufenweise die Symbolik des gegenüberliegenden Hauses zu integrieren gilt, ohne dabei – was ganz wichtig ist – die eigene Veranlagung zu verdrängen oder zu unterdrücken. Denn das eigene Geburtsbild und die darin zum Ausdruck kommende Veranlagung soll gelebt werden. Dies ist ein ganz entscheidender Punkt für ein tieferes Verständnis der Astrologie. Denn es werden in der astrologischen Forschung zwei diametral entgegengesetzte Grundthesen vertreten:

THESE 1: Das Geburtsbild ist die so gewollte, uncharakterliche Veranlagung des Menschen, die er durch Selbsterkenntnis herausfinden soll, um sie dann in ihren Anlagen und Talenten zu entfalten und bewußt zu verwirklichen, nach dem Motto: »Werde, der du bist.«

THESE 2: Das Geburtsbild ist die Auskristallisation in Vorexistenzen erworbener bzw. durch Vererbung angelegter konditionierter Reflexe, von denen sich der Horoskopeigner im Laufe seines Lebens lösen lernen soll, um nicht immer wieder dieselbe Lebensmelodie zu durchleben. Aus dieser Sicht hindert das Geburtsbild den Menschen in seiner freien Entfaltung, weil er durch die Vorgaben seiner persönlichen Konstellationen auf ein bestimmtes Muster geprägt ist und unabhängig von den jeweiligen Erfordernissen einer Situation, also situationsunangebracht, reflexartig nach seinem Muster reagiert. So würde – durch eine unbekannte Situation verunsichert – der Widder mit Aggression und Kampfbereitschaft, der Stier mit gruppenbezogenem Klammerreflex, der Zwilling durch flüchtige Bezeichnung und Kommunikation[1] und die anderen Tierkreiszeichen nach ihrer Façon reagieren.

These 1 geht davon aus, daß der Mensch so verstanden werden soll, wie sein Geburtsbild dies zeigt. Sie behauptet, das Geburtsbild sei die Rolle, mit der der Mensch auf der Bühne Welt stehe, und die er – möglichst souverän – interpretieren solle. Sie sagt, der Mensch sei so von Gott gewollt und es sei seine Aufgabe, seine Individualität zum Lob Gottes und dem Besten der Schöpfung zu verwirklichen, sich selbst zelebrieren zu lernen.

These 2 geht davon aus, daß der Mensch einen Entwicklungsweg vor sich hat, von dem ihn die Fixierung an bestimmte Verhaltensmuster, wie sie im Geburtsbild stehen, abhalten können. Es liege kein Sinn darin, ein mit dem Geburtsbild mitbekommenes Muster, und sei es noch so göttlich, ad infinitum in dieser Form reflexartig zu wiederholen. Damit stürbe jede Entwicklung. Das Geburtsbild zeige vielmehr, auf welche Verhaltensmuster der Mensch festgelegt sei – und damit, aus welchen Einseitigkeiten er sich befreien müsse. Es könne kein Sinn darin liegen, als Widder ein Leben lang mit einer spezifisch aggressiven Reizbeantwortung zu leben, oder als Waage in konfrontationsloser Diplomatie zu verharren, sondern jeder müsse lernen, die ihm fehlenden Komponenten in sein Verhalten miteinzubeziehen. Das Geburtsbild sei damit ein zu überwindendes, nicht ein zu lebendes.

1 Beispielsweise wird sich der Zwilling in einer Situation, in der sich Gegenstände ohne mechanische Einwirkung bewegen, die auftretenden Unsicherheiten und Ängste dadurch beruhigen, indem er die Situation definiert und benennt: »Wenn jemand ohne mechanische Einwirkung Gegenstände in Bewegung setzt, so bezeichnet man das als Psychokinese.« Er wird daraufhin seine Nachbarn fragen, ob schon jemand von Psychokinese gehört hat und beruhigt sein, wenn jemand wiederholt: Psychokinese ist, wenn jemand ohne mechanische Einwirkung Gegenstände bewegt. D. h., den Zwilling beruhigt es, wenn ein Phänomen bekannt und mit Worten benennbar geworden ist. Selbst dann, wenn es damit noch in keiner Weise tiefer erforscht oder in seinem Wesen erfaßt ist. Zwilling beruhigt flüchtige Kenntnis, Information und damit Kommunikationsfähigkeit über das Objekt, während Widder Bereitschaft signalisiert, das sich bewegende Ding niederzuschlagen, falls es sich als gefährlich erweisen sollte, und der Stier sich an seinem Nachbarn festhalten und versuchen würde, sich in gemeinsamer Gruppierung gegen das Phänomen zu schützen.

Der große Fehler, der in der Diskussion um diese kontrahierenden Meinungen bislang immer gemacht wurde, ist der, daß man sie als unversöhnliche Gegensätze einstufte, anstatt zu erkennen, daß jeder dieser beiden Standpunkte richtig ist und daß es durchaus eine Möglichkeit gibt, sie auf fruchtbare Weise miteinander zu verbinden.

Bei einer einseitigen Favorisierung der These 1 kann leicht das gesehehen, was jene Gurus bei ihren Schülern feststellen mußten, die vor allem betonten, daß jeder Mensch erleuchtet sei und daß es dazu gar nichts zu tun gäbe. Vielmehr würde jedes Tun dazu verführen, sich von der Erkenntnis der eigenen Buddha-Natur wegzubewegen. Bei näherem Hinsehen konnte nämlich jeder mit einem gesunden Menschenverstand gesegnete Betrachter feststellen, daß ein großer Prozentsatz der Schüler gerade solcher Meister sich faulem Nichtstun hingaben, in der arroganten Meinung, sie seien schon gebildet und erleuchtet. Jeder Außenstehende konnte bei solchen unerleuchteten Vertretern der Lehre feststellen, daß die Lehre zwar prinzipiell richtig ist, im konkreten Einzelfall des vermeintlich erleuchteten Schülers aber geradezu lächerlich.

These 2 dagegen wird besonders gerne von Fortschrittsfanatikern mißbraucht, die in der Veränderung an sich schon Entwicklung sehen – und mag die Veränderung noch so sinnlos sein. Sie kann gefährlich das Minderwertigkeitsempfinden des Menschen stärken und verhindern, daß er sich so akzeptiert, wie er sich in seiner Veranlagung vorfindet. Sie gründet gern auf einem Weltbild, das den Menschen als von Gott abgefallen, aus dem Paradies vertriebenen Sünder qualifiziert, der sich von Grund auf ändern und Gott wohlgefällig sein muß, damit er sich dessen Gnade verdient. Ganz nach dem Motto: »So, wie Du bist, bist Du nicht in Ordnung. Lerne ein anderer zu werden, sonst bist Du der Verdammnis preisgegeben.«

Es ist also unschwer zu erkennen, daß beide Grundthesen mißbräuchlich eingesetzt werden können, obwohl sie sehr wichtige, einander ergänzende Aussagen darstellen. Die Mißbräuchlichkeit wird besonders da zur Gefahr, wo die Fähigkeit fehlt, die Gegenthese als wesentliche Ergänzung anzuerkennen. So paradox dies auch erscheinen mag, nur beide Gesichtspunkte in ihrer Gemeinsamkeit können der Wahrheit gerecht werden.

Der Mensch ist – auch in seinen fehlerhaften und entwicklungsbedürftigen Eigenschaften und Aspekten – göttlichen Ursprungs und verdient in seiner diesbezüglichen Not Anerkennung und Akzeptanz. Und es ist trotz, und vielleicht gerade wegen seiner Buddha-Natur für ihn wichtig, sich weiterzuentwickeln und sich zu verwirklichen nach dem Motto: »Werde, der Du bist.«

In eben dem Entwicklungsspiralenmodell des Tierkreises versuche ich eine Synthese der beiden Thesen. Glück und Selbstverwirklichung entstehen gerade dort, wo der Horoskopeigner einerseits ganz in der Identifikation mit seinem Geburtsbild und den damit vorgezeichneten Anlagen lebt und sich dennoch darum bemüht, diese Anlagen möglichst bewußt zu verwirklichen, was letztlich auf ein schrittweises Integrieren für ihn anfangs fremder Tierkreissymboliken hinausläuft. Denn im höchstentwickelten Kulminationspunkt der Tierkreisspirale vereinigen sich alle Symbolqualitäten – auch die gegensätzlichsten – zu einer Einheit, und jeder Entwicklungsschritt innerhalb eines Tierkreiszeichens ist ein Stück Annäherung an diese Integration.

Wir haben gesehen, daß ein Tierkreiszeichen oder ein Planet um so unerlöster (= unbewußter) ist, je weniger Vereinbarkeit mit seinem Gegenzeichen – und der Qualität der restlichen zehn Tierkreissymbole – erkennbar ist, und daß wir eine um so erlöstere Entwicklungsstufe haben, je höher die Annäherung an das ergänzende Gegensätzliche geworden ist.

Die Orts- und Begegnungsachse:
1. Haus/7. Haus

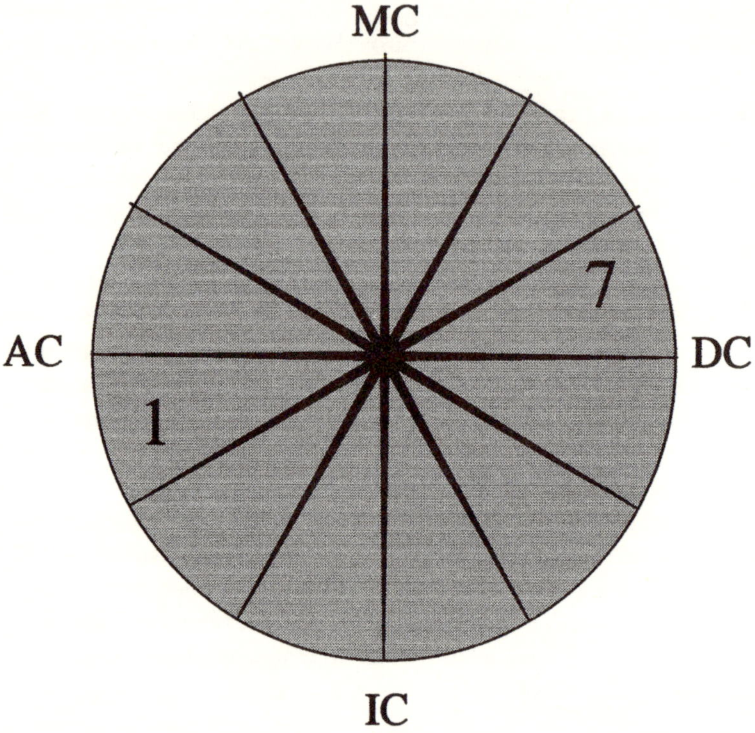

## 1. Haus

Das Haus beschreibt in erster Linie, wo etwas geschieht, und wird bei Horoskopinterpretationen am besten mit Substantiven beschrieben.

eins mit Meister »Wu-Wei«, dem, der die Kunst beherrscht, im Nicht-Handeln zu handeln, eins im Handeln mit der universellen Energie (Qi)

*

bei Meister »Wu-Wei« im Kampfkunsttraining, selbstvergessen im Spüren der strömenden Energie im eigenen Körper, der erlöste »Parzival«

*

mit spielerischer Freude auf dem Sportplatz, Spaß an der eigenen Leistung, unverkrampftes Sich-Messen mit anderen, auf dem Turnierplatz, Ritterlichkeit

*

rivalisierender Leistungssport, Überforderung des Körpers im Zwang zu siegen, Feldwebelallüren auf dem Kasernenhof

*

Erprobung des Gesetzes des Stärkeren, Faustrecht, beim »Stock-Car-Rennen«, als Schläger in der Eishockeyarena, Sieg um jeden Preis

*

im Blutrausch auf dem Schlachtfeld, des Söldners Freude am Töten und Vergewaltigen

## 7. Haus

Das Haus beschreibt in erster Linie, wo etwas geschieht, und wird bei Horoskopinterpretationen am besten mit Substantiven beschrieben.

in tiefer Ausgeglichenheit und innerer Harmonie, in friedvoller Stimmung, innere Schönheit

*

natürlicher Charme, echte Freundlichkeit und Höflichkeit, ungezwungene Eleganz, feine Aristokratie verbunden mit Natürlichkeit, geistige Brillanz, Schöngeistigkeit

*

in der Kunstgalerie, in ästhetischem Ambiente, im Garten des Lustschlößchens, das Verführungsspiel spielend, erotische Koketterie

*

in der Garderobe vor dem Schminkspiegel, geziert auf dem Laufsteg schreitend, parfümierte Selbstdarstellung, diplomatische Unehrlichkeit, schmeichlerische Komplimente

*

im billigen Kosmetiksalon, Boutiquentratsch, Schickeriaallüren, der substanzlose »Kleiderständer«, Modepüppchen und Gigolo

*

die geschminkte Maske, dekadente geistige Aggression, mit Glacéhandschuhen Todesurteile unterzeichnend, die eigenen Hände in Unschuld waschend

Hier geht es um das Thema Begegnung, um das Ergänzungsspiel zwischen Ich und Du. Und auch um die Abstimmung zwischen Körper (1. Haus) und Geist (7. Haus), zwischen Eigenwelt (1. Haus) und Umwelt (7. Haus).

Bei der stärkeren Besetzung des 1. Hauses ist eine Ausgangsposition der Egozentriertheit gegeben, ein vorwiegendes Kreisen um Themen der Eigenperson, die der Auseinandersetzung mit der Umwelt wenig Raum lassen. Diese Konstellation fordert eine starke Beschäftigung mit der eigenen Körperlichkeit, der Körper will als Medium der Selbsterkenntnis, als Instrument des Wegs genutzt werden. Wird ihm zu wenig Beachtung geschenkt, so tendiert er dazu, sich über psychosomatische Reaktionen das entsprechende Gehör zu verschaffen.

Je unbewußter und damit unerlöster diese Anlage noch ist, desto einseitiger kommt die entsprechende Tierkreissymbolik zum Ausdruck und drängt oft über schicksalhafte Ereignisse zur Bewußtmachung.[2] Denn erst, wenn der berühmte blinde Fleck in der Selbsterkenntnis schwindet, wird es möglich, an einer schrittweisen Erlösung der erkannten Themenkreise zu arbeiten.

Bei einem durch Planetenbesetzung betonten 1. Haus heißt dies, sich seiner Egozentriertheit – ohne die Wertung »Egoismus« – bewußt zu werden und beispielsweise nicht erstaunt zu reagieren, wenn diesbezüglich vom Partner Vorwürfe kommen. Die Entwicklungsreise geht hier also von einer anfänglichen Gefangenheit in der Konzentration auf sich selbst – in extremen Formen bis hin zum Autismus – über das Bewußtmachen, daß eine überdurchschnittliche Beschäftigung mit sich selbst durchaus ein legitimer Ausgangspunkt ist und man sich deswegen nicht vor anderen Menschen

2 Dem liegt ein allgemeingültiges Prinzip zugrunde: Je weniger der Mensch seine Veranlagung erkennt und sie mit ihren Chancen und Schwächen akzeptiert, desto eindringlicher wird sie ihm durch Regulationsmechanismen in seinem Unterbewußten vor Augen geführt. Menschen, die beispielsweise die Schattenanteile der Persönlichkeit, wie z.B. ihr Aggressionspotential, verleugnen, oder gar vehement verdrängen und sich als »Engel« gebärden wollen, züchten förmlich den Gegenpol des »Diabolischen« in sich. Erst mit dem ehrlichen Bekenntnis auch zur dunklen Seite seiner Persönlichkeit kann diese – so paradox dies auch erscheinen mag – entspannen und sich schrittweise auflösen. Was der Mensch in sich als Eigenes erkennt, muß ihm also nicht schicksalhaft durch die Situationen, in die er kommt, bewußt gemacht werden.

rechtfertigen muß, bis hin zu einer Schritt für Schritt größeren Aufgeschlossenheit für die Begegnung. In dem Moment, wo ein Mensch nicht mehr das Gefühl hat, sich wegen seiner ich-bezogenen Veranlagung rechtfertigen zu müssen, und erkennt, daß er seine Eigenart legitim leben darf, fallen all die Motive in sich wie ein Kartenhaus zusammen, die mit trotziger Selbstverwirklichung zu tun haben. Wer nicht du-bezogen sein muß, weil die Statistik und die Vorstellungen der anderen es von ihm verlangen, und zunächst unwidersprochen das Seine leben darf, entwickelt ganz von selbst, ohne daß es ihm von außen aufgenötigt wird, Ambitionen in Richtung Du. Er hat gerade in diesem Bereich die Herausforderung des noch Unbekannten zu bestehen, die ihm nach vorgestellter Glücktheorie das Gefühl des Vorankommens, des Selbstverwirklichungsprozesses zu geben vermag. Muß er sich dagegen ständig für sein Bedürfnis nach überdurchschnittlicher Beschäftigung mit sich selbst rechtfertigen, so wird er sich trotzig auf sich zurückziehen, um so der Welt zu demonstrieren, daß er ein Recht dazu hat, so zu sein, wie seine Veranlagung ihm das vorgibt. Er wird unter Umständen dann in seiner einseitigen Veranlagung erstarren und die natürliche Entwicklung in Richtung Mitte blockieren.

Dasselbe wird geschehen, wenn andere oder er selbst sich einen Vorwurf für die – gemessen an der Mitte – überbetonte Beschäftigung mit seiner Körperlichkeit oder seine primär materielle und pragmatische Grundhaltung macht. Es wird wichtig sein, diese Einseitigkeiten als solche zu erkennen und als persönlichkeitsspezifisch zu akzeptieren, um – von dieser Basis der Akzeptanz ausgehend – Entwicklungsschritte in eine geistige und theoretische Richtung gehen zu können, ohne die eigene Veranlagung dabei zu verleugnen oder zu verdrängen.

Ganz anders sind die Voraussetzungen bei Menschen, die einen Schwerpunkt auf der Besetzung des 7. Hauses haben[3]. Hier domi-

3 Als ein Schwerpunkt kann die Besetzung durch jeden Planeten gewertet werden, nicht nur so starke Betonungen, wenn die Sonne oder der Mond im entsprechenden Haus stehen. Dann wird das Thema natürlich besonders im Vordergrund stehen, ähnlich wie wenn drei oder mehr Planeten dort vorzufinden sind. Bei einer differenzierten Deutung wird man ohnehin die Einseitigkeit in einer Häuserbesetzung vor allem auf die Themen beziehen, die durch die entsprechende Planetensymbolik vorgegeben sind. So wird eine Venusposition im 7. Haus ein Hinweis auf die Ein-

niert als Ausgangssituation ein theoretischer Lebensansatz. Die Entwicklung läuft vom geistigen Planspieler hin zum praktischen Sich-Einbringen in das Leben. Alle Planeten, die im 7. Haus stehen, verkörpern danach – entsprechend ihrer Symbolik – Themenkreise, die vorwiegend geistig diskutiert werden und vor einer Umsetzung ins Praktische eher zurückschrecken. Gerade deshalb, weil in diesen Themen eher eine Weigerung zu praktischer Verarbeitung liegt, werden die betroffenen Horoskopeigner in der Begegnung mit Partnern zu einer Realisierung gezwungen. Wer aufgrund von Uranus im 7. Haus dazu tendiert, viel über das Thema »Freiheit in der Beziehung« zu diskutieren, sich aber weigert, praktische Umsetzungsformen dieser Thematik zu erproben, dem stellt das Schicksal über kurz oder lang – und zwar auch schicksalhaft gegen seinen Willen – diese Freiheit her. Als Opfer des Geschehens kann der Horoskopeigner dann die Trennung vom Partner durch dessen Ambitionen oder durch andere aus seiner Sicht schicksalhafte Umstände erleben.

Diese Erlebnisse entstehen besonders dort, wo es noch an der Bewußtheit des Horoskopeigners seiner durch die Geburtskonstellation vorgegebenen Veranlagung fehlt. Ist einem Menschen mit Uranus im 7. Haus bereits bewußt, daß es seine Aufgabenstellung ist, sich mit dem Thema der »Freiheit, Gleichheit und Brüderlichkeit« in der Partnerschaft mehr als andere auseinanderzusetzen, so wird es ihn auch nicht verwundern, wenn das Leben dieses Thema scheinbar zufällig in immer wieder neuen Abwandlungen an ihn heranträgt.[4]

---

seitigkeit der erotischen Anziehung des anderen bei tendentieller Verleugnung der eigenen sein oder auch eine vorwiegend theoretische und geistige Auseinandersetzung mit venusischen Themenkreisen, während eine Venus im 1. Haus den Schwerpunkt auf die Betrachtung der Ästhetik der eigenen Körperlichkeit verschiebt.

4 Um den Unterschied der Häuserbetonung noch ein wenig deutlicher zu machen, möchte ich hier zum Kontrast zur Position Uranus im 1. Haus kommen: Wenn Uranus im 1. Haus steht, symbolisiert er eine Exzentrizität der eigenen Person, ein Unruhe- und Veränderungsbedürfnis, das bis in die eigene Körperlichkeit hinein spürbar ist und beispielsweise gut über körperliche Betätigungsformen, die der uranischen Symbolik entsprechen, verarbeitbar ist, wie etwa Tanz, Trambolinspringen, Federballspiel, Drachenfliegen u. ä.
Im Gegensatz dazu wird das sprunghafte Auf und Ab der Uranussymbolik im 7. Haus vorwiegend am Partner, in seiner Gegenwart oder mehr geistig als körperlich erlebt.

Schwerpunkte im 7. Haus zeigen oft auch eine Ausgangsposition, wo die Veranlagung den Menschen sehr stark auf die theoretische Beschäftigung mit der Partnerschaft fixiert und darüber die Auseinandersetzung mit sich selbst zu kurz kommen läßt. Das 7. Haus ist das klassische Haus für Projektionsmechanismen, was sich aus der Sicht des Horoskopeigners oft so darstellt, daß er die im 7. Haus stehenden Planeten und die mit ihnen verbundenen Themenkreise zwar oft besonders scharf an anderen wahrnehmen kann und über die Partnerschaft zu bearbeiten sucht, in den entsprechenden Aspekten aber bei sich besonders blind ist. Es kann also zur Lern- und Entwicklungsaufgabe gehören, hier sehr achtsam auf die eigenen Projektionen zu achten und sie zurückzunehmen. Wenn wir davon sprechen, daß die Umwelt oft genug ein sehr exakter Spiegel für unsere eigene Situation ist, so gilt das ganz speziell für das 7. Haus. Die dort stehenden Planeten erleben wir oft nicht als eigene, sondern als zum anderen gehörig und sehen den Bezug zu uns selbst oft sehr schwer. So wie die Psychologie davon spricht, daß wir uns gern in Partnerschaften mit unserem eigenen Schatten, d.h. mit Personen verbinden, die die verdrängten und noch unentwickelten Persönlichkeitsanteile des eigenen Charakters besonders deutlich repräsentieren, so wird im 7. Haus das Ergänzungsthema zu dem, womit wir uns persönlich identifizieren, deutlich. Es ist also hier auch eine Selbsterkenntnisaufgabe, die Dinge, die wir durch die Besetzung im 7. Haus als fremd und nicht zu uns gehörig wahrnehmen, als eigene zu entdecken, selbst wenn wir dazu die Partnerschaft benutzen. Auf diese Art nähern wir uns aus der anfänglichen Gefangenheit in der Projektion (7. Haus) schrittweise der Rücknahme der Projektion und damit der Identifikation (1. Haus). Ist die persönliche Identifikation bei Besetzung des 1. Hauses einseitig betont, so gilt dies entsprechend für die Projektion eigener Themen auf den anderen im 7. Haus.

Die zu erreichende Haltung der Mitte entsteht dort, wo Eigenanteil und Fremdanteil gleichberechtigt nebeneinanderstehen und persönliche Bedürfnisse (1. Haus) und das Respektieren der Wünsche des Partners (7. Haus) sich ergänzen.

Wenn beide Achsenpole stark besetzt sind (Planeten im 1. und im 7. Haus), wird das Thema Ich/Du oder Körperlichkeit/Geistigkeit zu einem zentralen Thema der Gesamtpersönlichkeit. In welchen

Angelegenheiten der Horoskopeigner dabei zu egozentrierten Betrachtungsweisen tendiert (1. Haus) und welche er eher im Licht partnerschaftlicher Erwägungen betrachtet (7. Haus), kann man daraus ersehen, welche Planeten im 1. Haus und welche im 7. Haus stehen.

Die Besitzachse: 2. Haus/8. Haus

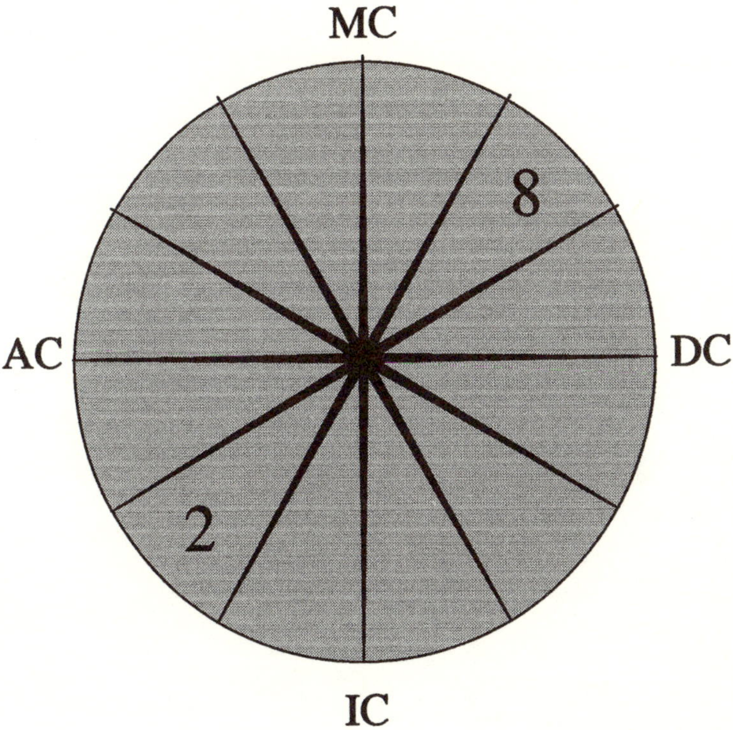

## 2. Haus

Das Haus beschreibt in erster Linie, wo etwas geschieht, und wird bei Horoskopinterpretationen am besten mit Substantiven beschrieben.

in innerer Zufriedenheit, in sich selbst ruhend, »soweit das Auge reicht: mein Land (ohne Besitzurkunde)«

*

in erwartungsfreier Sinnenfreude, in guter Gemeinschaft, in ruhigem Selbstwertgefühl, in gelassener Beständigkeit, in feinem Geschmacksempfinden, »in der romanischen Kirche«

*

in gesicherter Verwurzelung, in solider Vermögenssituation, auf fester Grundlage, »in der schuldenfrei ersparten Wohnküche«, »der glückliche Bildhauer«

*

in träger Erwartungshaltung, in bequemem Sinnengenuß, in Abhängigkeit vom Gruppenzwang, »Kegelbrüder unter sich«, feist auf seinem Geldsack

*

in passiver Unbeweglichkeit, in oraler Gier, im erstickenden Sammeltrieb, in dummer Vereinsmentalität, »betrunken am bierseligen Stammtisch«

*

im Gefängnis eigener Engstirnigkeit, in hirnlosem Wiederkäuen alter Eindrücke, in grober Klotzigkeit, »Via mala«, tiefstes bäuerlich-dumpfes Milieu

## 8. Haus

Das Haus beschreibt in erster Linie, wo etwas geschieht, und wird bei Horoskopinterpretationen am besten mit Substantiven beschrieben.

der Meister der Alchimie, in ständiger Transformation

*

der echte Fakir, beim seriösen Heiler, engagiert bei der Sterbehilfe, aufopferungsvolles idealistisches Engagement in eigener Verantwortung

*

in der Friedhofsgärtnerei, Mitglied der Loge der schwarzweißen Bruderschaft, im Ashram von Sai-Baba

*

Arbeit in der Kläranlage, auf der Mülldeponie, der genmanipulierende Chemiker, der Möchtegernmagier, im »Kabinett von Hexe Tandra«, der Drogenfahnder

*

unterwegs in St. Pauli, blutverschmiert im Schlachthof, der Hardcorefan, der Drogendealer, dumpfer Okkultismus und Spiritismus, im Leichenschauhaus

*

süchtig auf das Horrorvideo, Mitglied beim Ku-Klux-Clan, der Priester der schwarzen Messe, mit dem »goldenen Schuß« auf der Bahnhofstoilette, der gewalttätige Zuhälter, der Ritualmörder

Bei einer Betonung dieser Häuserachse geht es primär um das Thema »Mein« (2. Haus)/»Dein« (8. Haus), also um eine Lernaufgabe in Besitzangelegenheiten. Das 2. Haus steht symbolisch für den eigenen Besitz, die eigene Substanz, die persönlichen Lebensmittel, für Vermögen und Eigentum, für die persönliche Einstellung zu materiellen Dingen, für das Bedürfnis nach einem eigenen Revier, das wie eine Burg gegen die Außenwelt geschützt werden will. Es steht auch für die eigene Körperlichkeit, weniger im Sinn der äußeren Erscheinung[5], als auf die innere Substanz der Körperlichkeit, auf den »Chemismus« des Körpers bezogen.

Das 8. Haus ist ein Symbol für alle beim 2. Haus genannten Aspekte, nur bezogen auf den Partner. Es steht also für den Besitz des anderen, für dessen Vermögenssubstanz etc. Daneben meint es auch die geistigen Leitbilder, die fixen Ideen[6] des Horoskopeigners. Im 2. Haus wird von der Materie Besitz ergriffen, im 8. Haus von der Idee. Materielle Wurzeln – und geistige Wurzeln.

Es stehen sich also wieder Materie und Geist in dieser Achse gegenüber, was ganz natürlich ist, da der ganze 1. Quadrant (das 1., 2. und 3. Haus) die Körperlichkeit in verschiedenen Aspekten beschreibt, während der 3. Quadrant (das 7., 8. und 9. Haus) Ausdruck des Geistes in seinem kardinalen (7. Haus), fixen (8. Haus) und labilen (9. Haus) Aspekt ist.

Liegt die Betonung in einem Horoskop durch Planetenbesetzungen im 2. Haus, so startet der Horoskopeigner mit einer Fixierung auf die materielle Substanz. In seinem persönlichen Entwicklungsweg muß er zunächst erkennen, daß ihm Eigentum, eigenes Revier etc. wichtiger als anderen ist. Hat er dies durch ehrlichen Vergleich mit der Einstellung anderer zu diesem Lebensbereich erkannt und erfahren, so geht der 2. Entwicklungsschritt in die Richtung der

5 Das für die Umwelt sichtbare, körperliche Erscheinungsbild eines Menschen wird vorwiegend vom Aszendenten, also dem 1. Haus geprägt, sekundär auch durch die Stellung des Mondes im Horoskop – diese beiden Komponenten weisen auf die ererbten Aspekte der Körperlichkeit hin – sowie durch die Position der Sonne in Tierkreiszeichen und Haus – diese Komponente weist darauf hin, was man aus seinem Körper durch seine Handlungs- und aktive Lebensweise macht.

6 So wie das 7. Haus für die Idee an sich steht, ist das 8. Haus als 2. Haus aus der Sicht des 7. Hauses die verfestigte Idee, die verdichtete, fixierte Idee.

Akzeptanz seiner diesbezüglichen Veranlagung. Ein besonderes Augenmerk auf die materiellen Belange des Lebens zu haben, ist kein Mangel, und nichts, wofür er sich rechtfertigen müßte. Es erwächst ihm daraus wegen seiner Vorliebe zwar eine gewisse Abhängigkeit, andererseits wird er durch diesen Schwerpunkt aber die Chance haben, im Umgang mit Vermögen etc. eine besondere Souveränität zu entwickeln, die ihn schließlich frei von Abhängigkeiten machen kann.

Es ist also sehr wichtig, astrologische Konstellationen als an sich wertfrei zu betrachten, wenn man sich aus der Gefangenheit in Ihnen lösen möchte.

Der 3. Schritt in der Entwicklung ist die Erkenntnis, daß es zur Abrundung und Komplettierung, zur Reifung der Persönlichkeit notwendig ist, aus einer zu starken Abhängigkeit von materiellem Besitz herauszufinden und sich Schritt für Schritt dem ergänzenden Gegenpol geistigen Besitzes (8. Haus) zuzuwenden oder auch zu lernen, sich um den Besitz der anderen ebenso zu kümmern wie um eigenen.

So ist der Weg vom 2. Haus zum 8. Haus in gewisser Weise ein Weg vom Materialisten zum Idealisten, mit dem Ziel, im höchsten Bewußtseinszustand ein ausgewogenes Verhältnis beider Achsenpole zu erlangen. Wer vom 2. Haus her kommt, muß sehen lernen, daß sich nicht alles im Leben um Besitz drehen sollte, daß sich nicht alle Probleme auf die Ebene der Materie reduzieren lassen und daß ein Leben ohne Idealismus, ohne geistigen Besitz recht arm ist, auch wenn sechsstellige Beträge auf dem Bankkonto liegen. Er sollte sein Interesse für materielle Dinge dafür nutzen, diese Ebene so souverän zu klären, daß damit Freiraum für die Beschäftigung mit idealistischen Themen geschaffen wird, und sich diesen – ohne die anfänglichen Vorurteile – zuwenden. Fest verwurzelt in einer soliden materiellen Situation kann so eine stabile geistige Krone entwickelt werden, die nicht Gefahr läuft umzufallen, da sie in der greifbaren Realität gehalten wird.

Ist der Ausgangspunkt das 8. Haus, weil dort durch Planetenbesetzungen Schwerpunkte bestehen, so ist der Entwicklungsweg der vom idealistischen Fundamentalisten zum pragmatischen Realisten. Am Anfang mag der Horoskopeigner bei einer Betonung des

8. Hauses einen zwanghaften Idealismus mitbringen, der sich jeder pragmatischen und an materiellen Erfordernissen orientierten Erwägung verschließt und in weltfremden, oft magischen Denkmustern gefangen ist.

Der 8.-Haus-Typus tendiert dazu, einem körperfeindlichen Idealismus nachzuhängen, der bereit ist, materielle Substanz schonungslos zu opfern, wenn das Erreichen eines idealistischen Zieles dies nötig erscheinen läßt. Diese Einstellung kann bis zu einer Kamikaze-Mentalität führen, die sich als lebende Bombe auf den feindlichen Flugzeugträger stürzt, wenn es das kaiserliche Ideal verlangt. Auch der Fakir oder Flagellant[7] wären beispielhafte Vertreter für diese Geisteshaltung, die Materie eher abschätzig beurteilt und sie dem geistigen Dogmatismus unterordnet. Diese Körperverachtung trägt am Anfang der Entwicklung selbstzerstörerische Züge und scheitert gern an der Fehleinschätzung, daß der Idealismus ohne den geeigneten materiellen Background überlebensfähig wäre. Im praktischen Alltag zeigt sich eine solche Grundhaltung etwa in extremer Verachtung bodenständiger und diesseitig orientierter Lebensweise.

Findet der 2.-Haus-Typus seinen Sinn in einer Lebensphilosophie wie »Essen und Trinken hält Leib und Seele zusammen«, so trennt der 8.-Haus-Typus Körper und Seele in ekstatischen, schamanistischen Ritualen. Sucht der 2.-Haus-Typ in die Welt zu inkarnieren, indem er sie oral verschlingt, so drängt es den 8.-Haus-Typ todessehnsüchtig nach Exkarnation, indem er sich Extremsituationen aussetzt, die ihn den Geruch des Jenseitigen spüren lassen.

Der Weg aus der Gefangenheit im selbstzerstörerischen Idealismus hin zur bewußten Mitte zwischen Selbstüberwindung (8. Haus) und Selbstachtung (2. Haus) setzt für den vom 8. Haus kommenden Horoskopeigner voraus, sich als 1. Schritt seinen lebensfeindlichen Perfektionismus einzugestehen und zu erkennen, daß diese Welt keine Totalität und Absolutheit zuläßt. Erst dann wird es möglich, eine Brücke zu schlagen zwischen wichtigen Wandlungsprozessen, Mutationen und Mauserungen (8. Haus)

---

7 Religiöse Gruppierungen, die davon ausgehen, daß Selbstgeißelungen Gott wohlgefällig sind und ihm entgegenführen.

einerseits und der gebührenden Rücksichtnahme auf die natürliche Trägheit der Materie (2. Haus), die organische und nicht zwanghafte Entwicklung fordert. Wer dagegen den lebensfeindlichen Perfektionismus leben will, entzieht sich damit den Boden, der ihn nährt und trägt. Der ebensowichtige 2. Schritt liegt in der Akzeptanz dieser Einseitigkeit. Diese Akzeptanz bedeutet eben gerade nicht Resignation und depressives Sich-Abfinden, sondern ist Voraussetzung für eine wohltuende Entspannung und Gelassenheit, aus der heraus ganz von selbst der eigene Wunsch nach Weiterentwicklung wächst. Aus der so eintretenden Ruhe, die gerade dann nicht entsteht, wenn man glaubt, sich für die eigene Einseitigkeit rechtfertigen zu müssen, kann erkannt werden, daß die idealistische Gewaltlösung, die das 8. Haus vom Ansatz her begünstigt, keine wirklich fruchtbaren Ergebnisse zeitigt, sondern einen eher in der Eigenentwicklung zurückwirft.

So kann der 3. Schritt gern und freiwillig angegangen werden, nämlich die Integration des ergänzenden Gegenpols, der 2.-Haus-Thematik. Dies bedeutet seine modellhaft idealistischen, geistigen Fixierungen zu lockern und die Bedeutsamkeit der Materie schrittweise anzuerkennen. Dabei mag ein Statement von Gurdijeff für den 8.-Haus-Typus hilfreich sein, der auf die Frage eines Schülers, warum er denn so hohe Preise für seine Schulungen verlange, geantwortet haben soll, daß ein Mensch, der noch nicht einmal in der Lage sei, seine finanzielle Situation problemfrei zu gestalten, seine Finger von den wesentlich komplizierteren Zusammenhängen in Seele und Geist lassen solle, wie er sie lehre. Der hohe Preis sei ein selektiver Schutzmechanismus, der dafür sorgen solle, daß seine Schüler in der richtigen Reihenfolge nämlich: Materie–Seele–Geist ihre Belange ordneten.

Jeder kann im Leben auch praktisch erfahren, wie hilfreich eine gewisse materielle Basis bei spirituellen Interessen sein kann. Eine gesunde finanzielle Situation ermöglicht oft erst den Luxus, sich mit dem Sinn eines Lebens auseinanderzusetzen. Sie verleiht einem die Möglichkeit, Lehrer und Philosophen auch in fernen Ländern aufsuchen zu können, um sich dort entsprechende Anregungen zu holen. Wer dagegen mit weltfremder idealistischer Motivation die Auseinandersetzung mit den aus seiner Sicht schmutzigen materiellen Dingen ablehnt, wird vom Schicksal sehr schnell darüber belehrt werden, daß seine spirituellen Interessen ohne den ergänzenden Gegenpol nicht mehr realisierbar sind.

Was wir also erkennen können ist, daß ein Pol den anderen zur Ganzheit benötigt, daß weder die einseitige Fixierung auf den Besitz die Entwicklung fördert, noch das Festhalten an weltfremdem Dogmatismus. Das Geburtsbild läßt es zu, ja fordert es sogar, daß wir der Akzentuierung, die sich in unserer speziellen Häuserbetonung zeigt, bis zum Höhepunkt unserer Entwicklung treu bleiben. Es bietet uns gleichzeitig die Chance, innerhalb dieser Symbolik durch wachsende Bewußtheit im Umgang mit ihr der erlösenden Mitte entgegenzugehen. In dieser Mitte können sich der 2.-Haus-Typus und der 8.-Haus-Typus die Hände schütteln, wie zwei Bergsteiger, die den Gipfel von gegenüberliegenden Seiten erklommen haben. Jeder auf seiner Seite, und durch seine Symbolik gebunden an seinen Weg, und doch mit dem gleichen Gipfelpunkt in der Entwicklung.

Die Wissens- und Reiseachse: 3. Haus/9. Haus

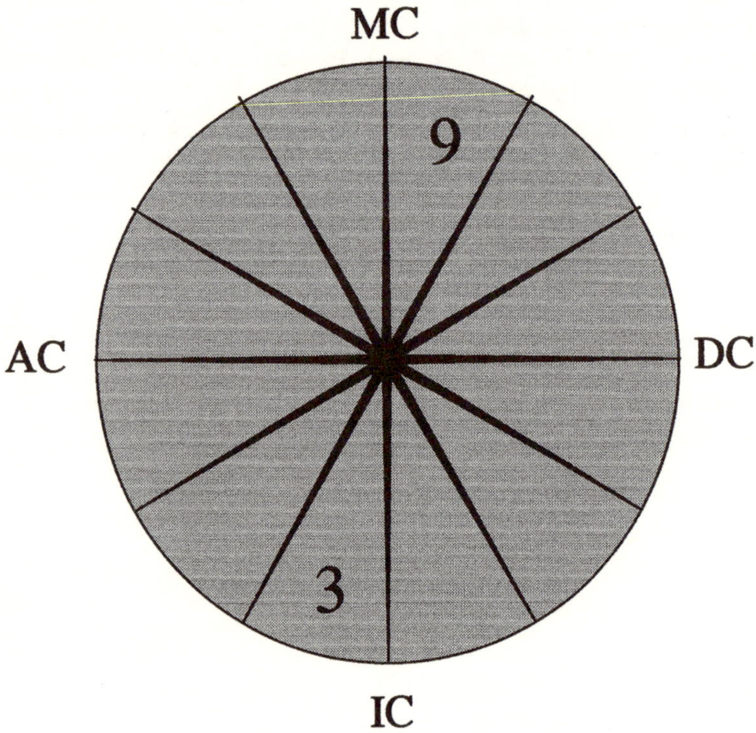

## 3. Haus

Das Haus beschreibt in erster Linie, wo etwas geschieht, und wird bei Horoskopinterpretationen am besten mit Substantiven beschrieben.

unterwegs in der Welt, den freien Himmel über sich, heiteren und offenen Gemüts, Vermittler göttlicher Botschaft, »Kanal« für das rechte Wissen

*

im freudigen Austausch wesentlicher Informationen, als neutraler Vermittler gegensätzlicher Meinungen, als friedlicher »Katalysator«

*

belesen in der Bibliothek, der fachlich versierte Moderator, der verantwortungsvolle Journalist

*

der schlaue Buchhändler, in der Hektik der Presseagentur, in der Redaktion des Klatschblatts

*

neugierig engagiert in der Sensationspresse, Dienst nach Vorschrift am Postschalter, fiebrig an der Börse

*

in erregter Diskussion über das Neueste aus dem »Gelben Blatt«, vor der »Glotze« geil auf die blutigen Ereignisse des Tages und die »Enthüllungen« der Personality-Shows

## 9. Haus

Das Haus beschreibt in erster Linie, wo etwas geschieht, und wird bei Horoskopinterpretationen am besten mit Substantiven beschrieben

in tiefem Urvertrauen, in Glück und Freude an der Schöpfung

*

der begeisternde Priester, der weise Philosoph, der liebevolle Mäzen und Gönner, der humorvolle Lebenskünstler, der großherzige Guru

*

voller Inbrunst in der Barockkirche zu Orgelklängen singend, bei der Leichtathletikolympiade, in der philosophischen Fakultät

*

in »Disneyland«, beim Open-Air-Konzert des Mega-Stars, auf Kashoggis Yacht vor Monte Carlo, in der Werbeagentur, auf Weltreise, in der Südsee, beim Filmstaff

*

in der Spielhölle von Las Vegas, in der 50-Zimmer-Villa, der Selfmade-Rancher auf seiner Pferderanch, der Broker in der Wall Street

*

der großkotzige Hochstapler, viel heiße Luft um nichts, der verweichlichte Inquisitor, der biedere Moralapostel, der Fernsehprediger mit der Doppelmoral

In dieser Häuserachse geht es um das Thema Wissen (3. Haus) und Einsicht (9. Haus). Das 3. Haus steht dabei für das technische Sichkundig-Machen, das »Fotografieren« der Welt, das Zur-Kenntnisnehmen von Sachverhalten und die Freude daran, sie zu benennen, zu bezeichnen und weiterzuvermitteln. Informationen werden hier gesammelt und verteilt wie auf einem Postamt oder in einer Nachrichtenagentur. Dabei geht es im 3. Haus nicht darum, die Daten zu sichten und auf ihren Bedeutungsgehalt hin zu sortieren, sie bleiben vielmehr ohne jede Bewertung in luftiger Relativität nebeneinander. Wie ein Telefonbuch, in dem Tausende von Namen gesammelt sind, ohne den Blick auf die dahinterliegenden Menschen zu enthüllen. Die Aufgabe des 3. Hauses liegt also vor allem darin, emsig und neugierig Sachverhalte zu entdecken, mit Bezeichnungen zu versehen und sie damit der Kommunikation zugänglich zu machen. So wird es möglich, über die Dinge zu sprechen, ohne zu wissen, was sich letztlich hinter den Bezeichnungen verbirgt, und auch ohne die Einzelfakten in einen größeren sinngebenden Zusammenhang einzuordnen.

Letzteres wird von dem ergänzenden Achsenpol, dem 9. Haus, übernommen. Es hat die Aufgabe, die Fülle von Einzelinformationen aus ihrer vordergründigen Relativität zu lösen und in größere, systematische und sinnvolle Zusammenhänge zu stellen. Hier findet Wertung und Sinnfindung statt, die Daten erhalten ihre individuelle und kollektive Bedeutung. Mit dem 3. Haus und dem 9. Haus stehen sich gleichsam der Journalist (3. Haus) und der Priester (9. Haus) gegenüber.

Wer seine Betonung im 3. Haus vorfindet, startet demnach mit der Rolle des »Briefträgers« oder »Journalisten«, denen es primär um die neutrale Vermittlung flüchtig aufgenommener Daten geht. Die Kenntnis von der vermittelten Information bleibt dabei anfangs sehr oberflächlich, kann bestenfalls als Halbwissen oder Grundschulbildung verstanden werden, was bei der Vielfalt und Verschiedenartigkeit der Eindrücke nicht verwundern darf. Hier liegt der Akzent auch nicht auf der Analyse oder Verarbeitung der Daten, sondern auf dem Bedürfnis vorzuzeigen, was es in der Welt alles gibt. So kann sich jeder die Information herauspicken, die er persönlich weiterverarbeiten möchte.

Trotz der Gegensätzlichkeit der Pole 3. Haus/9. Haus gibt es hier sogar in den unerlösten Anfangsstadien eine gewisse Ähnlichkeit. Diese Ähnlichkeit liegt in einer Oberflächlichkeit im Umgang mit dem Wissen, die sich im 3. Haus in der Kunst des Auswendiglernens[8] zeigt und im unerlösten 9. Haus in einem weltmännisch vorgetragenen Pauschalwissen, wie es durch lexikalisches Diagonallesen entsteht.

Die Entwicklungschance bei einem Ausgangspunkt im 3. Haus beginnt also mit der Selbsterkenntnis des Horoskopeigners, daß er zum informativen Allerlei tendiert und es ihm möglicherweise anfangs an der Fähigkeit fehlt, die Details in sinnvolle Zusammenhänge zu stellen. Er kann so begreifen lernen, daß nicht alles im Leben beliebig relativierbar ist und daß es wichtig sein kann, den Umgang mit Wissen auch an der Meßlatte ethischer und moralischer Dimensionen zu überprüfen.

Wie schon bei den anderen Häuserachsen erwähnt, ist es im nächsten Schritt sehr wichtig, sich auch mit dem Eingeständnis seiner Oberflächlichkeit auszusöhnen, die eigene Funktion in der Welt zu akzeptieren, damit als weitere Schritte die Annäherung und Integration an die 9. Haussymbolik – Sinnhaftigkeit und ethischer Standort der Informationen, Bedeutungsgehalt und Einbindung in Gesamtsysteme – erfolgen können.

Ist der Ausgangspunkt der Entwicklungsreise das 9. Haus, so muß zunächst die eigene Tendenz zur Gefangenheit in subjektiven Wertungssystemen erkannt werden. Diese kann sich in Moralismus und in Abhängigkeit von religiösen Dogmen zeigen, die zu einer Kreuzzugsmentalität führen. Stets überzeugt von einer bestimmen Vision, versucht der 9.-Haus-Typus, seine Ideen missionarisch weiterzugeben und neigt anfangs zu einer arroganten Verachtung Andersgläubiger. Die im 9. Haus angelegte Begabung zur Erweiterung des Horizonts kann sich auf noch unentwickelter Stufe als Unfähigkeit erweisen, das Naheliegende und Konkrete zu sehen, weil das Fernweh den Blick davon abzieht und sich lieber mit der philosophischen Abstraktion als mit der konkreten Aktualität auseinandersetzt. Dieses Fernweh zieht den 9.-Haus-Typus analog zum Schützen auch immer wieder in die weite Welt, die er mehr als Hei-

8 Damit ist der Stolz auf die Kenntnis nebensächlichen Allerleis gemeint.

mat empfindet als die nähere Umgebung (3. Haus). Er wird magisch von allem Großdimensionierten angezogen, liebt barocke, gigantische Größenordnungen, ganz egal ob sie sich im Naturschauspiel eines Grand Canyon, einem World Trade Center oder der Aktienmehrheit an einem Konzern zeigen. Auf unbewußter Entwicklungsstufe fehlt hier noch gänzlich das Vermögen, Grenzen zu setzen oder anzuerkennen, es droht vielmehr eine Gefahr des Wucherns in das Unmaß. Dadurch kann es dann an der Substanz in der Sache fehlen, die sich gleichsam nur aufgebläht hat, ohne solide Strukturen zu entwickeln.[9]

Natürlich verleiht gerade diese Eigenschaft dem 9.-Haus-Typ seine Werbefachmannqualitäten. Kein anderer Typus hat so sehr die Fähigkeit, sogar ein nur zu einem Drittel gefülltes Wasserglas als halbvoll darzustellen, nirgends sonst ist Optimismus so ausgeprägt, selbst wenn es ein Optimismus ist, der sich manchmal weigert, die Realität anzuerkennen und nur noch als Galgenhumor bezeichnet werden kann. Der 9.-Haus-Typus ist der Evangelist[10] im Häuserkreis, der sich mit seinem Oppositionsprinzip, der Relativität der Dinge (3. Haus) erst im Laufe seiner Bewußtwerdungsschritte auseinandersetzen wird. Beim noch unerlösten 9.-Haus-Typus klingt eben alles erst einmal optimal und euphorisch, als könnte er es

9 Ähnlich wie bei dem Tierkreiszeichen Schütze und dem Planetenprinzip Jupiter können wir das 9. Haus in seinen problematischen Aspekten an einer astromedizinischen Analogie begreifen: Die Leber ist unbestritten das der Schütze-, Jupiter- und 9.-Haus-Symbolik zugeordnete Organ. Erkrankungen der Leber treten bevorzugt durch ein Verhalten des Unmaßes auf, durch ein Zuviel des Guten. Durch zuviel Essen, zuviel Alkohol etc. Die Leber schwillt durch dieses Zuviel als Ausdruck unbewußter Schütze-Lebensweise zunächst äußerlich an, verliert dabei trotz äußeren Volumens nach und nach an innerer Substanz – nämlich den für die Funktion der Leber wichtigen Zellen – bis das für die Funktion unwesentliche Stützgewebe die eigentlichen Leberzellen überwiegt und dann ein Verhärtungs- und Schrumpfungsprozess einsetzt. Analog dazu neigt der 9.-Haus-Typus (wie der Schütze) dazu, sich in seinem äußeren Auftreten aufzublähen, ein zuviel des Guten im Sinn einer sehr bequemen und üppigen Lebensweise zu leben, verliert dadurch nach und nach an innerer Substanz, obwohl er äußerlich gesund bleibt, bis schließlich ein unfreiwilliger Verhärtungs- und Schrumpfungsprozeß einsetzt, der kaum mehr heilbar ist. Es entwickeln sich auf diese Weise auch feste Strukturen in ihm, die bösartigen Charakter haben und einen unfreiwilligen Ersatz für die für den 9.-Haus-Typ so wichtige disziplinarische Selbstbeschränkung darstellen.

10 Altgriechisch: eu = gut; angelion = Botschaft; der frohe Botschaftsverkünder.

besonders schwer aushalten, daß es auch eine zweite (Zwillinge/ 3. Haus) Seite gibt, die Dinge zu betrachten. Bei ihm tönen – wie beim analogen Tierkreiszeichen Schütze – selbst dann noch Posaunen und Fanfaren, wenn sie den Untergang einleiten.

Wenn sich der 9.-Haus-Typ in diesen Veranlagungen erkannt hat (1. Schritt) und sich lächelnd als euphemistischen Übertreiber akzeptiert hat (2. Schritt), dann kann er – ohne daß er sich dazu zwingen müßte – freiwillig eine sachlichere und auch für andere Beurteilungen offenere (3. Haus) Grundeinstellung finden.

Priesterliches Pathos (9. Haus) nähert sich dann dem Ergänzungsprinzip heiteren Relativierens (3. Haus). Sah der unerlöste 9.-Haus-Typus am Anfang seiner Entwicklungsreise in allem und jedem ein bedeutungsvolles Omen und wollte dies missionarisch verbreiten, so kann er am Gipfel seiner Reise mit dem 3.-Haus-Typ und dessen relativierender Leichtigkeit verschmelzen. So lernt er als der »Nomen-est-omen-Typ« die Philosophie des 3. Hauses, daß »Namen Schall und Rauch sind«, Schritt für Schritt integrieren. Um in den Worten der ZEN-Philosophie zu sprechen, »stinkt« er anfangs nach Erleuchtung, während er nach der Integration des Ergänzungspols begreift, daß »offene Weite nichts von (Schein)Heiligkeit« hat.

Die Zeit- und Individuationsachse:
4. Haus/10. Haus

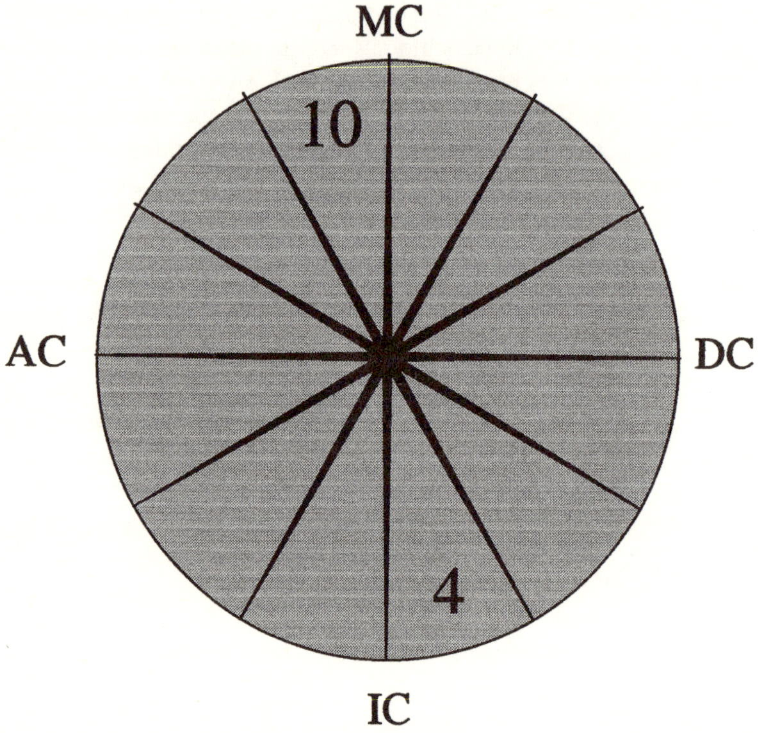

## 4. Haus

Das Haus beschreibt in erster Linie, wo etwas geschieht, und wird bei Horoskopinterpretationen am besten mit Substantiven beschrieben.

zu Hause in der Natur, eins mit den Naturgesetzen, als liebende Mutter

*

am stillen See, am Ufer des Baches in der Wiese, an der Heilquelle, am Altar der Mutter Gottes

*

im liebevoll arrangierten Blumengeschäft, als physische und psychische Hebamme, geborgen zu Hause im Kreis der Familie

*

gluckenhafte Bemutterung, mit feuchten Augen im Heimatfilm, hinter der Gardine als Wächter(in) über die nachbarliche Moral, selig schunkelnd auf dem Volksfest

*

Erpressung durch Tränen und demonstratives Leiden, »Undank ist der Welt Lohn, wo ich dir doch alles gab«, weinerliches Quengeln nach Zuwendung

*

Großstadtproletariat, Hinterhof-Keifen, Schmuddelwäsche, unerfüllter Neid auf erfülltere andere, böser Tratsch, unmündiges »Stimmvieh«, dumme Masse

## 10. Haus

Das Haus beschreibt in erster Linie, wo etwas geschieht, und wird bei Horoskopinterpretationen am besten mit Substantiven beschrieben.

in würdevoller Klarheit, in tiefer innerer Stille, rein und ewig wie ein Diamant

*

allein in der Kathedrale von Chartres, als Mutter Theresa bei den Ärmsten der Armen, als Einsiedler in der Klause

*

in der Stille des gotischen Friedhofs, am Gipfelkreuz des Monte Rosa, im ewigen Eis

*

im Keller beim Saubermachen, am Verfassungsgericht, der Schulrektor, der Dekan, als Zoologe allein auf den »stony islands«, bei den Ausgrabungen von Neandertal

*

im Stollen 8 der Grube Koks, »unter sich« beim Wiener Opernball, in der Machtposition des Formularverwalters im Kreisverwaltungsreferat

*

als Gauleiter auf Inspektion, bei der SS Ausländer jagend, als KZ-Kapo über den »Untermenschen«

Die Polarisierung vom 4. zum 10. Haus beschreibt das Spannungsfeld zwischen Privatleben (4. Haus) und Öffentlichkeitsarbeit (10. Haus), zwischen der unterbewußten, vegetativen Welt der Mütter und der Dimension eines unpersönlichen Über-Ich. Das 4. Haus leitet mit einem kardinalen Gong den 2. Quadranten ein, in dem es um seelisches Empfinden und persönlichen Selbstausdruck geht, und steht damit polar dem 10. Haus gegenüber, das den 4. Quadranten als Raum der Abstraktion und des Kollektiven eröffnet. Sowohl das 4. Haus als auch das 10. Haus beschreiben einen Zustand der »Schwangerschaft«. Körperliche und seelische Schwangerschaft im 4. Haus und abstrakte, geistige im 10. Haus. Im 4. Haus liegt die Geborgenheit, aber auch die Enge des Mutterleibes, und zwar nicht nur im physischen Sinn, sondern auch im größeren Rahmen der Geborgenheit in Familie oder Heimat. Hier ist der Schutz des Miteinander gegeben, mit aller Gefahr symbiotischer Abhängigkeit der Familienmitglieder untereinander. Im 10. Haus dagegen wartet der eisige Wind gesellschaftlicher Prominenz bzw. die Einsamkeit des Erwachsenseins. Das 4. Haus beschreibt die Rolle des Kindes oder auch die Rolle des mütterlich umsorgenden Elternteils, die symbiotische Bezogenheit aufeinander, ein Klima der Vertrautheit miteinander und schützender, intimer Gemeinschaft. Im 10. Haus liegt das Draußen, die Aufforderung, seine eigenen Konturen zu finden, sich allein und unabhängig mit seinem eigenen Standpunkt in der unpersönlichen Welt der Gesellschaft zu bewähren. So ist der Weg vom 4. zum 10. Haus wie ein Weg aus einer schutzbietenden Grasmulde, in die man sich wie ein Hase ducken und an andere kuscheln kann, hinauf ins Hochgebirge, wo sich alles Vegetative, alles Pflanzenwachstum verliert und sich auf die klaren kalten Konturen von Fels und Eis zusammenzieht.

Wer mit Betonungen im 4. Haus seines Radixhoroskops im schutzbietenden, aber vielleicht auch verschlingenden Feld familiärer Dimension startet, wird auf seinem Entwicklungsweg also den Mut fassen müssen, behütetes Zusammensein Schritt für Schritt hinter sich zu lassen, wird also ausziehen, wie der Märchenheld, um das Fürchten zu lernen. Im Gegenpol des 10. Hauses liegt die für ihn zu integrierende Herausforderung, alleinige Verantwortung für sein Leben zu übernehmen, sich nicht mehr zu verstecken, sondern aufrecht und für alle sichtbar im öffentlichen Raum zu stehen.

Dazu ist der unabdingbare 1. Schritt die Selbsterkenntnis persönlicher Abhängigkeit vom familiären Umraum (4. Haus) und die nachfolgende Selbstakzeptanz als Familienmensch und Privatmann. Es ist auch hier wieder wichtig zu begreifen, daß dies die Rolle ist, mit der man ein Leben lang auf der Bühne Welt steht und die es nicht zu verdrängen oder zu vermeiden gilt. Der Entwicklungsweg bedeutet vielmehr, sein Thema so sehr mit Bewußtheit zu durchdringen, daß es sich auf immer erlöstere Stufen hebt und auf diesem Weg die zur Vollkommenheit (Ganzheit) fehlenden Eigenschaften des Gegenhauses – und natürlich auch aller anderen Häuser – dazunehmen lernt. Entwicklung bedeutet, wie oben schon mehrfach erwähnt, gerade nicht ein Entweder – Oder, sondern zu lernen, daß Ganzheitlichkeit mit einem Sowohl-als-auch zu tun hat. Hier heißt dies, die Sphäre der Öffentlichkeit und überpersönlicher Verpflichtung (10. Haus) in die mitgebrachte, »ererbte« Dimension des privatorientierten Menschen (4. Haus) zu integrieren. Im Gipfelpunkt, wo die Gegensätze verschmelzen, könnte dann der Mensch entstehen, den ein ZEN-Meister als Ziel beschrieb: »Dann wirst du dich in der Öffentlichkeit immer genauso natürlich bewegen, wie du dies in deinen Privaträumen tust, und dich im Privatbereich ebenso bewußt verhalten, als wärest du den Blicken der Gesellschaft ausgesetzt.«

Wer seine Horoskopbetonung im 10. Haus hat, und von dort aus der Mitte entgegen startet, beginnt in der Abhängigkeit von unpersönlichen gesellschaftlichen Normen, von der Anerkennung des herrschenden Kollektivs und wagt sich anfangs nicht, sich zu seinen persönlichen Gefühlen zu bekennen. Mag sein, daß er noch gar nicht erkannt hat, wie wichtig für ihn ehrgeizig erstrebte Prominenz ist, wie gern er Privatleben für seinen gesellschaftlichen Status opfert. Jemand zu sein, als etwas zu gelten, mag hier viel wichtiger sein als ein erfülltes Familienleben zu erleben. Erst wenn diese Einstellung als nicht selbstverständlich entdeckt wird, wenn im Vergleich mit anderen die Einseitigkeit der eigenen Position offensichtlich geworden ist, kann die Arbeit an der eigenen Entwicklung beginnen. Sich als Workaholik identifiziert zu haben, bedeutet im 2. Schritt, dies als die eigene Rolle in der Welt zu akzeptieren.

Diese Akzeptanz und die aus ihr erwachsende Gelassenheit wiederum macht es möglich, zu erkennen, daß es nicht der alleinige

Sinn des Lebens sein kann, seinen Blickwinkel auf die Geltung in der Außenwelt zu beschränken und daß auch eine noch so vorbildhafte Position in der Öffentlichkeit keinen Ersatz für ein verkümmertes Innen- und Familienleben darstellt. So entsteht Schritt für Schritt der Wunsch, neben der beruflich-gesellschaftlichen Perspektive auch ein intaktes Privatleben zu entwickeln. Wie bei allen derartigen Integrationsversuchen ist dabei vor allem die Angst zu überwinden, die davor besteht, in dem unbekannteren neuen Terrain zu versagen und sich dem Gespött des Kontrasttypus auszusetzen, der sich hier heimisch und überlegen fühlt. Dabei ist es wichtig, sich bei ersten unangenehmen Erfahrungen nicht in die schutzbietende Dimension des Gewohnten zurückzuziehen und sich dort weiter zu perfektionieren, sondern sich trotz des Heimvorteils des Kontrasttyps (hier also des 4.-Haus-Typs) in diese fremden Gefilde zu wagen.

So wird der 10.-Haus-Typus nicht gerade ein Meister im Ausdruck persönlicher Gefühle sein und sich anfangs eher dilettantisch verhalten, wenn es um den Umgang mit emotionaler Nähe geht. Er wird sich im Privaten weniger souverän als auf dem gesellschaftlichen Parkett fühlen (so wie auch der 4.-Haus-Typ mit seinem kindlich spontanen Selbstausdruck in der Öffentlichkeit anfangs eher hilflos wirken wird). Und doch wird er entdecken können, wie gerade seine Andersartigkeit auch befruchtend und ergänzend in der für ihn fremden Sphäre wirken kann. Er kann dort beispielsweise eine wohltuende Sachlichkeit und Distanz zu den eigenen Gefühlen einbringen, die im emotionalen Chaos unentwickelter 4.-Haus-Typen klärend wirken kann.[11]

Für den 10.-Haus-Typ besteht die Aufgabe also schrittweise darin, sich aus beruflichen Verpflichtungen zu lösen und auch seine Seite als Privatmann zu entwickeln, selbst wenn dies seiner Karriere schaden sollte. Oft treibt ihn das Bedürfnis, hoch hinaus zu wollen, ohne daß er darin den neurotischen Ansatz erkennt.

Für den 10.-Haus-Typ mag der Weg in Richtung Privatmann besonders schwerfallen, identifiziert er sich doch lieber mit dem

---

11 Umgekehrt kann ein erfrischend persönlich emotionales Statement eines 4.-Haus-Typus in der kühl distanzierten gesellschaftlichen Prominenz auf fruchtbare Weise wirken, und die dort häufig vorzufindende Erstarrung in Formalismen verhindern helfen.

Typus des gesellschaftlich Erfolgreichen. Auch auf erlösteren Ebenen fühlt er sich mehr überpersönlich als persönlich verpflichtet. Nur weiß er dann bereits mit kollektiven und gesellschaftlichen Problemen auf eine sehr persönliche und Nähe vermittelnde Weise umzugehen und hat es nicht mehr nötig, durch kalte Distanz sein Format unter Beweis zu stellen.

Die Achse 4. Haus/12. Haus hat auch die Aufgabe, tagbewußte Intelligenz mit der nächtlichen Schicht intuitiver, unterbewußter Intelligenz zu vereinigen. Wer vom 10. Haus aus startet, mag anfangs die weibliche Unlogik des 4. Hauses eher verächtlich betrachten, während einem aus der Sicht des 4. Hauses das lineare und abstrakte Denken des 10. Hauses kühl und unnatürlich vorkommt, zumal es zyklische Prozesse nicht beachtet. Wenn der 10.-Haus-Typ schrittweise lernt, zu der abstrakten Klarheit seines Denkens auch eine Beurteilung »aus dem Bauch« zuzulassen und der 4.-Haus-Typ zu seiner Gefühlslogik noch lernt, einen Schritt neben sich zu treten und die aus dieser Distanz zu seinen Emotionen resultierende Objektivität zu integrieren, dann sind beide auf dem glückverheißenden Weg in die Mitte.

Die Zeugungs- oder Kreativitätsachse:
5. Haus/11. Haus

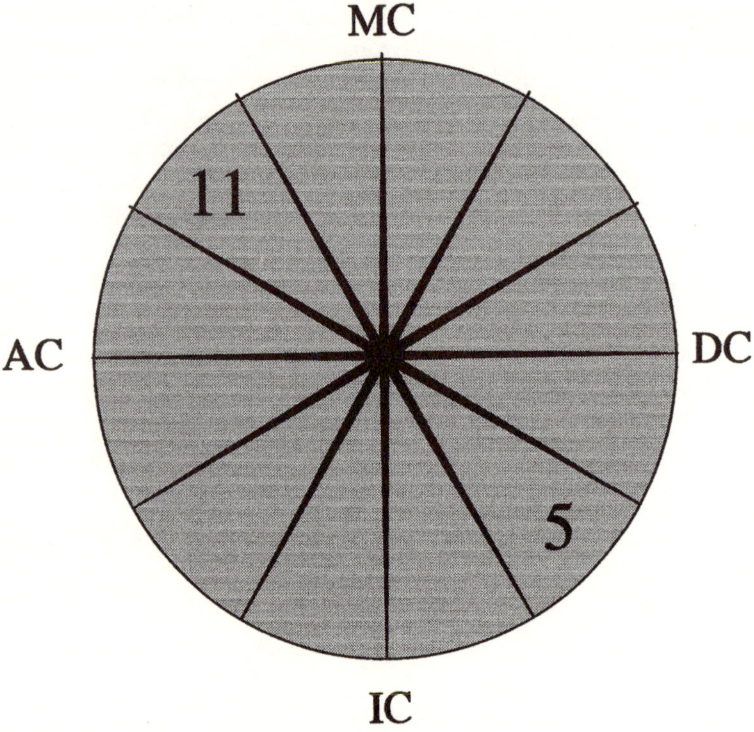

## 5. Haus

Das Haus beschreibt in erster Linie, wo etwas geschieht, und wird bei Horoskopinterpretationen am besten mit Substantiven beschrieben.

in der Mitte des Seins, im Zentrum des Herzens und des Universums, als souveräner Führer

*

seine väterliche Kraft großzügig verschenkend inmitten Bedürftiger, ruhige, wahre Autorität, herzliche Wärme ausstrahlend, hier und jetzt, überall in jedem Moment

*

Kunstwerke schöpfend im Atelier, als verantwortungsvoller Chef in der Firma, mit Herz und Seele musizierend auf der Bühne

*

»der kleine Bonaparte«, selbstgefällige Machtausübung in »Emporkömmlingsmanier«, eitle Selbstdarstellung auf der Bühne

*

der »Haustyrann«, der faule, Verwöhnung fordernde Pascha, der großspurige machthungrige Angeber, im Spielsalon erpumptes Geld verspielend

*

der über Leichen gehende Mafia-Pate, neureich protziges Auftreten aus zuhälterhaft erworbenem Besitz, dicke Ringe an wulstigen Fingern

## 11. Haus

Das Haus beschreibt in erster Linie, wo etwas geschieht, und wird bei Horoskopinterpretationen am besten mit Substantiven beschrieben.

in vollkommener Freiheit, unter der Weite des Firmaments, den Wind in den Haaren

*

als »weiser Narr« in der Welt die Wahrheit des Moments in spritziger Geistigkeit vermittelnd, frei in allen »Kostümen« des »Zirkus Welt«

*

in der Raumstation in der Stille des Alls, als verständnisvoller Arzt in der Psychiatrie, im Labor des genialen Erfinders

*

im Zirkus »Roncalli«, im Flugsimulator, im Science-fiction-Film, in verwirrtem Sozialengagement, der »schrullige Professor«, der absonderliche Einzelgänger

*

als synthetischer Abenteurer in »virtual reality«, spielbesessen vor dem PC, johlend am Bungee-Seil, gröhlend im Karnevalstreiben

*

in der Nervenheilanstalt, mit dem grellgelben »Irokesenschopf« als Slumindianer, im Verfolgungswahn tötend

Die Achse 5. Haus/11. Haus beinhaltet die ganze Spannungsbreite von Selbstausdruck und Autorität, physischer und geistiger Kreativität, Macht und Gleichberechtigung.

Im 5. Haus liegt der Schwerpunkt in der Selbstbewußtheit, dem kreativen Selbstausdruck, in der großen Freude am spielerischen Sich-Einbringen in das Leben. Hier ist die Theaterbühne der Welt, der Platz für die Emotionen, für kindliche Spontaneität, für das Gefühl, im Mittelpunkt zu stehen, zu präsentieren und zu repräsentieren. Man soll hier lernen, auf die rechte Weise mit dem Thema Autorität umzugehen, seinen Selbstausdruck optimal zur Entfaltung zu bringen, ohne dabei anderen den ihnen zustehenden Raum zu nehmen. Der Weg führt hier durch alle Schattierungen von Machtausübung, angefangen von einer plumpen Mentalität, die das eigene Ich durch die Unterdrückung anderer erhöht und von Vasallen lebt, bis hin zu einer Autorität, die den Gegenpol des Wassermanns mit seiner Freiheit-Gleichheit-Brüderlichkeit-Gesinnung schon so weit integriert hat, daß sie nicht mehr auf Kosten der Umwelt gelebt werden muß, sondern bestenfalls als Primus inter pares oder auch ganz ohne den Anspruch Primus sein zu wollen. Die unerlöste Anfangsautorität des 5. Hauses offenbart sich in kompensatorischer Theatralik, in peinlich selbstbewußtem Auftreten, wie dem eines Emporkömmlings, der die frisch erworbene Machtposition plump demonstriert. Sie sieht sich in ihrer enormen Kurzsichtigkeit als Mittelpunkt.

Mit dem Anwachsen echten Selbstbewußtseins durch eine bewältigte Lebenserfahrung muß das 5. Haus immer weniger als Show gelebt werden, sondern kann auf andere Weise als »Bühne Welt« begriffen werden. Es ist eine in der gesamten Achse 5. Haus/11. Haus liegende Begabung, das Leben nicht zu ernst, sondern spielerisch zu begreifen. Dabei vertritt der löwehafte 5.-Haus-Typus mehr die Meinung, das Leben sei Bühne und Schauspiel, in dem die eigene Rolle die des Hauptdarstellers ist. Denn das 5. Haus vermittelt dem Horoskopeigner ein relativ starkes Selbstwertgefühl und selbstbewußtes Auftreten. Aus der Sicht des 11. Hauses wird das Leben eher als Zirkus erlebt, in dem der Horoskopeigner die Rolle des Clowns, des Narren, einnimmt. Geht es dem 5.-Haus-Typ sehr um die persönliche Geltung, um den Respekt des Publikums seiner Rolle gegenüber, so erlebt sich der 11.-Haus-Typ in seiner Botschaft an die Welt eher verkannt und empfindet die Einsamkeit des Clowns unter der Zirkuskuppel.

Der Entwicklungsprozeß für den 5.-Haus-Typ geht dahin, die Wichtigkeit und Bedeutung der eigenen Person schrittweise zu relativieren, bis sie schließlich gleichwertig neben der Bedeutung aller anderen steht. Er muß lernen, auch einmal außerhalb des Zentrums an der Peripherie zu stehen, nicht im Mittelpunkt zu sein und anderen die Chance zu lassen, mehr Beachtung zu erfahren als er selbst.

Der 11.-Haus-Typ dagegen lernt auf seinem Weg in die Mitte aus seiner anfänglichen Zentrumslosigkeit auf ein gesundes Maß persönlichen Bewußtseins zuzugehen und so die Einsamkeit des Außenseiters zu überwinden. Dazu muß er akzeptieren, von dem Selbstschutzreflex geistiger Überheblichkeit abzulassen und Tierkreiskollegen mit geringer ausgeprägter geistiger Kreativität nicht abschätzig zu beurteilen, sondern deren besondere Stärken auf anderen Gebieten als Ausgleich für den weniger flexiblen Intellekt akzeptieren zu lernen.

Gemeinsam ist den Horoskopeignern mit Betonung im 5. und 11. Haus, daß sie sich für etwas Einzigartiges halten; der löwehafte 5.-Haus-Typ in seiner Gesamtpersönlichkeit und der wassermännische 11.-Haus-Typ in bezug auf seine Ideenwelt und Geistigkeit. Und in beiden Häusern liegt in der Tat ein enormes kreatives Potential. So wie die Achse 4. Haus/10. Haus körperliche (4. Haus) und geistige (10. Haus) Schwangerschaft bedeutet, so steht die Achse 5. Haus/11. Haus für physisches (5. Haus) und geistiges (11. Haus) Zeugen. Beide Typen sind klassische freiheitsliebende Individualisten und Einzelgänger. Dies und zugleich die durch die Polarität angelegte Haß-Liebe-Beziehung wird in den ihnen zugeordneten Tierbildern deutlich: 5. Haus = die Gattung der Katzen; 11. Haus = die Familie der Vögel. Der zentrumsorientierte katzenhafte 5.-Haus-Typ nähert sich im Laufe seiner Höherentwicklung der luftigen Offenheit, dem Abstraktionsvermögen und der daraus möglichen Objektivität des 11. Hauses; und der 11.-Haus-Typus lernt im Laufe seines Weges sein Zentrum zu finden und den Mut zu subjektiven Äußerungen. Bildlich gesprochen, muß der 5.-Haus-Typ (wie sein Tierkreiszeichen Löwe) erkennen lernen, daß wir zwar in einem heliozentrischen System leben, in dem vieles um eine Sonne kreist, daß es aber Tausende von Sonnen in einem Milchstraßensystem gibt und Abertausende in den vielen anderen.

Der 11.-Haus-Typ (analog Wassermann) wird dagegen aus seinem Milchstraßen-Hyperspace in den Sternen, in denen er sein eigenes Zentrum, seine eigene Sonne, verloren hat, herabkommen müssen, um sein Ich, seinen Persönlichkeitskern, seine eigene kleine Welt zu finden. Er kann dann lernen, auch einmal im Mittelpunkt zu stehen, und emotional aus sich herauszugehen.

Die Achse der Wahrnehmung und des Dienens:
6. Haus/12. Haus

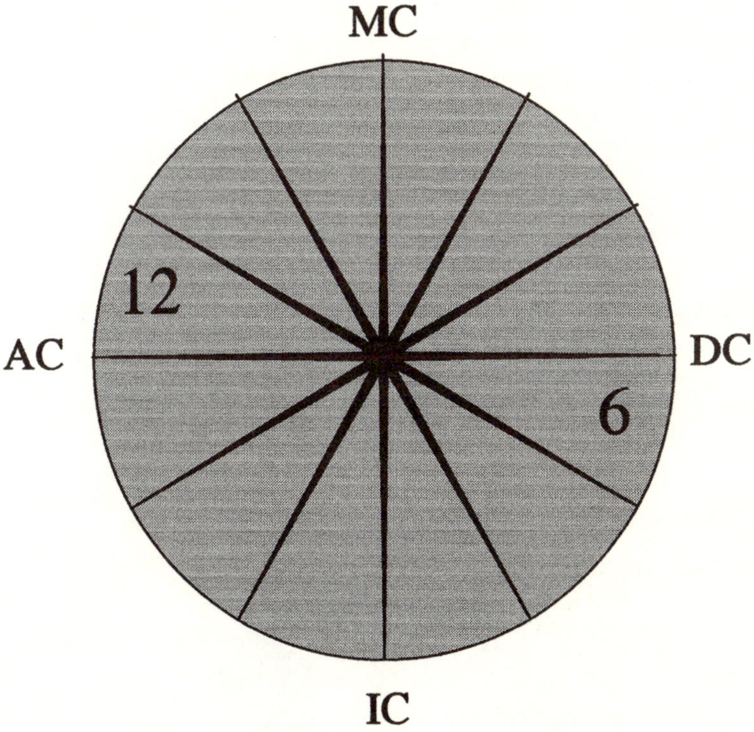

## 6. Haus

Das Haus beschreibt in erster Linie, wo etwas geschieht, und wird bei Horoskopinterpretationen am besten mit Substantiven beschrieben.

in achtsamer, differenzierter Wahrnehmung all dessen, was ist, in lauschender, hochaufmerksamer Präsenz, als liebevoller Diener

*

im Sprechzimmer des liebevollen Arztes, in der Forschung aus Liebe und zum Besten der Welt, als achtsamer Kirchenrestaurator, als herzlicher Pädagoge

*

beim wissenschaftlichen Streitgespräch, als skeptischer Kunstkritiker, am aufgeräumten Arbeitsplatz, der klare belesene »Kopf«, im »Gymnasium«

*

der nüchterne Besserwisser, die lehrmeisternde Gouvernante, in der Grundschule, der sarkastische Spötter, die säuerliche »Betschwester«

*

Forschung ohne Moral, seelenloses Diktat der »Vernunft«, der gottlose Zweifler, als »Fließbandpatient« in den Krallen der Technomedizin zur Geräteamortisation

*

in menschenverachtendem Zynismus, »wissenschaftliche« Menschen- und Tierquälerei, Laborexperimente an der leidenden Kreatur

## 12. Haus

Das Haus beschreibt in erster Linie, wo etwas geschieht, und wird bei Horoskopinterpretationen am besten mit Substantiven beschrieben.

strömend im Fluß des Seins, in der Grenzenlosigkeit des Alls, in tiefem Einverstandensein mit dem Lauf der Dinge

*

in stiller Meditation, im Mitgefühl für alle Kreaturen, inspiriert von wahrer Mystik, in tiefem Gebet, in wortloser Kommunikation mit der Schöpfung

*

am Strand des Ozeans, im Dunstschleier des Wasserfalls, in der Unendlichkeit der Wüste, im Ashram, im Violinkonzert von Bach, als Märthyrer für den nächsten

*

auf der Aidsstation, auf den Malediven, dem Gesang der Wale lauschend, schmunzelnd bei David Copperfield, als gesichtsloser Mitläufer

*

verloren in der Welt, in der Opiumhöhle, als »Groupie« auf der »Eso-Messe«, betört von der Weissagung von Madame Tarot, in schusseligem Chaos

*

vom Gift zerfressen, in haltloser Prostitution, als selbstmitleidiges Opfer der Welt, in unehrlicher (Selbst-)Täuschung, schleichend und hinterrücks

Im 6. und 12. Haus verbinden sich Lebensvordergrund (6. Haus) und Lebenshintergrund (12. Haus) miteinander. Das 6. Haus ist der Lebensabschnitt, in dem wir die Umstände des Alltagslebens vorfinden und unsere rationale Anpassung an die nüchterne Welt des Alltäglichen. Er ist der Lebensbereich in dem vorsorgliche Selbsterhaltung und Broterwerb auf uns warten, in dem wir uns den Herausforderungen am Arbeitsplatz stellen müssen, und mit beamtenhafter Sorgfalt unsere Existenz sichern. Es sind die täglichen kleinen Pflichten, die das Leben uns in diesem Bereich abverlangt. Hier lernen wir Unterordnung und Dienen, Geduld und situationsbedingte Anpassung.

Das 12. Haus steht dagegen für die Polarität des Rückzugs von der Welt. Die in der klassischen Überlieferung der Astrologie dem 12. Haus zugeordneten Begriffe Gefängnis, Kloster, Krankenhaus sollen die atmosphärische Qualität dieses Feldes umschreiben. Das 12. Haus ist ein Haus der freiwilligen oder unfreiwilligen Selbstbesinnung und Meditation in Zurückgezogenheit vom Getriebe der alltäglichen Welt. Ob der Strafgefangene im Gefängnis, der in Quarantäne im Krankenhaus isolierte Patient, ob der sich freiwillig Exerzitien unterziehende Mönch – allen ist vom Schicksal im 12. Haus die Möglichkeit gegeben, sich in Einsamkeit auf sich selbst zu besinnen. Das 12. Haus meint auch die Insel, den Ashram oder ganz einfach auch nur die hinter sich verschlossene Tür, die das Zimmer zum Privatissimum erklärt, zu dem kein anderer störenden Zugang haben soll.[12] In dieser Dimension wird es möglich zu träumen, innere Welten und Visionen zu erleben, fernab von den Pflichten des Alltäglichen.

So kann besonders im unerlösten – und unbewußten – Zustand das 12. Haus Weltflucht bedeuten, ein Rückzug aus dem Leben in eine isolierte Position der Lebensverweigerung. In der klassischen Astrologie finden sich zur Bedeutung des 12. Hauses auch Begriffe

12 Manchmal scheint diese Deutung des 12. Hauses nicht stimmig zu sein, wenn wir nämlich die Horoskope vieler bekannten Persönlichkeiten des öffentlichen Lebens mit starken 12.-Haus-Betonungen betrachten. Dies liegt an dem häufig in der Astrologie gemachten Fehler, die die Symbolik illustrierenden konkreten Begriffe (wie hier Gefängnis oder Kloster) wörtlich zu verstehen, und sie nicht als metaphorische, bildhafte Umschreibung eines seelischen Klimas zu verstehen.

wie »Asyl« oder »geheime Feinde«. Natürlich ist hier auch der Clochard anzutreffen. Das 12. Haus meint auch Randständigkeit und gesellschaftliches Außenseitertum und ein Zerbrechen in unerfüllter Sehnsucht oder diese Unerfülltheit kompensierende Drogensucht. Aber eben diese unerlösten Entsprechungen beschreiben das 12. Haus in seiner vom ergänzenden Gegenpol des 6. Hauses abgewandten Entsprechung.

Wie oben schon ausführlicher dargelegt, wird die Qualität eines Tierkreiszeichens oder eines Hauses um so unerlöster, je mehr es sich gegen sein polares Ergänzungszeichen abgrenzt und damit aus der Mitte fällt. Wir sahen, daß es gerade der Weg in die Mitte ist, der Entwicklung und damit auch Glück verheißt.

Obwohl das 12. Haus durch das Thema der Weltabgewandtheit charakterisiert ist, und ein Mensch mit Betonung im 12. Haus aus dieser Veranlagung heraus seinen Entwicklungsweg beginnt, geht es doch um ein schrittweises Integrieren der Fähigkeit, sich auch dem Alltäglichen (6. Haus) stellen zu lernen.[13]

So wie der 6.-Haus-Typ anfangs daran krankt, daß es ganz in die Welt der Verpflichtungen verstrickt ist und so keine Möglichkeit findet, sich in Zurückgezogenheit auf sich selbst (12. Haus) in seinen visionären Welten zu regenerieren, so verliert sich der 12.-Haus-Typ gern in weltfremden Träumereien und fühlt sich immer mehr zu schwach und verletzlich für diese harte Welt.

Der 12.-Haus-Typ erlebt die Welt in seinem Rückzugsbedürfnis wie die träumende Elfe im nüchternen Alltag, wie der Lyriker (12. Haus) im Gespräch mit dem naturwissenschaftlichen Sachbuchautor (6. Haus). Der 6.-Haus-Typ dagegen kommt in der Begegnung mit dem 12. Haus an die Grenzen des Definierbaren, wo

---

13 Paracelsus sagt: »Die Dosis macht das Gift«. In Anwendung auf astrologische Zusammenhänge bedeutet dies, daß die mit dem Radixhoroskop vorgegebene Einseitigkeit (von Häusern und Zeichenbesetzungen), die die Charakterfärbung des Horoskopeigners ausmacht, eine Form von Spezialisierung darstellt. Je höher dosiert diese Spezialisierung auftritt, desto mehr entsteht eine Art menschlicher Fachidiotie, eine Überdosierung in der Eigenart, die den Menschen zeitweise zwar als skurriles Original für andere amüsant macht, die aber in aller Regel doch ein Hinweis auf einen Weg in die Neurose bedeutet.
Der Weg der Heilung dagegen geht in Richtung unkomplizierter Einfachheit, wie sie sich von selbst ergibt, wenn sich die Einseitigkeit durch Integration persönlichkeitsfremder Qualitäten abrundet.

seine Rationalität leerläuft und er so seine Ängste vor dem Unfaßbaren, Unbegreiflichen kennenlernt. So lernt der anfangs besserwisserische 6.-Haus-Typ im Laufe seines Bewußtwerdungswegs die Bedeutung des sokratischen Satzes »Ich weiß, daß ich nichts weiß« kennen und akzeptieren. Der 12.-Haus-Typ lernt seinerseits, daß seine Grundhaltung der Gottergebenheit manchmal für ihn nur ein bequemes Deckmäntelchen ist, um sich nicht dem Alltag stellen zu müssen. Er erkennt, daß die Logik (6. Haus), so sehr sie auch ihre Grenzen haben mag, doch im praktischen Leben in vielen Bereichen funktioniert und auch nötig ist.

Die Achse 6. Haus/12. Haus wird recht treffend durch eine Anekdote beschrieben: Ein Mann kam mit einem Kamel an der Leine zum Propheten Mohammed und fragte ihn: »Mohammed, bevor wir uns über wesentliche Dinge unterhalten, sagt mir doch bitte, wie ich mich richtig verhalte: Soll ich das Kamel anpflocken, oder soll ich auf Allah vertrauen, damit es nicht fortläuft?« Mohammed antwortete mit dem gesunden Menschenverstand des Erleuchteten: »Ich denke, es ist das Beste, das Kamel anzupflocken und dann auf Allah zu vertrauen.«

Der 6.-Haus-Typ würde das Kamel mit Spezialschlössern im Boden verankern, um alle Eventualitäten durch rationale Vorkehrungen auszuschließen, und hätte Schwierigkeiten damit, trotz seiner sorgsamen Maßnahmen, den Dingen weiter ihren Lauf zu lassen. Er würde eher dazu tendieren, ängstlich das Gespräch zu unterbrechen, um nach dem Rechten zu sehen.

Der Mentalität des 12.-Haus-Typs dagegen entspräche es eher, das Schicksal des Kamels in Gottes Hand zu legen. Bei dieser Einstellung könnte es ihm aber passieren, daß Gott ihm zuriefe: »Mit welchen Händen soll ich das Kamel festbinden, wenn du mir die deinen verweigerst?«

Der 6.-Haus-Typ läuft demnach Gefahr, durch überängstliche Vorsorge und lehrmeisternde Einmischung sich und anderen Probleme zu bereiten, der 12.-Haus-Typ macht sich im Leben dagegen eher schuldig durch Unterlassen.

Gemeinsamkeiten der Achse 6. Haus/12. Haus liegen in der hohen Labilität – wie bei allen fallenden oder sogenannten veränderlichen Häusern, also auch der Achse 3. Haus/9. Haus –, die hier ihre Erklärung in der Vermittlungsaufgabe zwischen Oberbewußtem

(Tagbewußtem) und Unterbewußtem (Nachtbewußtem) findet. Das 12. Haus ist das Haus der Morgendämmerung und das 6. Haus das Haus der Abenddämmerung. In beiden verschwimmt die Grenze zwischen Oberbewußtem und Unterbewußtem, und die Aussteuerungs- und Regulationsprozesse finden statt, die diese Bewußtseinsschichten miteinander verbinden. Von alters her wird dieser Achse auch eine besondere Bedeutung in dem Lebensbereich Krankheit/Gesundheit zugewiesen. So wird das 6. Haus in der klassischen Astrologie als das Haus der Gesundheit und Krankheit bezeichnet, und das 12. Haus als das Krankenhaus. Das hat damit zu tun, daß diese beiden Häuser über psychosomatische Regulationskreise Unterbewußtes und Oberbewußtes miteinander verbinden helfen. 6.-Haus-Prozesse helfen häufig seelische Bedürfnisse zu artikulieren durch Hinweise, die der Körper über Krankheitssymptome gibt. So kann sich etwa die oberbewußt nicht eingestandene Unlust einer Frau, mit ihrem Mann zu schlafen, über eine herabgesetzte Immunabwehr äußern, die es ihr ermöglicht, sich im Schwimmbad einen Scheidenpilz einzufangen, der ihr einen »vernünftigen« Grund gibt, sich ihrem Mann zu verweigern. Der Körper zeigt so über den psychosomatischen Steuerungsprozeß und das entsprechende Symptom ehrlich das seelische Bedürfnis bzw. hier den seelischen Widerstand.

Das 12. Haus dagegen macht die Grenze zwischen überpersönlichen Aufgabenstellungen (4. Quadrant) und der persönlichen Umsetzung (1. Quadrant) durchlässig, es schafft die Verbindung zwischen Vision (12. Haus) und praktischer Verwirklichung (1. Haus).

Aus dieser labilen Situation des Brückenschlags zwischen den Quadranten, den unsicheren dunklen Situationen läßt sich auch die ängstliche Aufmerksamkeit erklären, die beide Häuser und die mit ihnen verwandten Tierkreiszeichen Jungfrau und Fische kennzeichnet. Dabei vertritt das 6. Haus (Jungfrau) den rational ausgerichteten Skeptiker, der durch minutiös exaktes Messen und Abwägen des in der greifbaren Realität Beobachtbaren seine Sicherheit finden möchte, während der 12.-Haus-Typ (analog Fische) seine Antennen in den Raum des Unsichtbaren ausfährt, um so zwischen den Zeilen zu lesen. Der 6.-Haus-Typ distanziert sich dabei von dem beobachteten Objekt, betrachtet es aus einer analytischen Position der Subjekt-Objekt-Spaltung, während das 12. Haus die Neigung mit sich bringt, mit der Situation feinfühlend zu verschmelzen, um sie aus der Verschmelzung einschätzen zu können.

Eine weitere Gemeinsamkeit der Achse 6. Haus/12. Haus liegt in zwei sich ergänzenden Formen der Fürsorglichkeit und des Dienstes am anderen. Aus der eigenen Labilität und Unsicherheit fällt es bei beiden Häuserbetonungen leicht, sich mit Menschen zu identifizieren, die sich in Lebenskrisen befinden. Der 6.-Haus-Typ betreut dann gern, indem er sachkundig berät, durch seinen vernünftigen Lebensansatz unterstützt, und spricht Warnungen vor riskanten Unternehmungen aus. Der 12.-Haus-Typ dagegen hilft gern durch anteilnehmendes Mitgefühl und vermittelt durch sein Verhalten den Anstoß, Unvermeidbares ohne Widerstand geschehen zu lassen.

Wir haben bei den Häusern wie schon bei den Tierkreiszeichen gesehen, wie wichtig es ist, die Mitte zwischen den Polen zu finden, wie sehr sich ein Symbolprinzip durch die Integration des gegenpolaren Prinzips komplettiert.

Fassen wir deshalb noch einmal zusammen, was die Mitte der Häuserachsen ausmacht: Die Mitte zwischen dem 1. und 7. Haus ist die Ausgewogenheit: »Liebe deinen Nächsten wie dich selbst.« In ihr kommt es zu einer Harmonie zwischen Selbstdurchsetzung (1. Haus) und Akzeptanz der Bedürfnisse der Umwelt (7. Haus); hier finden praktische Tatkraft und Entscheidungsfreude (1. Haus) ihre Ergänzung in abwägender Geistigkeit und diplomatischer Zurückhaltung.

Die Mitte zwischen dem 2. und 8. Haus zeigt sich in der rechten Ausgewogenheit von Festhalten (2. Haus) und Loslassen (8. Haus) und in einer gesunden Mitte zwischen leitbildfixiertem Idealismus (8. Haus) und bodenständigem Realismus (2. Haus), schließlich auch im rechten Umgang mit Besitz.

Die Mitte zwischen dem 3. und 9. Haus ergibt sich dort, wo die Fähigkeit, das Naheliegende zu sehen (3. Haus), sich mit dem Weitblick (9. Haus) paart, der ferne Horizonte erkundet; Wertung und Relativität halten sich hier die Waage.

Die Mitte zwischen der Individuationsachse des 4. und des 10. Hauses vereinigt kindliche Offenheit (4. Haus) und lebenserfahrene Reife (10. Haus); hier wird der stimmungsvolle Augenblick

(4. Haus) zur Ewigkeit (10. Haus), und die Ewigkeit setzt sich aus lauter lebendigen Augenblicken zusammen.

Die Mitte zwischen dem 5. und 11. Haus zeigt sich dort, wo echte Autorität (5. Haus) den anderen als Gleichberechtigten (11. Haus) anerkennt, wo sich physische (5. Haus) und geistige (11. Haus) Schöpferkraft die Waage halten.

Die Mitte zwischen dem 6. und 12. Haus ergibt sich dort, wo das Wunder (12. Haus) in der Alltäglichkeit (6. Haus) gefunden werden kann, wo der sorgsame und pflichtbewußte Umgang mit den Herausforderungen der Umweltbedingungen sich mit dem Wissen um das höhere Ganze vereinigt, wo akribisch genaue, naturwissenschaftliche Beobachtungsgabe sich mit gelassener Ergebenheit in den unantastbaren Lauf der Schöpfung begibt.

# Die Entwicklung im Symbolspektrum der Planeten

Auch bei den Planeten liegt die Antwort auf die Frage nach Glück und Selbstverwirklichung im Horoskop in der Erlösung der Symbolik. Das heißt, daß es hier wieder zu erkennen gibt, daß die Symbolik desselben Planetenprinzips eine breite Skala von Entsprechungen beinhaltet, die – je nach dem Bewußtheitsgrad – mehr oder weniger erlöst sind. So gehören zum Spektrum der Mondsymbolik sowohl kitschige Sentimentalität als auch wahres Gefühl und unverzerrte Reflexion.

Für den Horoskopeigner besteht die Aufgabe darin, die ihm im Radixhoroskop vorgegebenen Konstellationen auf immer bewußtere und damit erlöstere Ebenen zu heben. Die Konstellation bleibt dieselbe, das Glückserlebnis liegt in der Erfahrung des Entwicklungsprozesses innerhalb der Konstellation.

## Sonne: Vom Ich zum Selbst

Der Bewußtwerdungsprozeß innerhalb des Spektrums der Sonnensymbolik ist der vom Ich zum Selbst. Am Anfang der Entwicklung steht hier das kleine, sich aber dennoch für besonders bedeutsam haltende Ich, das auf die persönliche Nabelschau beschränkt ist. Diesem Ego geht es um persönliche Macht und Dominanz, um Geltung und Bewunderung. Es hält sich selbst für den Nabel der Welt und meint, alles andere müsse um dieses Zentrum kreisen. Ein weiser Mann sagte einmal, daß es ein spezielles Kennzeichen dieses Ego sei, alles Unwesentliche für wesentlich zu halten und alles Wesentliche für unwesentlich. In der Tat ergeht sich dieses kleine Ich gern in Prunk und Pomp um die eigene Person und meint, daß alles nach seinem Willen abzulaufen habe. So kann sich die Sonne auf dieser unerlösten Stufe wie der egozentrische römische Kaiser Nero gebärden oder wie Herodes. Beide bekämpfen das geistige Königtum, wie es die erlöste Sonne darstellt. Sie erleben an ihr die eigene Ohnmacht und versuchen in Christenverfolgung und Kindermord die eigene Position gegen den wahren König – die erlöste Sonne des Selbst – zu verteidigen. Solange die Sonnenfunktion noch im unbewußten Ich-Stadium gelebt wird und dieses kleine Ich seine Kleinheit vor der Schöpfung noch nicht erkannt hat, muß es durch persönliche Machtdemonstrationen gestärkt werden.

Der Entwicklungsweg geht freilich dahin, von diesem kindlich trotzigen Auf-sich-aufmerksam-Machen, von diesem ständigen Heischen nach Anerkennung und Bewunderung Schritt für Schritt abzulassen und sich – gemäß dem wahren esoterischen Prozeß – von außen nach innen zu orientieren. Die Bestätigung muß dann nicht mehr in der Außenwelt gefunden und im schlimmsten Fall dort durch Tyrannei erzwungen werden, sondern kann in der Zentriertheit in sich selbst erlebt werden.

Die egoistische Suche nach der Bewunderung durch die Umwelt, die am Anfang des Erlösungswegs der Sonnensymbolik steht, wird dabei natürlich gefärbt durch das Tierkreiszeichen und das Haus, in dem die Sonne im Radixhoroskop steht. So wird der solare Egotrip bei einer Sonne im Schützen im 11. Haus in einem pathetischen Sendungsbewußtsein (Schütze) verbunden mit geistigem Größenwahn (11. Haus) liegen, während eine Krebssonne im 6. Haus durch einen Bemutterungsdrang (Krebs) am Arbeitsplatz (6. Haus) um Anerkennung buhlt.

Wie wir gesehen haben, kann das Sonnenprinzip nicht durch erzwungene Bestätigung von außen erlöst werden, sondern vielmehr durch eine Wendung nach innen und Zentrierung. Das Bekenntnis zu sich selbst führt schrittweise zu der letzten und höchsten Stufe des »Ich bin, der ich bin«. Der Erlösungsweg des Sonnenprinzips ist damit zugleich gekennzeichnet durch verschiedene Qualitäten von Selbstbewußtsein. Angefangen von dem sehr schwachen Selbstbewußtsein eines Nero, der sich ständig seiner Macht durch Greueltaten versichern muß, der in der permanenten Angst, von außen gestürzt zu werden, lebt und sich durch kompensatorische Machtdemonstrationen seine Wichtigkeit beweisen muß, bis hin zu dem erlösten freien Selbstbewußtsein eines ganz einfach in sich zentrierten Menschen, der durch den Brandungsschlag des Lebens nicht aus der Mitte geworfen werden kann. Letzterer muß auch nicht in der Welt den großen König spielen, sondern kann auch als in sich ruhender, einfacher Mensch echte Souveränität empfinden.

## Sonne

Der Planet beschreibt in erster Linie das, was geschieht, und wird bei Horoskopinterpretationen am besten mit Verben beschrieben.

kraftvolles in sich zentriertes Sein, reine Bewußtheit, spielerische Kreativität, spontanes Schöpfen, herzliche Wärme verschenken

*

selbstbewußtes Auftreten, gestalterische Potenz, herzliche, souveräne Autorität, liebevolle Führungsqualität, authentische Persönlichkeit

*

stolze Präsentation und Repräsentation, direkter Selbstausdruck, schauspielerische und künstlerische Begabung, starke persönliche Ausstrahlung

*

protziges sich in den Mittelpunkt stellen, das Ich als »Nabel der Welt«, der goldbehängte »Kleiderständer«, das dümmlich selbstbewußte »Model«

*

faule Paschaallüren, der vom Vater gesponserte Playboy, dolce far niente, der respektheischende Angeber, der dumme Fußballstar

*

der Tyrann, gewaltsames Machtstreben als Kompensation für die innere Leere

Die entscheidende Hilfestellung auf dem Weg, seine Sonnenposition zu erlösen, ist die Frage: »Wer bin ich?« Wer sich mit dem Mut zur Ehrlichkeit immer wieder diese Frage stellt und sich dabei nicht mit oberflächlichen Antworten begnügt, wird schließlich zu der Antwort gelangen: »Ich bin, der ich bin.« Und dabei wird er auch den tiefen Sinn erfahren, der in dieser Antwort liegt. Wie viele letzte Wahrheiten klingt dieser Satz sehr einfach, und er ist es auch. Doch verschließt sich sein Sinn jedem, der sich nicht redlich um das Einfache bemüht.

# Mond: Von der Sentimentalität zum wahren Gefühl

Die Mondfunktion ist in ihrem unentwickelten Zustand durch Launenhaftigkeit, Sentimentalität und emotionale Abhängigkeit gekennzeichnet. Sie hat anfangs viel mit dem Zustand der Kindlichkeit zu tun, freilich nicht jener reifen Kindlichkeit, für die der Satz »Den Kindern ist das Himmelreich« Gültigkeit hat und die zum erlösten Spektrum der Mondfunktion gehört, sondern der unreifen Kindlichkeit, die ihre ständig schwankenden Bedürfnisse von der Umwelt erfüllt sehen möchte.

Auch hier können wir – wie schon bei der Betrachtung der Sonne – je nach Bewußtheitsgrad den unerlösten exoterischen Ansatz, der eigene Problemstellungen ausschließlich durch eine Veränderung der Umwelt lösen will, von dem erlösten esoterischen Ansatz unterscheiden, der nicht nur außen, sondern vor allem innen, d.h. bei sich selbst ansetzt, wenn es um Problemlösungen geht.

Wenn die Mondfunktion beim Menschen noch nicht wirklich bewußt gemacht und entwickelt ist, äußert sie sich gern in Formulierungen wie: »Mir geht es schlecht, weil Du ...« Wie ein Kleinkind, das Hunger verspürt, so lange schreit, bis ihm seine Mahlzeit gereicht wird, so wendet sich die unerlöste Mondfunktion zur Befriedigung eigener Bedürfnisse grundsätzlich und oft vorwurfsvoll an die Umwelt. Die Idee, für das eigene Leben Verantwortung zu übernehmen, kommt hier entweder noch gar nicht auf oder scheitert an der eigenen Unfähigkeit, sich selbst seine Wünsche zu erfüllen. Was sich am Anfang des Entwicklungswegs in dieser unselbständigen und abhängigen Erwartungshaltung äußert, trägt allerdings schon den Keim für die erlösten Entsprechungen des Mondprinzips in sich, nämlich Aufnahmefähigkeit und Offenheit für das Du. Die Fähigkeit, auf den anderen einzugehen, ihm zuzuhören und ihm durch Mitgefühl seelische Erleichterung zu verschaffen, ist in keinem anderen Planetenprinzip so ausgeprägt. Es ist eine besondere Eigenschaft des archetypisch Weiblichen, wie der Mond es verkörpert.

Das archetypisch männliche Sonnenprinzip ist in diesem Punkt wesentlich egozentrischer angelegt, kreist besonders in den weniger erlösten Entwicklungsstufen primär um sich selbst und erlebt das

Du eher als Beigabe. Das Prinzip des Mondes dagegen ist wesentlich mehr auf die Beziehung zum Du ausgerichtet.[1] Daraus ergibt sich viel leichter die Gefahr, sich in der Begegnung zu verlieren und chamäleonartig anzupassen, aber eben auch die Chance, trotz einer Bewahrung des Eigenen in besonders mitfühlender Weise auf den anderen einzugehen.

Der erlöste Mond zeigt sich denn auch nicht in einer substanzlosen Anpassung, einem charakterlosen Mitläufertum, wie in seinen Anfangsstadien, sondern in der Fähigkeit, dem Partner als einfühlsamer Reflektor seine Verhaltensmuster zu spiegeln und damit bewußt zu machen. In ihrer entwickelten Form reflektiert die Mondfunktion wie ein ruhiger Wasserspiegel das Geschehen der Umwelt, ohne deshalb deren Spielball zu sein.

Der Mond repräsentiert die offenen Kinderaugen, die im unerlösten Zustand naive Blauäugigkeit bedeuten, auf entwickelter Stufe dagegen die göttliche Naivität unvoreingenommener Offenheit trotz all der im Leben gemachten harten Erfahrungen. Der erlöste Mond kann verglichen werden mit der weisen Offenheit eines reifen alten Menschen, der trotz aller bitteren Erlebnisse nicht verschlossen ist, sondern bereit ist, immer wieder aufs neue offen und empfänglich für das Leben zu sein. Der nicht mehr in kindischer Erwartungshaltung vom Leben Erfüllung fordert, sondern ruhig und gelassen die Periodizität des Lebens betrachtet und ein besonderes Empfinden für das natürliche Auf und Ab zyklischer Prozesse erlangt hat. Die Mondfunktion vermittelt dem Menschen wie keine andere ein Gefühl dafür, daß organische Prozesse in Zyklen ablaufen, und kann ihm eine weise Bereitschaft schenken, sich diesen Zyklen nicht zu wiedersetzen, sondern mit ihnen als Ausdruck der Natürlichkeit mitzuschwingen.

So kann uns die Mondfunktion in ihrer erlösten Form z.B. die Unsinnigkeit von Ideologien verdeutlichen, die ewiges Wachstum

1 Das mag auch damit zu tun haben, daß der weibliche Organismus mit der Schwangerschaft auf eine so enge Symbiose mit dem Kind angelegt ist, wie sie ein Mann physisch nie erleben kann. Daraus ergeben sich natürlich auch Reflexe auf seelische und geistige Grundhaltungen. So ist das Mondprinzip als Mutterprinzip auf allen Ebenen (Körper, Seele und Geist) viel mehr auf das »Wir« als auf das »Ich« des Sonnenprinzips eingestellt.

versprechen und sich damit dem Auf und Ab natürlicher Zyklen verweigern, bis die Natur sie eines Besseren belehrt. Auch hierin kommt die mondhafte Fähigkeit zum Mitmachen im Positiven zum Ausdruck: Mutter Natur wird nicht als etwas betrachtet, was man sich untertan machen müßte, was durch den eigenen Willen und die eigenen Vorstellungen vergewaltigt werden sollte, sondern als ein größerer, uns ernährender und mit allem Nötigen versorgender Mutterleib, mit dem wir in einfühlsamem Zusammenspiel leben können.

Wie weit entfernt wir kollektiv noch von diesem erlösten Grad der Mondsymbolik sind, braucht hier nicht ausgebreitet zu werden. Jedem muß die ausbeuterische Art, wie wir mit der Natur umspringen, um anstelle notwendiger Bedürfnisse künstliche Ersatzbefriedigungen zu erlangen, ins Auge springen. Dies ist kein Leben mit der Natur, wie die bewußte Mondfunktion es uns nahelegt, sondern ein Mißbrauch ihrer Mütterlichkeit.

Der Entwicklungsweg innerhalb der Mondsymbolik beginnt also bei infantiler Abhängigkeit und dem Versuch, die innere Leere durch sentimentale Teilnahme am Schicksal Prominenter oder den

## Mond

Der Planet beschreibt in erster Linie das, was geschieht, und wird bei Horoskopinterpretationen am besten mit Verben beschrieben.

unverfälschtes Reflektieren, situationsbedingtes Verhalten, anpassungsbereites Sein, selbstlose mütterliche Liebe

*

atmosphärische Einfühlungsgabe, anpassungsfähiges Eingehen auf die Erfordernisse des Moments, fürsorgliches Betreuen Hilfsbedürftiger

*

Gefühl für Rhythmus und Periodizität im Leben, imitative Lernbereitschaft, Erzeugen gemütvollen und Geborgenheit vermittelnden Klimas

*

sentimentale, unerfüllte Unselbständigkeit, klammernde Abhängigkeit, schmollendes Beleidigtsein, Launenhaftigkeit

*

selbstmitleidige Untätigkeit, passives Parasitentum am Schicksal anderer, kitschige klischeehafte Sentimentalität

*

Erpressung durch Leid, das zwanghaft erwartende »Opfer des Schicksals«, die durch Fremdverschulden unerfüllt Gebliebene neugierigen Blick hinter den Gardinen auf Nachbars Privatleben zu stillen. Er führt weiter über das Nach-innen-Richten und damit der Wahrnehmung der eigenen Gefühlswelt, was echtes Mitgefühl entstehen läßt anstelle der Ablenkung von der eigenen Leere und Bedeutungslosigkeit. Mit dieser Verinnerlichung wächst die Bereitschaft, Verantwortung für das eigene Leben und die konkreten Situationen, in denen man sich befindet, zu übernehmen. Anstelle kindlicher Imitation fremden Lebens und fremder Gefühle wird das Gefühl im eigenen Herzen zum Führer.

# Merkur: Vom Schwätzer zum Vermittler zwischen Himmel und Erde

Die Merkurfunktion ist die Funktion der Herstellung von Beziehungen und Bezügen. Als Prinzip der Vermittlung bringt Merkur Menschen und Objekte in Bezug zueinander, gibt den Dingen Namen und macht sie durch diese Bezeichnung bereit für Kommunikation.

Die Qualität der Merkurfunktion, ihr Entwicklungsgrad, kann an der Fähigkeit gemessen werden, Bedeutungsloses von Bedeutungsvollem zu unterscheiden und seine Kommunikation von den Nebensächlichkeiten auf das Wesentliche zu lenken.

Am Anfang der Entwicklung kann die Merkurfunktion eine solche Unterscheidung noch nicht zuwege bringen. Sie ist dann nur fähig, beliebig viele Fakten unterschiedlicher Bedeutung zur Kenntnis zu nehmen und sie relativierend in buntem Vielerlei aneinanderzureihen. So entsteht heiter bedeutungsloses Gerede über neugierig Aufgeschnapptes. Wichtig erscheint in diesem Stadium weniger die Qualität der Kommunikation als die Quantität. Entwicklung besteht aber gerade auch in der Merkursymbolik in der Umkehrung, nämlich von der Quantität der Information zur Qualität zu gelangen.

Man kann dies sehr deutlich an den zu integrierenden Antipoden zu den merkurialen Zeichen Zwillinge und Jungfrau, nämlich Schütze und Fische erkennen: Schütze steht für Bedeutung und Sinn, Fische für das Wesentliche, was zwischen den Zeilen liegt und »nur« atmosphärisch seine Wirkung entfaltet. Und so ist es für die Ganzwerdung der Merkurfunktion wichtig, den sinnhaften roten Faden (Jupiter-Schütze-Thematik) im Gespräch oder im Bezug zu Fakten zu entwickeln, damit bloße neutrale Kenntnis in ganzheitliche Bedeutungszusammenhänge wächst und auch der Stille und dem Schweigen (Neptun/Fische) zwischen den Worten eine Chance gegeben wird, damit atmosphärischer Hintergrund die reine merkuriale Form ergänzt. Jeder weiß, daß dieselben Worte – von zwei verschiedenen Menschen gesprochen – eine gänzlich unterschiedliche Wirkung entfalten können. Dies hat viel mit dem »Erlösungsgrad« der Merkurfunktion des Redners bzw. mit der Integration der Jupiter- und Neptunsymbolik zu tun.

## Merkur

Der Planet beschreibt in erster Linie das, was geschieht, und wird bei Horoskopinterpretationen am besten mit Verben beschrieben.

Vermitteln der »höchsten Dinge«, rechte Rede, rechtes Denken, klare Ratio, weise Vernunft

*

wertfreies Vermitteln, souveränes Moderieren, präziser sprachlicher Ausdruck, gehaltvolle Sprache, das Wesentliche erfassender Verstand

*

kluge Intellektualität, forscherischer Geist, rationelles Lernen, hilfreiche Didaktik, pädagogische Fähigkeiten, vielfältige Interessen

*

oberflächliche Neugier, hartnäckige Besserwisserei, »pseudowissenschaftliche« Arroganz, gewitzter Opportunismus, Zweckmäßigkeitstrip

*

betrügerische List, schlaues Vorteilsstreben, der »Winkeladvokat«, der »Schnäppchenjäger«

*

inhaltsleeres Plappern, charakterlose Wendigkeit, plumpes Schachern um Vorteile, intellektuell minderbemittelt

Eine weitere Entwicklungschance der Merkursymbolik liegt in der in ihr angelegten Qualität der Neutralität. Diese zeigt sich anfangs in der Indifferenz des sich nach dem Wind Drehenden und kennzeichnet den Menschen, der immer neutral seine Meinung danach ausrichtet, wo persönliche Vorteile warten. Dieser wendige Opportunismus wirkt neutral und offen, ohne es im tieferen Sinn zu sein. Die Klugheit des mit allen Wassern gewaschenen Händlers und die Neutralität des sachlichen Wissenschaftlers, der durch die geschickte Auswahl der Fakten zum gewünschten Untersuchungsergebnis kommt, sind ebenso Bilderbuchbeispiele für diese Geisteshaltung, wie der sich auf Kosten seines Interviewpartners profilierende Jungjournalist, dessen vermeintlich sachliche Fragestellung auf die Bestätigung durch die Mehrheit der Leser ausgerichtet ist.

Wir sehen auch hier wieder, wie die Sucht nach der Bestätigung von außen ein Merkmal einer noch unentwickelten Planetenfunktion darstellt.

Die erlöste Merkurfunktion hat dagegen über die Lebenserfahrung viele Dinge relativieren gelernt und kann sich daher echter Neutralität erfreuen. Sie kann im leidenschaftlichen Wettstreit der Meinungen als ein die Sachlage durchblickender Moderator vermitteln und so als Katalysator zu einem fruchtbaren Meinungsaustausch beitragen. Dies setzt freilich eine gründliche Recherche voraus, um die vielen im Widerstreit miteinander liegenden Standpunkte und Meinungen alle verstehen zu können, auf sie sachkenntnisreich und neutral eingehen zu können und dennoch vermittelnde Brücken zu alternativen Standpunkten zu schlagen.

Die Merkurfunktion will also aus oberflächlichem Vielwissertum und belehrender Besserwisserei erlöst werden und über offenes Interesse zu leidenschaftsloser, neutraler Sachkenntnis geführt werden. Sie kann sich dann in wenigen, auf das Wesentliche beschränkten Worten formulieren und dem Zuhörer durch die Pausen zwischen den Worten und Fakten die Möglichkeit eigener Verarbeitung geben.

## Venus: Von der Verliebtheit zur Liebe

Venus gilt von alters her als das Prinzip der Liebe. Dabei unterscheidet sich die unerlöste Venusfunktion von der erlösten wie der Zustand der Verliebtheit von dem der Liebe. Ich habe oben schon in dem Exkurs über die Bedeutung der Liebe in der Selbstverwirklichung gesprochen und diesen Unterschied dabei erwähnt. Verliebtheit als »schönste Neurose der Welt« umschreibt demnach das seelisch und bis in die Körperlichkeit hinein fühlbare Bedürfnis nach Ergänzung durch einen Partner, der Wunsch nach Komplettierung gerade in den Bereichen, in denen man sich selbst schwach fühlt. Der sinnvolle Mechanismus der Verliebtheit hat also in seiner wesentlichsten Funktion die Aufgabe und Hoffnung, den Horoskopeigner darauf aufmerksam zu machen, was ihm selbst fehlt oder in ihm nur rudimentär vorhanden ist.

Dazu macht es ihn verliebt in Menschen, die gerade diese in ihm unterentwickelten Eigenschaften sicht- oder spürbar in sich tragen. Der Wunsch nach Vereinigung mit dem Menschen, in den man sich verliebt hat, ist dabei von der Hoffnung getragen, damit auch die ersehnten Eigenschaften in der eigenen Person zu besitzen. Dabei geht es primär um die erwünschte Integration eben dieser Eigenschaften, weshalb es nicht so sehr auf die konkrete Person ankommt. Dies kann sehr leicht daran erkannt werden, daß die Verliebtheit gern immer wieder dort entsteht, wo andere Personen mit exakt denselben oder zumindest sehr ähnlichen Eigenschaften auftauchen, was zeigt, daß man eigentlich in die Eigenschaften des oder der Betreffenden verliebt ist, mehr oder minder unabhängig davon, durch welche Person sie repräsentiert werden.

Verliebtheit ist nun deshalb eine unerlöste Variante der Venusfunktion, weil ihr die Bewußtheit fehlt, daß die Vereinigung mit dem Partner noch lange nicht dessen erstrebte Charaktereigenschaften integriert. Vielmehr stellt sich in Partnerschaften ja viel häufiger eine Arbeitsteilung oder Zuständigkeitsverteilung so ein, daß jeder von beiden Spezialist für seine Eigenart bleibt und dem anderen seine Spezialgebiete überlassen werden. In der anfänglichen Symbiose ist das dann sehr gut: Er kann beispielsweise den flimmernden Fernseher gut justieren und fühlt sich wichtig und gebraucht, wenn Sie ihn darum bittet. Sie dagegen kann gut kochen und spürt ihre Wichtigkeit beim Lob über das gute Essen.

Was aber, wenn nach zehn Ehejahren Egon immer noch den Fernseher einstellen soll und sie sich nicht allein aus dem Haus traut, weil er sonst das im Gefrierfach vorbereitete Essen mitsamt der Plastikdose im Backofen schwärzt?

Der Sinn der Verliebtheit wurde hier verspielt. Keiner gab sich die Mühe, die Fähigkeiten des anderen anzunehmen und soweit als möglich in sich selbst zu integrieren und damit ein Stück vollständiger und souveräner zu werden. Jeder gab sich vielmehr der trägen Illusion hin, daß der Besitz des Partners zur Integration seiner Eigenart ausreicht.

So will die unerlöste Venus in erster Linie besitzen. Die darin liegende Illusion wird spätestens dann enttäuscht, wenn sich die Partnerschaft auflöst und mit dem Partner alle seine Fähigkeiten aus dem eigenen Leben verschwinden. Was zurückbleibt ist die anfängliche Leere. Und so beginnt das Spiel der Verliebtheit aufs neue. Man verliebt sich wiederum in einen Partner, der ein Repräsentant für die ersehnten Eigenschaften ist, und fällt so möglicherweise ein weiteres Mal auf denselben Typ herein.

Wirklicher Besitz kann dagegen nur durch Integration der Eigen-

## Venus

Der Planet beschreibt in erster Linie das, was geschieht, und wird bei Horoskopinterpretationen am besten mit Verben beschrieben.

dankbares, sinnliches Genießen, ohne jede Erwartungshaltung, frei von Bedürfnissen, befriedendes Ausgleichen aus harmonischer Entscheidungsfähigkeit

*

diplomatisches Abwägen, liebevolles Annehmen und Geborgenheit vermitteln, kunstsinniges Engagement, Botschafter wahrer Schönheit, Du-bezogenes Handeln

*

gekonntes »Verführen«, lockende Ausstrahlung, sinnlich erotisches Genießen

*

auswählen, geschmacklich beurteilen, verschönern, beschönigen, sich nicht entscheiden können

*

kosmetisch übertünchen, unwahres Schönfärben, sich abhängig machen von Sinnlichkeit, in Sinnenreizen schwelgen

*

Kitsch, erotische Entgleisung, »das große Fressen«, geschmackliche Verirrung, träge Wollust schaften des geliebten Partners entstehen. Er bleibt nach dem Motto »omnia mea mecum porto« auch nach der Trennung vom Partner als dessen Geschenk zurück; womit sich die Aufgabe der anfänglichen Verliebtheit erfüllt hat.

Liebe dagegen schafft im Bewußtsein der obigen Zusammenhänge die Kraft zur Integration des Fehlenden. Sie liebt den anderen bewußt wegen dessen Andersartigkeit.

Und dieses Lieben oder Lernen integriert auf wunderbare Weise die Eigenschaften des anderen. Hier geht es dann wirklich um die Person des Partners, nicht zuletzt weil begriffen wurde, daß eine Wiederauflage desselben Verliebtheitsspiels mit Enttäuschungskonsequenz immer wieder droht, wenn man den Partner nur wegen seiner Eigenschaften besitzen will. Aus dieser Liebe als erlöster Entsprechung der Venusfunktion erarbeitet man sich dann auch in der Beziehung die Charaktereigenschaften und Fähigkeiten des Partners. Es mag sein, daß der Partner dennoch einen Vorsprung in diesen Fähigkeiten behält, weil sie seine Persönlichkeit ausmachen, und daß wir darin nie gänzlich gleich werden können. Dennoch vermögen wir uns anzunähern und stehen nicht hilflos da, wenn er einmal nicht greifbar ist.

Beziehung wird so immer mehr zum Luxus und befreit sich von den Fesseln gegenseitiger Abhängigkeit. Sie hat dann nicht mehr den Bedürftigkeitstenor des »Ich brauche dich, ich kann ohne dich nicht leben«, sondern führt hin zum »Ich kann ohne dich leben, aber ich möchte gern mit dir leben«. Auch hier wird aus dem »Ich muß« ein »Ich will«. Und es kann auch noch weiter zu einem »Ich kann« und einem »Ich darf« werden. Am Ende einer erlösten Venusfunktion steht das glückliche »Ich darf mit dir leben« – nicht als Ausdruck unterwürfiger Anpassung, sondern als Gefühl tiefen Beschenktseins durch die Beziehung bei gleichzeitiger Unabhängigkeit und Souveränität. Dann hat sich Verliebtheit in Liebe gewandelt, wurde aus partnerschaftlicher Abhängigkeit der Luxus einer wahrhaft gleichberechtigten Beziehung.

Auch auf anderen Ebenen kann sich die Venusfunktion von unerlöster oraler Abhängigkeit zu dem luxuriösen Gefühl des Beschenktseins wandeln, nämlich allgemein im Bereich der Sinnlichkeit. Venus ist der Planet der Sinnlichkeit und beinhaltet damit das

Spektrum sinnlicher Gier bis hin zum anspruchslosen Genuß. Ausgehend von dem Empfinden des Zu-kurz-gekommen-Seins und dem illusionären Wunsch, durch gieriges Schlingen die innere Leere zu füllen, möchte die Venusfunktion auf eine Art sublimiert werden, daß immer geringere Reize zu Befriedigung und Genuß ausreichen, bis schließlich das alltägliche Leben ohne künstliche Stimuli tiefe sinnliche Befriedigung möglich macht.

Der ZEN-Meister Hakuin sagt in seinem Chorgesang: »Die Menschen gleichen denen, die mitten im Wasser stehen und doch nach Wasser schreien.« Er spielt damit auf die Tatsache an, daß wir alles haben, was zu unserem Glück nötig ist, und nur unsere eigene Blindheit, die Unbewußtheit, hindert uns daran, dies wahrzunehmen. Der Mensch versucht vielmehr oft, seine eigene Dumpfheit durch permanente Reizerhöhung zu kompensieren, in der Hoffnung, daß ein entsprechend starker Reiz auch den Unsensibelsten noch zu befriedigen vermag. In einer Grundstimmung des »I can't get no satisfaction« wählt er wiederum den falschen esoterischen Weg, setzt außerhalb seiner Person an und schafft sich eine reizüberflutende Umwelt, um an der eigenen Dumpfheit nichts ändern zu müssen.

Der esoterische Entwicklungsweg dagegen versucht den eigenen Beitrag zur Unerfülltheit zu sehen, die Verantwortung dafür zu übernehmen und an sich selbst zu arbeiten. Nur so kann die eigene Wahrnehmung entwickelt werden und durch die damit eintretende Sensibilitätserhöhung dasselbe unveränderte Leben qualitativ anders erfahren werden. Nicht die Welt ist sinnlich unbefriedigend, sondern die eigene Stumpfheit der Empfindung, die sie als unbefriedigend wahrnimmt.

Sie kennen vielleicht folgende ZEN-Geschichte: »Ein Wandermönch kam zu einem ZEN-Kloster und wurde vom Klostervorsteher zum ZEN-Meister geführt. Dieser fragte den Ankömmling, ob er schon einmal hier gewesen sei und erhielt eine negative Antwort. Darauf sprach der ZEN-Meister: »Gut, dann geh erst einmal und trinke eine Tasse Tee.« Einige Tage später traf ein anderer Mönch im Kloster ein, wurde ebenfalls zum Meister gebracht und mit derselben Frage konfrontiert. Er erklärte daraufhin, daß er schon zweimal im Kloster gewesen sei, aber nun gern mit der Meditationspraxis fortfahren wolle. Auch zu ihm sagte der Meister: »Gut, dann geh erst einmal und trinke eine Tasse Tee.« Der Klostervorsteher wandte sich verwundert an den Meister: »Was hat das zu bedeuten. Zwei verschiedene Menschen kommen zu Euch mit unterschiedlichen Voraussetzungen. Ihr aber speist sie beide mit derselben alltäglichen Antwort ab?« Der ZEN-Meister sprach zum Klostervorsteher: »Gut, dann geh' erst einmal und trinke eine Tasse Tee.«

Mit seinem Hinweis belehrte der ZEN-Meister ihn darüber, daß es Myriaden von Möglichkeiten gibt, eine Tasse Tee zu trinken. Man kann sie so trinken, daß man – weil man in Gedanken und Gefühlen zerstreut ist – sich die Finger an der Tasse verbrennt, sich die Kleidung beschmutzt und deshalb schimpft. Man kann die Tasse aber auch so achtsam in der Hand halten, daß man spürt, wie die Wärme in die Haut einsickert und die Hände wohlig wärmt, daß man die immer neuen Figuren, die der aufsteigende Dampf zeichnet, wie Kunstwerke wahrnimmt und jeden Schluck bewußt genießt. Und es ist möglich, diese scheinbar so triviale Handlung mit einer Achtsamkeit durchzuführen, die die Erfahrung möglich macht: »Hier strömt Gott aus Gott in Gott ein.«

Hier wird durch Bewußtheit normales Leben zum »Gottesdienst«, zum religiösen Ritual. Tee trinken ist eben nicht gleich Tee trinken. Es kommt entscheidend auf die Person an, welche Qualität die Handlung für sie entfaltet.[2]

Wird die Venusfunktion durch bewußte Sinnlichkeit erlöst, so kann immer mehr auf gekünstelte, abartige Reize verzichtet werden. Es erlischt damit auch schrittweise die Gier auf das Besondere, weil alles zu etwas Besonderem werden kann, wenn die eigene Sensibilität dies zuläßt. Dann kann das, was gerade da ist, als Objekt des Genusses dienen und keine Gier auf die Äpfel in Nachbars Garten verhindert die Befriedigung. Schließlich wird so bedürfnisloser Lebensgenuß entstehen.

---

2 Zu diesem Zweck wurde in der japanischen Tradition das Ritual des Cha-Do, der Teezeremonie eingerichtet, wo über den bewußten, meditativen Umgang mit der alltäglichen Verrichtung des Teetrinkens eine Erhöhung der »Lebensqualität« erfahren werden kann.

## Mars: Vom Agieren zum bewußten Handeln

Mars als Prinzip der Aktion, der Urenergie beinhaltet das weite Spektrum vom hirnlosen Aktivismus bis hin zum ausgeglichenen bewußten Handeln. Er wird nicht nur vom rasenden Kriegsgott Ares/Mars repräsentiert, sondern auch von Parzival. Und wieder einmal ist es der Grad der Bewußtheit, der die unerlösten von den erlösten Entsprechungen der Marsfunktion unterscheidet. In den unerlösten Anfangsstadien wird Mars gern in blinder Aktion gelebt. Man kann hier eher von einer Beschäftigungstherapie sprechen, die die Urenergie des Mars beschäftigt, die eine Blitzableiterfunktion für die martialischen Triebenergien darstellt, die abgelassen werden müssen. Mars verkörpert auf dieser Ebene auch den Triebtäter, der vergewaltigend durch die Welt zieht, nur um sich seiner angestauten Energie zu entledigen. Nicht ganz so roh und wütend zeigt sich Mars in Hektik und Ungeduld, in ziellosem Jagen nach Beute, im Reiz, Widerstände zu brechen oder zu überwinden. Etwas bewußter wird die Marsfunktion, wenn ihr Konsequenz und Disziplin beigebracht wird, weshalb in der klassischen Astrologie das Disziplinzeichen Steinbock als das Zeichen galt, in dem Mars in seiner Erhöhung steht.

Dieses Entwicklungsstadium entspräche im praktischen Leben etwa einer Kanalisierung der martialischen Energie in sportliche Kanäle – und zwar besonders dort, wo das technische Know-how eine größere Rolle spielt, wo nicht rohe Kraft, sondern kunstvolle Fertigkeit zum Ziel führt. Überall dort, wo Mars sich in Arbeit, Sport und Spiel bereits gewissen Spielregeln unterwirft, hat er schon ein Stück an Bewußtsein gewonnen – und zwar um so mehr, je mehr die Freiwilligkeit dabei eine Rolle spielt und die Feinheit der sportlichen Technik.

Eigentlich wäre Mars – ganz wertfrei beurteilt – das Prinzip frei fließender Aktivität. Kann er sich auf diese Weise nicht äußern, bzw. wird er mangels sinnvoller Zielsetzung an dem freien Fließen gehindert, so entsteht als Zerrbild der Marsfunktion das Prinzip der Aggression. Wird nun auch die Aggression – aus moralischen oder anderen Bedenken – weiter verdrängt, so wendet sich die Aggression nach innen, sie wird zur Autoaggression oder auch zur Depression. Letzteres wird verständlicherweise durch die

Konjunktion des Pluto oder seine Spannungsaspekte zu Mars begünstigt.

Im Zug der Höherentwicklung der Marsfunktion verfeinert sich diese zunehmend. Aus dem Schwert des mittelalterlichen Raufbolds kann so im Lauf der Zeit das Skalpell in den Händen des Chirurgen werden oder der Diamantbohrer des Zahnarztes. Hier wird die martialische Energie zur Erhaltung und nicht mehr zur Zerstörung des Lebens verwendet. So ist es auch ein weiteres Kriterium für den Erlösungsgrad Mars, ob seine Kräfte im Dienst der Aggression oder im Dienst der Verteidigung eingesetzt werden. Mit dem Anwachsen der Bewußtheit verliert Mars an Rohheit und Brutalität, er muß sich – weil er die Gesetze des Lebens kennengelernt hat und nicht im Kampf mit ihnen steht, sondern sich mit ihnen vereinigt – nicht mehr gewaltsam durchsetzen, sondern kann mit immer weniger energetischem Aufwand immer effizienter und erfolgreicher agieren. Am Anfang steht Mars ganz im Zeichen des Kampfes mit der Materie. Aufgrund seiner Unbewußtheit und mangelnden Sensibilität erscheint es ihm so, als stellte sich die ganze Welt gegen ihn. Den Widerstand der materiellen Welt zu brechen, ist demgemäß sein Ziel. Nach und nach wird aber dann erkennbar, daß das Erleben des Widerstandes weniger in der Sache begründet war als in der Unfähigkeit des ungeduldig triebhaften Mars, deren Eigenschaften genau zu ergründen und dann mit viel weniger Aufwand mit ihr umgehen zu können.

Den feinfühligen Umgang mit den Energien muß die Marsfunktion entwickeln. Wer in der Kampfkunst Anfänger oder geringfügig Fortgeschrittene beobachtet, wird sehen können, wie sie mit aufwendigen Aktionen nicht mehr als ein paar blaue Flecke erreichen. Meisterschaft dagegen zeichnet sich dadurch aus, mit einem Minimum an eingesetzter Energie ein Maximum an Erfolg zu erzielen und den Gegner/Partner durch dessen eigene Energie ad absurdum zu führen. Danach wird sogar die Technik, die erst einmal nötig war, den Anfangsmars zu zähmen, wieder zunehmend unwichtig. Sie steht zur Verfügung, macht aber jetzt der Intuition Platz, die über den Kräfteeinsatz bestimmt. In der höchsten Entwicklungsstufe ist die kriegerische Marsfunktion dann so erlöst, daß in dem Kampfkunstmeister selbst keinerlei Krieg mehr herrscht und demgemäß jeder potentielle Gegner die Lust verliert, sich mit dem Meister zu messen. So stellt sich dann kampflos der Erfolg ein. Die wenigen Aktionen, die dann noch äußerer Ausdruck der Marsfunktion sind, beschränken sich auf das, was die Situation gerade noch erfordert, nicht mehr und nicht weniger. Solches Handeln ist Zeichen höchster Bewußtheit, obwohl es denkbar unscheinbar und unspektakulär wirkt.

An der Marsfunktion kann über das eben gebrachte Beispiel der Kampfkunst hinaus ein allgemein gültiges Lebensgesetz deutlich abgelesen werden: Am noch unerlösten Anfang ist das Leben meist laut und lärmend, oft recht kompliziert. Gegen Ende der Entwicklung – mit wachsender Bewußtheit – wird es leise, unscheinbar und einfach.

Dies ist in vielen Lebensbereichen abzulesen:

Die Mode beginnt mit grellen Farben, aufgesetzten Applikationen, um exoterisch laut auf sich – und den entsprechend inhaltsleeren Menschen darin – aufmerksam zu machen. Sie endet im schlichten, aber gekonnten Faltenwurf einfacher, wertvoller Stoffe, in dezenten Farbtönen, die den umhüllten Menschen nicht schreiend heraus-

## Mars

Der Planet beschreibt in erster Linie das, was geschieht, und wird bei Horoskopinterpretationen am besten mit Verben beschrieben.

handeln aus dem absoluten Gleichgewicht, absichtsloses Tun, das ganz dem Fluß des übergeordneten Ganzen angepaßt ist, frei von persönlichem Ergebnisstreben, gleichmütiges Agieren

*

ritterliches Engagement, zivilcouragiertes Eintreten für andere, leistender Kräfteeinsatz für die Sozietät, Freude an der eigenen Leistungskraft, besonnenes Handeln

*

sportliches Kräftemessen mit »Wettkampfpartnern« in allen Lebensbereichen, kontrolliertes, zielgerichtetes Handeln

*

rivalisieren, Leistungskampf mit Menschen, die andere Positionen vertreten, Eroberungsstrategie, hektisches, ruheloses Agieren

*

aggressives Sich-selbst-Durchsetzen, Ellenbogenmentalität, »Rambo-Manieren«, unbesonnenes Draufgängertum

*

hirnloser Aktivismus, blindwütiges Rasen, Zerstörungslust, wütende Selbstschädigung stellen, sondern ihn sanft ergänzen, sein Wesen zeigen, ohne es zu verändern.

In der Musik wird oft genug durch Lautstärke mangelnde Qualität ersetzt. Dagegen zeigt sich wahre Größe beispielsweise in der genialen Schlichtheit Bachscher Fugen, wo nicht Gewolltes den Strom der Inspiration stört, wo nicht mehr Fingerfertigkeit und Technik demonstrativ in den Vordergrund drängen, sondern unnachahmliche Einfachheit den tiefen Eindruck beim Zuhörer hinterläßt.

Die Medizin beginnt mit dem noch unerfahren tatenlustigen Jungmediziner und seinem Hang zu möglichst komplizierten technokratischen Heilungen durch die Apparatemedizin und findet ihren erlösten Gipfel im liebevoll einfachen Hausarzt, der den Satz »Medicus curat – natura sanat«[3] begriffen hat, der weiß, daß nur Liebe zu heilen vermag, auch wenn er als Ausdruck seiner Zuwendung zum Patienten auf sein ärztliches Handwerkszeug zurückgreift. Letzteres wird beim abgeklärten Arzt wieder sehr einfach und an der Natur orientiert sein.

3 Der Arzt kümmert sich, die Natur aber heilt.

# Jupiter: Vom Überfluß zum Sinn

Die Jupiterfunktion bedeutet raumgreifende Entwicklung und Erweiterung von Horizonten. Sie beinhaltet Dynamik und die evolutionären Kräfte der Schöpfung. Sie verleiht die Fähigkeit zur Synthese, zum Überblick, zur Sinnfindung und Sinngebung. In ihr liegt das Vermögen, die Dinge in ihrer Bedeutung für das Ganze zu erfassen und wertend zu gewichten. So wird eine ethische Ordnung möglich, die in der Fülle der Fakten wegweisend wirken kann.

Ist die Jupiterfunktion gestört oder noch wenig entwickelt, so drängt ihr expansives Moment in die Wucherung. Sie schießt dann sinnentleert über das Ziel hinaus, bläst sich pompös, aber ohne seriösen Hintergrund auf, und veranlaßt kritische Zeitgenossen, den wahren Gehalt aufzuspüren. Auch hier ist für die Bewußtwerdung ein Schritt aus der exoterischen, nur nach außen gerichteten Expansion in Richtung auf die esoterische innere Entwicklung notwendig. In seiner unbewußten exoterischen Spielart wird Jupiter durch den Typus des Angebers illustriert, der sein Lebensziel in der äußeren Expansion sieht und sein Glück im materiellen Reichtum zu finden glaubt. Meist ist eine Lebenskrise vonnöten, um die Hohlheit solcher Entwicklungsrichtung zu begreifen. In schweren Zeiten kann dann wahrgenommen werden, daß das bequeme Leben nicht die tiefe Befriedigung bringt, die man sich davon erhoffte.

Dann kann die in der Jupiterfunktion so stark angelegte Sinnsuche aus der Verborgenheit erwachen. Bei dieser Sinnsuche steht der noch weniger entwickelten Jupiterfunktion ihre Bequemlichkeit und mangelnde Disziplin oft im Weg. Sinnfindung über eigene Arbeit ist Jupiter eher zuwider. Er versucht zunächst auf hedonistische Weise, über den Weg des geringsten Widerstands nach oben zu kommen und verabscheut Anstrengung. Sie hält er in seiner anfangs zur Arroganz neigenden Grundeinstellung für ein Privileg niederer Schichten. Auch die so oft im Zusammenhang mit der Jupiterfunktion gelobte Toleranz ist in diesen Stadien eher Ausdruck von Bequemlichkeit und der Scheu vor Auseinandersetzung, als echter Respekt vor der Person des anderen. Denn eine Grenze zu finden und sie bei sich und anderen zu akzeptieren, ist Zeichen einer erlösteren Jupiterfunktion.

Kann Jupiter nicht mehr grenzenlos nach außen wachsen und

## Jupiter

Der Planet beschreibt in erster Linie das, was geschieht, und wird bei Horoskopinterpretationen am besten mit Verben beschrieben.

den tiefen Sinn des Lebens begriffen haben und dies durch sein ganzes Sein ausstrahlen, anderen begeisternd und unmissionarisch den Weg weisen, wahrer Priester, Guru sein

*

glauben, vertrauen, zu einer Synthese bringen, lachen, sich entwickeln, expandieren, wachsen, fusionieren

*

vergrößern, kumulieren, entwickeln, für etwas werben, missionieren, überzeugen, dynamisieren, delegieren, werten ausdehnen, weit reisen, engagieren, philosophieren

*

angeben, großsprechen, übertreiben, sich aufplustern, pauschalisieren, Probleme verdrängen, Bequemlichkeit auf Kosten anderer leben

*

hochstapeln, andere für dumm halten und verkaufen, über das Ziel hinausschießen, verantwortungsloses Überzeugen

*

wuchern, verdrängen, nicht genug kriegen, sinnloses Expandieren

vermindern sich dadurch die Aussichten, so kann sich im reziproken Verhältnis die Dimension der Einsichten erweitern. Dann erst kann die spirituelle Komponente der Jupiterfunktion zur Entfaltung kommen. Ab jetzt lockt weniger die früher so verführerische Welt, als die Religion, die Rückbindung an die Urgründe des Seins, an Gott oder das Göttliche in uns. Dabei ist die Jupiterfunktion, nachdem sie die ihr eigene missionarische Komponente als unbewußtere Qualität zurückgelassen hat, eine besondere Begabung, das gemeinsame Vielfache, den tiefen, in allen Religionen gleichen Sinn wahrzunehmen und sich damit von der eingeschränkten und unbewußten Religionsausübung freizumachen.

Ist die noch weniger erlöste Jupiterfunktion noch von der eigenen Heilsbringerqualität überzeugt und versucht in Religionskriegen oder Dogmatismus, Andersgläubigen die wahre Botschaft aufzuzwingen, so zeigt sich die erlöste, bewußte Jupiterfunktion in der weisen Toleranz, jedem Menschen seinen individuellen Weg zu Gott zuzugestehen und ihm nur auf Wunsch die eigene Sichtweise darzustellen.

Eine Geschichte erzählt davon, daß im Ashram Ramakrishnas ein einfacher und einfältiger Mann namens Kalu lebte. Er hatte aus seinem kleinen Raum einen Tempel gemacht, in dem er Steine als Götter verehrte. Vivekananda, damals Schüler Ramakrishnas und ein Mann von brillantem Intellekt, versuchte Kalu immer wieder zu belehren, indem er ihn aufforderte, seine »Steingötter« in den Ganges zu werfen. Er erklärte ihm, daß dieser Götzendienst unsinnig sei, daß man Gott nur im eigenen Herzen finden könne. Kalu weigerte sich und sagte: »Ich liebe diese Steine, sie sind so wundervoll. Der Ganges hat sie mir gegeben, und nun soll ich sie fortwerfen? Das kann ich nicht.« Als Vivekananda wieder einmal Kalu zu missionieren versuchte, beobachtete Ramakrishna die Situation und tadelte Vivekananda hart wegen seines Versuchs, eigene Ansichten auf andere zu übertragen. Und zugleich bestätigte er Kalu in seiner Liebe zu den Steinen, die im Gefühl des Liebens ein erster Schritt dazu war, Gott im eigenen Herzen zu empfinden.

Wer als Ausdruck einer voll entwickelten Jupiterfunktion sein Urvertrauen in die Schöpfung gefunden hat, kann auch die Sinnhaftigkeit im Weg dessen erkennen, der sich auf seine Art, und mag sie noch so anders sein, Gott nähert.

Nur wer noch Zweifel im Herzen empfindet, hat die unbewußte Hoffung und Neigung, durch die Überzeugung des anderen von seiner Sichtweise auch sich selbst von ihr zu überzeugen.

Diese Art, eigene Probleme über die Projektion auf die Umwelt zu lösen, ist zwar sehr weitverbreitet, aber Ausdruck eigener Unbewußtheit. So betrachtet ist Missonarstum Ausdruck eigenen Unglaubens, während wahrer Glaube es nicht nötig hat, andere überzeugen zu müssen. Die eigene Lebensweise ist dann überzeugend genug.

## Saturn: Vom Widerstand zur Klarheit

Die Saturnfunktion steht für das Prinzip der Grenzziehung und der Verneinung. Wie Jupiter bejaht und ausdehnt, so verneint Saturn und zieht zusammen. Saturn konzentriert, sammelt das Wesentliche, beschränkt und kristallisiert heraus. Er steht für Verhärtung und Widerstand, aber auch für Klarheit und Reinheit. Mit seiner Hilfe entstehen Standpunkte und Grundsätze, Normen und Prinzipien. Sein Wesen ist durch Konsequenz und Geradlinigkeit, durch Disziplin und Ernsthaftigkeit gekennzeichnet. Wo Jupiter lacht, mahnt Saturn mit steilem Zeigefinger. Wo Jupiter in barocken Formen schwelgt, greift Saturn gotisch nach oben.

Ist die Saturnfunktion noch unentwickelt, so äußert sie sich in Lebensverneinung und reinem Widerstand. Der Saturnier braucht lange, bis er über harte Erfahrung begreift. Das dann gefundene Gesetz formuliert er stolz als von ihm selbst entdeckt. Flexiblere Planetenprinzipien mögen dasselbe schon lange vorher erahnt, erspürt und wahrgenommen haben, ohne die Erkenntnis als eigene zu formulieren. Saturn aber stellt die über sein negatives Ausschlußverfahren ermittelten Standpunkte als sein geistiges Eigentum in den Raum. Sein ehrgeiziges Streben nach Profil verleiht ihm in seinen unerlösten Entwicklungsstadien etwas Kaltes, Gefühlloses. Mit einer Mentalität, nach oben devot zu buckeln und nach unten Achtung und Respekt zu erzwingen, versucht die unerlöste Saturnfunktion sich in der Hackordnung nach oben zu arbeiten. Wird Saturn nicht durch harte Arbeit erlöst, äußert er sich oft genug als tiefsitzendes Minderwertigkeitsempfinden. Bei ehrlicher und stets bescheidener Arbeit kann daraus auch zurückhaltende Selbstachtung werden. Wird dieser Weg dagegen aus Bequemlichkeit vermieden, so bleibt – um das Ziel der Prominenz zu erreichen – nur die Kompensation durch Größenwahn.

Damit die eigene Position nicht so erbärmlich bleibt, wird dann alles andere dogmatisch abgewertet und der eigene Standort als einzigartig dargestellt. Auf dieser Ebene ist Saturn jeder Lebensäußerung gegenüber kritisch. Nichts ist gut genug. Aus der Auswahl der Speisen wird nur noch das einzig Wahre vertragen, alles andere ist unbekömmlich. Auch sonst gibt es im Leben kaum noch Erträgliches, was ein überdeutliches Beispiel für die mangelnde eigene Flexibilität und Anpassungsfähigkeit der unerlösten Saturnfunktion ist. Entweder sie bricht die Umgebung durch rechthaberischen Dogmatismus, oder sie wird selbst gebrochen. Es ist als ob Bergschafe oder Steinböcke in Positionskämpfen mit weithin schallendem Gehörn aufeinanderprallen, um so zu ermitteln, wessen Position sich durchzusetzen vermag.

Mit zunehmender Reife aber wird die Unsinnigkeit, gegen die Welt anzurennen, auch dem sturßten Saturnvertreter erkennbar und damit Nachgiebigkeit möglich, ohne darin gleich einen Verlust der eigenen Position zu erblicken. Wie bei den anderen Planetenfunktionen wird mit wachsender Bewußtheit die Abhängigkeit von Umweltreaktionen geringer, weil die Aufmerksamkeit vermehrt auf das eigene Innenleben gelenkt wird. So findet auch der Saturnier zunehmend seine Bestätigung nicht durch Profilierungsversuche in der Gesellschaft, sondern in der Klarheit, Bescheidenheit und Stille des eigenen Wesens.

In ihrer erlösten Form verleiht die Saturnfunktion dem Horoskopeigner die Gabe, durch ein aufrichtiges, reines und bescheidenes Leben vorbildhaft für andere zu

## Saturn

Der Planet beschreibt in erster Linie das, was geschieht, und wird bei Horoskopinterpretationen am besten mit Verben beschrieben.

freudiges, selbstvergessenes Arbeiten, Arbeit um der guten Arbeit willen, Aufgehen im soliden Werk, reine, für sich selbst stehende Pflichterfüllung, würdevolle Reife

*

selbständiges, konzentriertes Arbeiten, verantwortungsvoller Kräfteeinsatz für die Gemeinschaft, bescheidene Selbstbeschränkung

*

zielgerichtetes, konsequentes Arbeiten, planendes, ergebnisorientiertes Organisieren, sachbezogenes Klären, prüfendes Bilanzieren

*

zielstrebiges, hartes Vorgehen, um den Erfolg zu sichern, kühler Standesdünkel, Streben nach gesellschaftlicher Profilierung, Markenhörigkeit und Titelprotzerei, Ehrgeiz

*

streberhaftes, autoritätshöriges Arbeiten, Dienst nach Vorschrift, zwanghaftes Reinigen, geiziges Festhalten, Verantwortlichkeit abschieben

*

ängstliches, duckmäuserisches Streben, kaltes rücksichtsloses Vorgehen, Arbeitsscheu, kaltes Unterdrücken und Unterdrücktwerden sein. Gerade, weil auf dieser bewußten Entwicklungsstufe eine lehrmeisternde Einmischung in das Schicksal anderer nicht mehr erfolgt, kann die bewußte Saturnfunktion wie ein Fels in der Brandung des Lebens Orientierung und Halt anbieten. In sich selbst gefestigte Ruhe, Ernsthaftigkeit, Stille und Klarheit strahlen so aus der Persönlichkeit, die ihre Saturnfunktion erlöst hat.

# Uranus: Vom Rebellen zum Freigeist

Um die Funktion des Uranus zu verstehen, muß man wissen, daß er eines von drei Prinzipien ist, die sich mit der Wahrheitsfindung auseinandersetzen. Die drei letzten Zeichen des Tierkreises, Steinbock, Wassermann und Fische – mit ihren Zeichenherrschern Saturn, Uranus und Neptun – haben eine besondere Bedeutung bei der Suche nach der Wahrheit.

Steinbock und mit ihm Saturn versuchen die ewige Wahrheit herauszufinden. Eine Wahrheit, die sich in ein ewig gültiges Gesetz fassen läßt, das den Wandlungen und Modeerscheinungen der Zeit trotzt und immer seine Gültigkeit bewahrt. Eine Wahrheit, die wie ein Diamant unbeschadet den Lauf der Zeiten überdauert. Diese saturnine Wahrheit muß auch mit der persönlichen Erfahrung übereinstimmen, muß etwas sein, was in der eigenen Geschichte war. Sie muß eine faßbare, in der greifbaren Realität belegbare Wahrheit sein, gemäß dem erdverbundenen Charakter des Planeten Saturn. Sie darf nicht subjektiv gefärbt sein, sondern soll objektiv und von jedermann nachvollziehbar sein – ein allgemeingültiges Gesetz.

Die von Wassermann und Uranus vertretene Warheit dagegen ist die Wahrheit der Einzigartigkeit des Moments. Eine Wahrheit, die nie wiederholbar sein kann, weil es keine zwei identischen Zeitmomente gibt. So gesehen ist Uranus der Hüter über die Ausnahme von der saturninen Regel. Er sorgt für das evolutive Element, den Quantensprung in der Entwicklung, die Überraschung, und zeigt damit Saturn, daß die Welt trotz aller empirisch erfaßbaren Gesetzmäßigkeiten nicht mechanisch wie ein Uhrwerk abläuft. Allen Vertretern einer saturninen Sicherheit und Ordnung muß er daher als der ewige Rebell gegen die institutionalisierte Ordnung erscheinen, als mißliebiger Repräsentant des Zufalls, der das Leben trotz aller Geordnetheit unberechenbar macht. Uranus durchbricht die Grenzen, die Saturn schafft, er ist der seiltanzende Grenzgänger, der über das Normale hinausgeht und die schmale Linie zwischen Genie und Irrsinn beschreitet. Er wagt sich aus der Sicherheit monotoner Ordnung heraus ins Unkonventionelle, Eigenartige, Bizarre. So ist er auch Vertreter aller Randständigen und Fürsprecher von Minoritäten, die das herrschende Gesetz ins Abseits drängen möchte, weil sie eine unbequeme Erinnerung an die Unvollkommenheit rigider Ordnung sind.

Als Überwinder statischer, monotoner Abläufe ist er auch der Planet der Zukunft, des Surrealen, der Science-fiction.

Ein weiteres bedeutsames Merkmal des Uranischen ist die Aufhebung hierarchischer Strukturen, die eine Domäne des Saturninen sind. So wirkt Uranus nivellierend, er schafft Freiheit, Gleichheit, Brüderlichkeit, ist emanzipatorisch und tritt für ein Menschenbild ein, bei dem die gesellschaftliche Position, Bedeutung und Macht zurücktreten und den Blick auf den Menschen an sich und seine menschlichen Qualitäten freigeben. Er ist ein Feind jeder Klassengesellschaft oder Einteilung in bestimmte Gruppen. Dabei macht er auch nicht bei der Polarisierung in Geschlechter halt. Er versucht auch hier, Geschlechterzugehörigkeit als etwas eher Unwesentliches zurückzustellen[4], und Blick auf den Menschen von den Einschätzungen zu befreien, die aus seiner Einordnung in männlich oder weiblich entstehen können.

Es ist nach dem bisher Gesagten leicht einzusehen, wo die Gefahren einer unerlösten Uranusfunktion liegen. Nämlich dort, wo aus unbewußtem Rebellentum sinnvolle Ordnungen zerstört werden, wo die Gabe aus konventionellen Denkmustern auszubrechen und das Unmögliche für möglich zu halten, in wirrem Wahn endet oder die Aufgabe, die Einzigartigkeit eines Menschen zu begreifen, in plumper emanzipatorischer Gleichmacherei untergeht.

Eine wesentliche Lernaufgabe bei der Erlösung des Uranus ist die – wie auch bei dem Tierkreiszeichen Wassermann – von der Freiheit von etwas zu der Freiheit in etwas hineinzufinden. Das bedeutet statt der Auflehnung gegen bestimmte Formen und der daraus folgenden Ächtung die Fertigkeit zu entwickeln, sich in allen Formen frei bewegen zu können, weil man sie – am wesentlichen Hintergrund gemessen – als unbedeutendes Spiel durchschaut hat.

4 Das mag in einem Zusammenhang mit der mythologischen Figur des Uranos zu sehen sein, der bekanntlich von seinem Sohn Chronos/Saturn entmannt wurde, also seine Geschlechtlichkeit verlor.

In seiner unerlösten Form ist Uranus der unfreiwillige Narr, der von der gesellschaftlich herrschenden Schicht ausgeschlossene, belächelte Außenseiter. Er wirkt nur komisch und wird in seinen Anliegen nicht ernst genommen. Er stolpert unpünktlich und unfähig, mit der Welt der Form umzugehen, durch das Leben und ist zum falschen Zeitpunkt an der falschen Stelle.

In der erlösten, seiner Aufgabe in der Welt bewußten Form ist Uranus der wahre Narr[5], der das Leben mit all seinen Formen durchschaut hat, daher Form nicht mehr in übergebührlicher Weise respektieren muß und sich im »Formen-Zirkus« frei bewegen kann. Er weiß, wo welche Spielregeln gelten, amüsiert sich über die Ernsthaftigkeit, mit der die in der Welt der Form Gefangenen ihre Rituale erfüllen, und kann sich frei entscheiden, ob er das Spiel mitspielen möchte oder ob es ihm zu dumm und oberflächlich erscheint. Er ist frei darin, seine Geschlechterrolle zu spielen oder über sie zu lachen, aber auch frei, wenn das Leben von

5 In der Betrachtungsweise des Tarot entspricht Uranus der Karte des Narren, die auch beide Schattierungen beinhaltet: den Narren des Anfangs, den nur Närrischen, und den Narren am Ende des Zyklus, der die Welt der Form transzendiert.

## Uranus

Der Planet beschreibt in erster Linie das, was geschieht, und wird bei Horoskopinterpretationen am besten mit Verben beschrieben.

die wahre Freiheit verkünden und bringen, Symbol wahrer, situations- und persönlichkeitsadäquater Gleichberechtigung sein

*

zukunftsorientiertes Inspirieren, Einbringen revolutionärer Ideen, sich für Minderheiten der Gesellschaft engagieren, Freiheit als Einsicht in Notwendigkeit

*

unkonventionelle Lebensgestaltung, originelle Eigenart, Veränderungs- und Experimentierfreude, Möglichkeiten der Erneuerung entdecken

*

undifferenziertes Nivellieren, Gleichmacherei, die am Wesenstypischen vorbeigeht, schrullige Exzentrizität, skurrile Eigensinnigkeit, Freiheit als Auflehnung gegen Notwendigkeit

*

revolutionäres Freiheitsgeschrei, »Sprayerparolen«, provokantes Aufbegehren gegenüber Autoritäten, »Azubis mit Chefallüren«

*

mutwilliges Zerstören von Ordnungen, ausbrechen in den Irrsinn, zerbrechen am uneinsichtigen Widerstand gegen sinnvolle Ordnung ihm die Einhaltung von Gesetz und Ordnung verlangt, ganz nach dem Motto: »Freiheit ist Einsicht in Notwendigkeit.«

Der erlöste Uranus ist der geistige Pionier, der die Klischees dieser Welt sprengt und den Menschen mit dem Unberechenbaren konfrontiert, ihn aus seiner eine Scheinsicherheit bietenden Monotonie herauswirft. Er bietet Neues, noch nie Dagewesenes als Chance an.

# Neptun: Von der Illusion zur Wahrheit

In der Reihe der Tierkreiszeichen/Planeten mit dem besonderen Bezug zur Wahrheitssuche fehlt nach der ewigen Wahrheit des Saturn und der uranischen Wahrheit der Einzigartigkeit des Moments noch die Wahrheit aus der Sicht des Neptun. Dies ist die Wahrheit, die ein ZEN-Meister umschrieb, als ein Schüler ihn fragte, was Wahrheit sei und wie man sie finden könne und der Meister ihm die Antwort gab: »Suche nicht nach der Wahrheit, habe keine Meinung – und du bist wahr.«

Die Antwort nimmt Bezug darauf, daß jede festgeschriebene oder ausgesprochene Wahrheit einen Standpunkt darstellt. Zu einem Standpunkt kommt es aber durch Ausschluß all dessen, was mit dem Standpunkt nicht vereinbar erscheint. So ist die Meinung zu einer Sachlage, und mag sie noch so sorgfältig und augenblicksbezogen sein, immer die eigene Meinung, nicht aber die Meinung aller. Allein letztere, also die Summe aller möglichen Meinungen zu demselben Sachverhalt, die Miteinbeziehung aller denkbaren Standpunkte, hätte nach der Antwort eine Chance, als Wahrheit anerkannt zu werden. Wird ein Mensch frei von jeder Subjektivität, so kann er in der Situation aufgehen und in dem Verschmelzen mit der Schöpfung selbst zur Wahrheit werden. Er vertritt dann keinen Standpunkt mehr, aus dessen Sicht etwas wahr oder falsch ist, sondern überschreitet die Dualität und wird wahr im Sinn: »Ich bin in allem und alles ist in mir.«

Kahlil Gibran nahm zu der Wahrheit und zu den Teilwahrheiten von Meinungen und Standpunkten in einer Kurzgeschichte Stellung: Das Auge blickte in die Ferne und sagte: »Wie wunderschön das Abendrot dort hinter den Bergen.« Da lauschte das Ohr und sprach: »Ich kann das Zirpen der Grillen hören, das Rascheln der Blätter im Windhauch, aber ein Abendrot kann ich nicht hören, was soll das sein?« Die Nase schnupperte und roch und sagte: »Ich kann den Duft der Erde schmecken, und den von Blumen und Kräutern, aber ein Abendrot kann ich beim besten Willen nicht riechen.« Die Hände tasteten und fühlten und sprachen schließlich: »Ich kann die Steine tasten und die Rinde des Baumes und auch Gräser, aber Abendrot, was soll das sein, ich kann es nicht entdecken.« Da wandte sich das Auge einem anderen Objekt zu. Die drei anderen aber waren sich einig: Mit dem Auge war irgend etwas nicht in Ordnung.

Auch in dieser Parabel wird der sinnlose Streit um die Widersprüchlichkeit von Wahrheiten und Standpunkten deutlich. Die Wahrheit des Neptun dagegen entsteht dort, wo die Konturen zwischen Ich und Du verschwimmen, wo subjektive Meinungen sich in der Widerspruchslosigkeit aller möglichen Meinungen auflöst.

Neptun ist das Prinzip der Grenzauflösung, der Durchlässigkeit und Konturlosigkeit, das Prinzip der Meditation. Und Meditation ist einmal sehr gut definiert worden als Zustand, in dem kein Bedürfnis mehr besteht, etwas am Dasein zu verändern. Ein Zustand also, in dem der Schöpfung kein Widerstand mehr entgegengesetzt wird, in dem ein freies Fließen mit dem ständig sich verändernden Fluß des Lebens möglich wird. Nichts Statisches, sondern etwas mit dem Lebensfluß und seiner permanenten Veränderung Identisches.

Und wiederum ist es leicht vorstellbar, wo die Gefahren einer unerlösten Neptunfunktion und auch die Chancen einer bewußten Neptunfunktion liegen können.

Das Leben verlangt von uns, Standpunkte einzunehmen und oft auch, diese mit Nachdruck zu vertreten. Standpunktlose Menschen sind für die Umwelt nicht berechenbar, wirken unprofiliert und unzuverlässig, gehen neben ihren Kontur zeigenden Mitmenschen unter oder treten in den Hintergrund. Ist dem Betreffenden Horoskopeigner dieser Aspekt des Neptunischen nicht bewußt, so wird er mit seinem Schicksal hadern, weil er sich vom Leben zurückgesetzt fühlt und scheinbar ungeliebt im Hintergrund versinkt. Er wird dann versucht sein, sich die vermißte Geltung auf eine dem unerlösten Neptun entsprechende, indirekte Art und Weise, etwa über Täuschungsmanöver oder Betrügereien, zu verschaffen.

Der bewußte Umgang mit der Neptunfunktion dagegen akzeptiert, daß eine wahre Bestätigung durch die Umwelt sich nicht auf markant vertretene Standpunkte gründen kann, sondern auf das unscheinbare Dasein, das den Dingen gelassen seinen Lauf läßt, sich nicht korrigierend einmischen muß, sondern die Einsicht besitzt, daß wahr immer das ist, was gerade ist. Diese Wahrheit zu akzeptieren ist für die meisten Menschen so unerträglich, daß sie ihre Neptunfunktion statt zur Entschleierung der Wahrheit zu deren Verschleierung benutzen, was auch im Repertoire der unerlösten Neptunfunktion enthalten ist. Sie dient dann einer Narkotisierung der Persönlichkeit durch Drogen oder Lebenslügen.

Neptun bewußt und erlöst zu erleben heißt, sich der Ausgesetztheit, des dem Leben-preisgegeben-Seins voll bewußt zu sein. Als Christ kann dann der Satz gelebt werden: »In Deine Hände befehle ich meinen Geist«, als Buddhist wird man das Verlöschen, das Nirvana des Ich erleben und als Hinduist die Befreiung des Moksha.

So wirkt sich die Neptunfunktion in allen Formen der Ichlosigkeit aus, angefangen von der Schwierigkeit, ein gesundes, für das Bestehen in dieser Welt nötiges Ich aufzubauen, bis hin zu dem erschreckenden und zugleich befreienden »Ich weiß, daß ich nichts weiß« und der daraus resultierenden Fähigkeit zur Hingabe an das Leben, ohne kontrollsüchtiges Kopfzerbrechen. Wie anders sollte sich die Neptunfunktion, die Funktion des Herrn des Ozeanischen Poseidon/Neptun anders auswirken als

## Neptun

Der Planet beschreibt in erster Linie das, was geschieht, und wird bei Horoskopinterpretationen am besten mit Verben beschrieben.

schweigende Weisheit, selbstvergessenes Helfen, mitfühlende Nähe, Ergebenheit in die Schöpfung

*

visionäre Gesamtschau, ahnendes Erkennen der wesentlichen Zusammenhänge, mediale Einblicke in den Entwurf der Schöpfung, Kommunion mit anderen

*

feinfühliges gesellschaftliches Engagement, phantasievolle Beiträge zum Leben, auf der Suche nach dem Wunderbaren, der Nüchternheit entrückt

*

sich verstecken, sich – von der Welt enttäuscht – zurückziehen, vor Verantwortung fliehen, sich nicht abgrenzen können, romantisches Schwärmen, schöne Lebenslüge

*

sich lügend durch das Leben mauscheln, hinterrücks intrigieren, sich mit Drogen betäuben, rückgratloses Mitschwimmen

*

schleichendes, lähmendes Zersetzen, heimliches Unterminieren, haltloses Sich-Treiben-Lassen in der Begegnung mit der Notwendigkeit, etwas zu lernen. Anfangs – mit noch unbewußter Neptunfunktion – schwimmt man im Leben: Chaos allenthalben und panische Angst herrscht, im Leben unterzugehen. Schließlich – mit einer durch Bewußtheit erlösten Neptunfunktion – schwimmt man weiterhin im Leben; doch mit dem Gefühl des Delphins in den Wellen – getragen von den Strömungen des Lebens, sich dem Willen des Einen ergebend, auf daß sich für einen alles ergibt.

Wer sein kleines Ich dem Strom des Lebens entgegenzusetzen versucht, wird von Neptun überflutet, muß sein kleines Ich mit Drogen oder Selbsttäuschungen und Lebenslügen narkotisieren.[6]

Wer es aber lernt, mit neptunisch ausgefahrenen Antennen den Strom des Lebens wahrzunehmen und sich ihm ergebend mit ihm zu fließen, wird sich getragen fühlen und wie von selbst seiner Bestimmung entgegengehen.

---

6 Diese Narkose mag durchaus dem Entwicklungsstand des Menschen entsprechend hilfreich und sinnvoll sein, wie die Natur es in der Autonarkotisierung durch Endorphinausschüttung in lebensbedrohlichen Situationen zeigt. Doch ist es wichtig zu wissen, daß es eine Chance gibt, im Verlauf der Zeit und der Eigenentwicklung die Neptunfunktion auf eine höhere Ebene zu heben als die der Selbsttäuschung oder Narkotisierung.

# Pluto: Von der Selbstzerstörung zur Metamorphose

Pluto steht symbolisch für den Abstieg in die Unterwelt, in den Hades des Lebens. Er beschreibt die Begegnung mit den Tabuzonen des Daseins, den Fall in Schuld und Sünde und die Auferstehung aus der Welt der Toten. Er konfrontiert den Menschen mit den Übergangsphasen zwischen den Welten, wie sie im Geburtserleben und Prozeß des Sterbens erfahren werden. Er überwältigt den Menschen wie die Wehen das noch Ungeborene auf dem Weg in die Welt oder die letzten Atemzüge auf dem Weg nach Drüben. Er verlangt das Abschiednehmen, das Absterben, in der gewohnten Dimension, um sich so bereit zu machen für den Übertritt in die unbekannte neue Dimension. Dieser Übertritt ist in aller Regel begleitet von dem Angstgefühl, Sicherheiten für noch Unbekanntes loszulassen, und von der druckvollen Enge, wie sie der Durchtritt durch die Tunnel des Geburts- und Sterbekanals erleben läßt. Pluto beschreibt Mauserungsprozesse, Schlangenhäutungen und alle tiefgreifenden Wandlungen und Metamorphosen. Nicht nur die beiden Marksteine im Leben eines Menschen, Geburt und Tod, sind damit berührt, sondern auch die krisenhaften Übertritte von einer Lebensphase in die andere, wie z. B. der Beginn der Pubertät, die Midlife-crisis, der Eintritt der Menopause oder der Ausstieg aus dem gewohnten Arbeitsleben mit der Pensionierung.

Plutos Bezug zum »Stirb und Werde« – dem Lebensbeginn und Tod – erklärt auch seine Faszination für Sex and Crime und den in seiner Symbolik enthaltenen Hang zu Extremen, zu Alles-oder-Nichts-Situationen, zu Fanatismus und Absolutismus.

Veränderungsprozesse, die einen Charakter von höherer Gewalt oder auch ganz einfach Gewaltsamkeit beinhalten, werden durch die Funktion Plutos beschrieben. Dazu gehören Ohnmachtgefühle ebenso wie der zwanghafte Machtanspruch, die Situation in den Griff zu bekommen. Die Plutofunktion ist auch Sinnbild für eine leitbildhafte Fixierung auf bestimmte Vorstellungen oder Ideale, die nötigenfalls unter Aufopferung der eigenen Existenz, des eigenen Körpers, bis in den Tod verfolgt werden können. Ein Beispiel dafür wären die japanischen Kamikaze-Flieger im Zweiten Weltkrieg, die sich als lebendige Bomben auf die amerikanischen Flugzeugträger stürzten, oder die religiösen Fanatiker im Islam, die es als persönliche Ehre verstehen, sich für die Idee ihres Glaubens als Märtyrer zu opfern; aber auch jeder andere, der durch die Verbissenheit in sein Dogma keine Grenzen mehr sehen kann.

Damit wurden schon eine Reihe von Pluto-Entsprechungen erwähnt, die eher die unerlöste Seite dieses Prinzips betreffen. Wir haben ja schon einige Kriterien herausgearbeitet, die es möglich machen zu bemessen, wann ein Prinzip (Tierkreiszeichen, Haus, Planet) als unerlöst und wann es als erlöst gilt. Dabei war ein wesentliches Kriterium der Grad der Bewußtheit im Umgang mit der entsprechenden Symbolik, ein anderes die Frage danach, ob die Ausrichtung des Menschen eine ausschließlich exoterische, auf die Außenwelt bezogene ist oder ob der/die Betreffende auch die esoterische Komponente, also seinen inneren Bezug zu dem Sachverhalt, miteinbeziehen kann. Ein weiteres wesentliches Kriterium ist die Einseitigkeit und Ausschließlichkeit der Symbolik. Denn wie wir am Modell der Entwicklungsspirale des Tierkreises sehen konnten, hat Höherentwicklung etwas mit der Integration anderer Symboliken in das Ausgangsprinzip zu tun; bis schließlich im höchsten Punkt der Entwicklung eine Einheit aller Prinzipien erreicht wird. Je einseitiger ein Symbol danach gedeutet werden kann, je mehr seine Funktion noch gefangen ist in seiner Spezialisierung, desto unerlöster ist es.

Auf Pluto bezogen bedeutet dies, daß seine Funktion um so unbewußter ist, je intensiver sich in ihr Eigenarten wie Fanatismus, zwanghafte ideelle Fixierung, Extremismus, Abhängigkeit von Sex and Crime zeigen. Mit der Höherentwicklung der Plutofunktion nimmt schrittweise das Spektakuläre, Zwanghafte ab, und Metamorphosen können ruhiger und einfacher ablaufen. Etwa vergleichbar mit dem Unterschied einer gewaltsamen Geburt und einer sanften Geburt.

In seinem unerlösten Aspekt zeigt sich Pluto – was seine sexuelle Komponente anbetrifft – in dem Versuch, über perverse Spiele in Richtung sadomasochistischer Praktiken die mangelnde eigene Sensibilität zu kompensieren. Die Hardcore-Reize müssen dann um so größer sein, je geringer die eigene Fähigkeit ist, sich zu geben.

Todesnähe wird dann als orgiastische Empfindung des endgültigen Loslassens interpretiert. Eine Erlösung der Plutofunktion in dieser Hinsicht würde dagegen die wachsende Bewußtheit von der Kontrollverlustschwelle in der eigenen Person sein. Je bewußter die Plutofunktion gelebt wird, desto klarer kann erkannt werden, wo rauschartige Abhängigkeitszustände einsetzen bzw. wo der Betreffende noch Herr seiner selbst ist.

Im konkreten Alltag bedeutet dies – nicht nur beschränkt auf das Thema Sexualität – das Bewußtsein davon, wo man aufhören soll, wenn es am schönsten ist. Das Feingefühl dafür, wo ein Weitermachen die aufgebaute Energie wieder zerstören würde, wo nach dem Rausch die Ernüchterung droht. Solange Pluto unbewußt ist, verführt er zum massiven Exzeß. Und im Gegensatz zu anderen Planetenfunktionen, wo es viel eher möglich ist, auf einen Autoregulationsprozeß zu vertrauen, der auch bei Ausblendung der Bewußtheit das aus der Mitte geratene System wieder abfängt, wirkt eine außerhalb der Bewußtheit geratene Plutofunktion wie ein gähnender Abgrund, der alles verschlingt.

Pluto kann auch als das Prinzip der Magie und des Schamanismus bezeichnet werden. Macht und Ohn-

## Pluto

Der Planet beschreibt in erster Linie das, was geschieht, und wird bei Horoskopinterpretationen am besten mit Verben beschrieben.

tiefgründige Wandlung, Abschied und Neubeginn, stirb und werde, der Phönix aus der Asche

*

idealistisch vorbildhaftes Verhalten, Selbstbeherrschung, Bereitschaft für hohe Ideale persönliche Opfer zu bringen, totaler Wille, sich in das für wichtig Gehaltene einzubringen

*

perfektionistische Lebenseinstellung, sexuelle Faszination, Offenheit für okkulte Phänomene, leidenschaftliche, nach außen nicht gezeigte Begeisterungsfähigkeit, Abschiedsschmerz

*

abergläubiger Spiritismus, Protesthaltung, Abhängigkeit von Tabuthemen, Doppelgesichtigkeit, suggestives Beeinflussen anderer, indirekte Machtspiele

*

bewußtes oder unbewußtes Abhängigmachen anderer, besessenes Sich-unentbehrlich-machen, indirekte Schuldzuweisungen, Eifersucht, Sucht, vampiristisches Ausnutzen

*

selbst- und fremdzerstörerische Aktionen, Rachefeldzüge, Faszination durch (Selbst-) Quälereien, Aasgeiertum, »Leichenfledderei«

machterlebnisse im Kontakt mit »der anderen Welt« fallen in Plutos Zuständigkeitsbereich. Die Frage nach der Erlösung der Plutofunktion in diesem Themenkreis läßt sich dabei vor allem an zwei Unterscheidungskriterien beantworten.

Das eine fragt danach, ob die Kenntnis der Naturgesetze, die den Magier ausmacht, im Sinn und mit der natürlichen Ordnung der Dinge oder gegen sie eingesetzt wird, ob sie die Welt zwingen und überwinden will oder sich mit den Kräften der Welt als deren ausführendes Organ betätigt.

Und das andere Kriterium fragt nach der Egolosigkeit der Machtausübung und unterscheidet unerlöste Macht, bei der die eigene Bedürfnisbefriedigung im Vordergrund steht, von der erlösten Macht, die aus der eigenen Wunschlosigkeit heraus die Dinge tut, weil sie getan werden müssen.

Bei keinem anderen Planetenprinzip ist die Frage nach Erlösung so entscheidend, wie bei der Plutofunktion. Denn kein anderes Prinzip tendiert, wenn man es sich selbst überläßt und nicht mit eigener Anstrengung zur Bewußtheit bringt, so sehr zur Destruktion. Pluto konfrontiert den Menschen schonungslos mit seinen Abgründen und Schwächen, führt ihn an Ohnmachtgrenzen, wo er glaubt, nicht mehr bestehen zu können. Er macht ihn mit seinen Abhängigkeiten so gnadenlos bekannt, wie einen Heroinsüchtigen mit seiner Abhängigkeit von der Spritze.

Und er hat zugleich die Funktion der Katastrophe in deren wahrer altgriechischer Bedeutung von »Umkehr«. Kein anderes Prinzip schenkt so das Gefühl der dionysischen Regeneration, der Versöhnung, wenn es gelingt, aus dem Abgrund durch den Sieg über sich selbst aufzutauchen.

Wenn Pluto bewußt gelebt wird, schenkt er die Gabe tiefer Wandlungsfähigkeit, die Kraft zu Verzicht auf für unverzichtbar Gehaltenes und Mitgefühl für Menschen in Grenzwertsituationen, in die sich der Plutonier wie kein anderer hineinversetzen kann.

Von besonderer Bedeutung für die Erlösung der Plutofunktion ist auch die Akzeptanz, als Mensch nur Mensch sein zu können. Denn Pluto suggeriert gern in seinem idealistischen Perfektionismus, daß auf dieser Welt das Absolute möglich wäre, und stürzt den plutobetonten Horoskopeigner in Schuldgefühle, wenn er diese

Totalität nicht erreicht. Pluto kann also – auf unerlösten Entwicklungsstufen – ein Überforderungssyndrom mit sich bringen, das entweder zur Ausbeutung körperlicher, seelischer und geistiger Ressourcen führt, um danach in depressive Unfähigkeitsgefühle abzusinken, oder bei entsprechend introvertierter oder phlegmatischer Temperamentslage von vorneherein zu einer resignativen Lebenseinstellung, weil der selbstgesetzte Anspruch schon vor dem ersten Schritt überfordert.

Hier hilft es, nicht nur mit dem Kopf, sondern auch mit dem Herzen den Satz zu verstehen: »Nobody is perfect« und sich darin liebend zu akzeptieren.

## Chiron: Über den Schmerz zur Erlösung

Da Chiron in jüngerer Zeit immer häufiger in die Betrachtung von Horoskopen miteinbezogen wird, möchte ich es nicht versäumen, auch einige Worte zu diesem Planetenprinzip zu verlieren.

Allerdings erscheint es mir vorab sinnvoll, etwas über die Bedeutung dieses Planetoiden im Verhältnis zu den traditionellen großen Planeten zu sagen. Selbstverständlich kann Chiron bei der Interpretation nicht dieselbe oder eine auch nur annähernd so wichtige Bedeutung zugemessen werden, wie den anderen zehn Planeten, mit denen die klassische Astrologie üblicherweise arbeitet. Sonst würde man sicherlich eine Themaverfehlung wegen falscher Schwerpunktsetzung begehen. Doch sind alle Planetoiden oder untergeordneten Horoskopfaktoren, wie etwa Fixsterne oder die Transneptuner der Hamburger Schule, für den einzelnen Horoskopeigner dann von hohem Interesse, wenn ein solcher Faktor auf einem seiner persönlich wichtigsten Punkte steht, d. h. auf AC, MC, Sonne und/oder Mond, bzw. einen der großen Aspekte[7] damit bildet. Während die Bedeutung von Chiron sonst sehr zweitrangig wäre, wird er doch kardinal bedeutsam, wenn er etwa in Konjunktion mit dem AC steht.

Der Symbolgehalt des Chiron kann vor allem aus zwei Merkmalen seiner Mythologie erklärt werden. Einmal aus seiner Centaurengestalt – halb Pferd, halb Mensch –, die das Ringen der Triebnatur mit dem Verstandesaspekt des Menschlichen symbolisiert. Der Leib des Pferdes steht dabei für die animalische Komponente – das Pferd wird auch in der Traumanalyse als Symbol für Triebhaftigkeit verstanden –, der menschliche Oberkörper des Zentauren für den Versuch des menschlichen Geistes und der Ratio, Kontrolle über den triebhaft animalischen Anteil der Persönlichkeit zu erlangen. Dieser Aspekt Chirons fordert von uns also vom Kampf zwischen Kopf und Bauch zu einem Gleichklang und Zusammenspiel dieser Persönlichkeitsbereiche zu gelangen. Es mag kein Zufall sein, oder eben ein Zufall im Sinne des gesetzmäßigen Zufallens, daß Chiron in einer Zeit entdeckt und zu astrologischer Bedeutung gelangt ist, in der die mundane Situation am unerlösten Kampf zwi-

7 Konjunktion, Opposition, Trigon, Quadrat, Sextil.

schen anima und ratio schwer erkrankt ist: Natur (anima) wird dem berechnenden Denken und profitgieriger Technokratie (unerlöste ratio) jeden Tag aufs neue geopfert: Regenwälder werden abgeholzt, die Ursubstanz der anima, nämlich die Meere, werden durch Verklappung giftiger Substanzen belastet, und die Atmosphäre wird durch das wuchernde Wachstum unnötiger Luxusgüter zerstört. Die Natur ihrerseits rächt sich durch vermehrtes Auftreten von Naturkatastrophen und beweist dem Menschen ihre unbändige Gewalt, vor der er mit all seiner rationalen, technischen Ausrüstung hilflos versagt.

Die Funktion des Planetoiden Chiron möchte erlöst werden durch einen bewußten Umgang mit der Natur, in der nicht die Ratio sich vergewaltigend die Natur untertan macht, sondern sich als Teil davon empfindet und sie hütet und pflegt. Die Grundprinzipien des Taoismus können hier ein hilfreicher Wegweiser bei der Bewußtmachung und der Erlösung der Chironsymbolik sein: Eins werden mit der Natur, Verschmelzung der Geistigkeit mit der anima, um im seligen Gleichklang mit den Rhythmen der Natur zu existieren.

Das zweite mythologische Merkmal des Chiron ist seine Wunde. Der Mythos spricht davon, daß Chiron bei einem Titanenkampf von einem verirrten Pfeil seines Schülers Herakles, der in das Gift der Hydra getaucht war, getroffen wurde. Chiron war als Titan unsterblich; und doch war das Gift der Hydra so zerstörerisch, daß er nicht mehr genesen konnte. So litt er – nicht leben und nicht sterben könnend – ständig an der schmerzhaften Wunde. Er konnte sich selbst nicht heilen, obwohl er neben Asklepios als der größte Heiler der Mythologie des Altertums galt.

So symbolisiert Chiron auch den Archetypus des verwundeten Heilers, dessen Heilerkräfte durch das Mitgefühl des selbst Betroffenen noch eine Steigerung erfahren. Dies macht die Chironfunktion so bedeutsam in den Geburtsbildern der ganz großen Heilerpersönlichkeiten der Geschichte, wie etwa Samuel Hahnemann, dem Begründer der Homöopathie, der Chiron im 1. Haus im Quadrat zu Mond und Trigon zu Jupiter hatte; Robert Koch, der Chiron im 1. Haus hatte, und Paracelsus, der Chiron am IC in der Mittelachse einer Drachenfigur hatte, die durch Chiron Opposition

Merkur, Chiron Trigon Jupiter und Mars sowie Merkur Sextil Jupiter und Mars gebildet wird.

Was Chirons Qualität als verwundeter Heiler anbetrifft, so erfahren wir bereits in der Mythologie, wie der Erlösungsweg verlaufen kann. Denn Chiron findet nach der gebräuchlichsten Überlieferung seine Erlösung dadurch, daß er sich nach Absprache mit Zeus bereiterklärt, den Prometheus zu erlösen, indem er – auf seine eigene Unsterblichkeit verzichtend – für diesen stirbt und in den Hades geht. Prometheus, der den Menschen gegen das Gebot des Zeus das Feuer geschenkt hatte, war von Zeus zur Strafe an einen Felsen gekettet worden. Der Adler des Zeus aber fraß die Leber des hilflosen Prometheus, ohne daß dieser sterben konnte. Prometheus ist in seinem Leiden dem Chiron also sehr verwandt. Auch er leidet an einer Wunde, die nicht verheilen kann, und kann seinen Schmerzen auch nicht durch den Tod entgehen. Als selbst vom Schicksal in ähnlicher Form Geschlagener kann Chiron Prometheus am besten verstehen und Mitgefühl mit ihm empfinden.

Wenn wir diese Geschichte betrachten, so weist sie uns deutlich den Weg zur Erlösung der Chironfunktion. Zumal denjenigen, die mit einer stark gestellten Position des Chiron in ihrem Geburtsbild vielleicht auch eine therapeutische Tätigkeit im weitesten Sinn des Wortes ausüben. Hier nämlich zeigt Chiron als Archetyp des verwundeten Heilers, wie wichtig es ist, sich selbst vom Leben verwunden zu lassen und auch das Sich-wundern nicht zu verlernen, wenn wir an dem Wunder der Heilung teilhaben wollen. Er zeigt weiterhin, daß zur wirklichen Erlösung und Heilung der Patienten häufig nur ein Weg hinführt, nämlich der, die Unsterblichkeit aufzugeben und nicht in der Rolle des »unsterblichen Gottes in Weiß« zu bleiben. Die Leber des Prometheus, und damit sein Urvertrauen[8], konnte erst heilen, nachdem Chiron seine Unsterblichkeit geopfert hatte. Und so kann das Vertrauen eines Patienten in seinen Therapeuten oft erst dann wirklich wachsen, wenn dieser die Ehrlichkeit besitzt, ihm nicht die Rolle des alles wissenden Unsterblichen vorzuspielen.

---

8 Die Leber wird in der Astromedizin dem Schützen bzw. dem Jupiter zugeordnet und steht damit in einem analogen Zusammenhang mit den jovischen Themenkreisen: Urvertrauen, Entwicklung, Sinnfindung, Religion etc.

Die erlöste Chironfunktion hat somit viel damit zu tun, uns vor uns selbst und vor unseren Mitmenschen unsere Schwächen und Wunden eingestehen zu können, dem anderen nicht die Maske des Untangierbaren vorzuhalten, sondern durch die Aufdeckung der eigenen Verwundbarkeit und Schwäche ein Gefühl der Gemeinsamkeit entstehen zu lassen. Manchmal mag diese chironische Schwäche mit dem Zwiespalt zwischen der animalischen Natur und der Geistigkeit zu tun haben, manchmal ganz einfach nur mit der Angst vor dem Tod bzw. dem Eingeständnis des Ich, daß es nicht ewig existieren wird, sondern den Weg alles Irdischen nehmen wird, nur Gast auf Erden ist und vergehen wird.

# Kombinationsübungen und Deutungen komplexer Konstellationen

Nachdem wir uns bisher mit der Einzelsymbolik von Tierkreiszeichen, Häusern und Planeten und ihren entsprechenden Entwicklungs- und Erlösungsmöglichkeiten beschäftigt haben, wäre es wichtig, diese Einzelbausteine in ihren vielfältigen Kombinationen zu untersuchen. Dies würde natürlich bedeuten, mindestens $12 \times 12 \times 10 = 1440$ Kombinationen zu besprechen, die Zahl, die sich ergibt, wenn man die 10 »klassischen« Planeten (bis einschließlich Pluto) in allen 12 Tierkreiszeichen und 12 Häusern besprechen wollte. Nur eine einzige Buchseite für jede dieser Kombinationen würde also ein Buch von 1440 Seiten füllen, ohne daß dabei z. B. auf Aspektierungen zwischen den Planeten eingegangen würde.

Ich hoffe daher auf ihr Verständnis, wenn ich mich hier darauf beschränke, einige wenige Symbolkombinationen stellvertretend für die vielen anderen in ihren Erlösungsmöglichkeiten zu besprechen. Vielleicht kann ich Sie damit zu eigener Kreativität im Umgang mit komplexeren Symboldeutungen anregen, zumal ich auch der Meinung bin, daß »kochbuchartige« Deutungsrezepte im individuellen Fall sehr unbefriedigend wären. Darüber hinaus bleibt ja auch noch die Möglichkeit – die sich wegen der typischen Eigenblindheit beim eigenen Horoskop besonders anbietet – sich von einem seriösen und symbolkundigen Astrologen im persönlichen Gespräch Anregungen zu holen.

Und schließlich möchte ich Ihnen mit dem im Anhang beigefügten Kartensystem helfen, sich ein wenig im Dschungel der Vielfalt von Symbolkombinationen zurechtzufinden.

## Kombinationsbeispiel: Mars im Steinbock im 2. Haus

Diese Konstellation könnte sich auf unerlöster Stufe z.B. in harten (Steinbock) Kämpfen (Mars), im Revier (2. Haus), einer unflexiblen (Steinbock) Ellenbogentaktik (Mars) in allen Vermögensangelegenheiten (2. Haus) oder auch in einer gehemmten (Steinbock) Selbstdurchsetzung (Widder) im eigenen Revier (2. Haus) äußern.

Auf etwas entwickelterem Niveau könnte dieselbe Konstellation zu einem überdurchschnittlichen Interesse an Bildhauerei oder Holzschnitzerei führen, weil hier der geradlinige und im Steinbock disziplinierte Mars sich mit dem bodenständigen Kunstverstand des 2. Stierhauses verbindet.

Wieder eine andere erlöste Möglichkeit, diese Symbolkombination zu leben, wäre der geradlinig ehrliche (Mars) und grundsolide bescheidene (Steinbock) Umgang in Eigentumsangelegenheiten (2. Haus). Man könnte dabei auch an eine Vorliebe für scharfe (Mars) und kernige (Steinbock) Ernährung (2. Haus) denken oder solide Zimmermannsarbeit (Mars/Steinbock) auf dem eigenen Grund und Boden (2. Haus).

Auf ihrer höchsten Entwicklungsstufe könnte diese Konstellation in einem ruhigen Selbstwertgefühl (2. Haus), das die Möglichkeit zu abgeklärtem (Steinbock) und gleichmütigem Handeln (Mars) möglich macht, erlebt werden. Oder auch in einem stillen (Steinbock) ausgewogenen Engagement (Mars) für Gastfreundschaftsrituale (2. Haus).

Bei der Suche nach passenden Entsprechungen für diese Symbolkombination kann Ihnen die nachstehend abgedruckte Kartenmatrix von Mars, Steinbock und dem 2. Haus Anregungen geben.

Die einzelnen Symbolkarten sind dabei so beschrieben, daß sich von unten nach oben die Höherentwicklung innerhalb des entsprechenden Symbols ablesen läßt. Ich habe mich bemüht, auf den Karten das bisher zu den entsprechenden Symbolen erarbeitete in stichwortartig verkürzter Form wiederzugeben, so daß Sie sich mit ihrer Hilfe an die ganze Komplexität der Symbolik erinnern. Bei der Kombination sollten Sie darauf achten, von verschiedenen Karten immer nur Entsprechungen miteinander zu kombinieren, die auf derselben oder zumindest einer ähnlichen Entwicklungsstufe stehen, da sich nur dann stimmige Aussagen ergeben.

Die Karten für die Planetensymbole beschreiben dabei überwiegend den funktionellen Ablauf des Geschehens. Denn die Planeten als Wanderer am Himmel verkörpern die Bewegung von Symbolenergien. Sie beschreiben damit, was geschieht.

Die Karten für die Tierkreiszeichensymbole beschreiben schwerpunktmäßig die Art und Weise, wie sich das Geschehen abspielt, färben also über das Dominationsprinzip[1] die Planetenfunktion. Sie können oft am besten über Adjektive beschrieben werden.

Die Karten für die Häusersymbolik beschreiben in erster Linie den Ort des Geschehens, also wo sich etwas abspielt, denn sie sind ein Symbol für die verschiedenen Facetten der Umgebung, in die wir gestellt sind.

Diese Zuordnung ist mehr eine Anregung, die verschiedenen Planeten – Tierkreiszeichen – Häusersymbole auf diese Art zuzuordnen

1 Vom Dominationsprinzip spricht man, wenn ein Planet auf dem Boden eines bestimmten Tierkreiszeichens zu Gast ist. Er wird dann von den Hausregeln des dort herrschenden Planeten gefärbt und bestimmt. So muß ein Mars im Steinbock die Regeln des Steinbockherrschers Saturn akzeptieren. Er wird damit von saturninen Eigenschaften gefärbt, dominiert.

## Mars

Der Planet beschreibt in erster Linie das, was geschieht, und wird bei Horoskopinterpretationen am besten mit Verben beschrieben.

handeln aus dem absoluten Gleichgewicht, absichtsloses Tun, das ganz dem Fluß des übergeordneten Ganzen angepaßt ist, frei von persönlichem Ergebnisstreben, gleichmütiges Agieren

*

ritterliches Engagement, zivilcouragiertes Eintreten für andere, leistender Kräfteeinsatz für die Sozietät, Freude an der eigenen Leistungskraft, besonnenes Handeln

*

sportliches Kräftemessen mit »Wettkampfpartnern« in allen Lebensbereichen, kontrolliertes, zielgerichtetes Handeln

*

rivalisieren, Leistungskampf mit Menschen, die andere Positionen vertreten, Eroberungsstrategie, hektisches, ruheloses Agieren

*

aggressives Sich-selbst-Durchsetzen, Ellenbogenmentalität, »Rambo-Manieren«, unbesonnenenes Draufgängertum

*

hirnloser Aktivismus, blindwütiges Rasen, Zerstörungslust, wütende Selbstschädigung

## Steinbock

Das Tierkreiszeichen beschreibt vor allem, wie etwas geschieht, und wird bei Horoskopinterpretationen am besten mit Eigenschaftswörtern beschrieben.

klar, still, rein, ewig

*

bescheiden, selbstgenügsam, konsequent, aufrecht, zurückhaltend, reif

*

ehrlich, geradlinig, treu, diszipliniert, sparsam, solide, ernst, seriös, grenzsetzend, kategorisch

*

kantig, eckig, unbeugsam, selbstgerecht, verurteilend, geizig, widerständlerisch, gehemmt, melancholisch, streng, rigide, beschränkend

*

rücksichtslos, egoistisch, rechthaberisch, verklemmt, unsensibel, unlebendig, autoritätshörig, hartherzig

*

depressiv, in aller Härte unterdrückend, bleiern, erstarrt, kalt, tot

## 2. Haus

Das Haus beschreibt in erster Linie, wo etwas geschieht, und wird bei Horoskopinterpretationen am besten mit Substantiven beschrieben.

in innerer Zufriedenheit, in sich selbst ruhend, »soweit das Auge reicht: mein Land (ohne Besitzurkunde)«

*

in erwartungsfreier Sinnenfreude, in guter Gemeinschaft, in ruhigem Selbstwertgefühl, in gelassener Beständigkeit, in feinem Geschmacksempfinden, »in der romanischen Kirche«

*

in gesicherter Verwurzelung, in solider Vermögenssituation, auf fester Grundlage, »in der schuldenfrei ersparten Wohnküche«, »der glückliche Bildhauer«

*

in träger Erwartungshaltung, in bequemem Sinnengenuß, in Abhängigkeit vom Gruppenzwang, »Kegelbrüder unter sich«, feist auf seinem Geldsack

*

in passiver Unbeweglichkeit, in oraler Gier, im erstickenden Sammeltrieb, in dummer Vereinsmentalität, »betrunken am bierseligen Stammtisch«

*

im Gefängnis eigener Engstirnigkeit, in hirnlosem Wiederkäuen alter Eindrücke, in grober Klotzigkeit, »Via mala«, tiefstes bäuerlich-dumpfes Milieu als eine Verpflichtung. Manchmal sind die Grenzen dabei schwimmend, was Sie auch an der teilweise etwas differierenden Schwerpunktsetzung anderer Astrologen ablesen können.

Es ist unnötig zu erwähnen, daß die einzelnen Symbole durch meine stichwortartigen Begriffszuordnungen bei weitem nicht erschöpfbar sind. Mehr als eine ganz grobe Matrix ist Ihnen damit nicht an die Hand gegeben.[2] Um in den nahezu unerschöpflichen Reichtum der Symbolentsprechungen einzudringen, ist es unentbehrlich, sich in jahrelanger praktischer Überprüfung der astrologischen Symbolthesen am Leben zu üben. Wenn Sie damit einmal begonnen haben, wird sie die Faszination sicherlich nicht mehr loslassen, zumal mit der Erweiterung Ihrer Symbolkenntnis auch gleichzeitig mit dem Bewußtseinshorizont eine Befreiung von festgefahrenen Verhaltensmustern erlebt werden kann: Je mehr Symbolentsprechungen Sie kennenlernen, desto geringer ist der Schicksalszwang, der Sie anfangs auf ein sehr reduziertes Verhaltenspotential beschränkt.

Betrachten wir also die Kartenkombination Mars/Steinbock/2. Haus. Neben den eingangs erwähnten Kombinationen könnten wir aus der Karte auf der untersten Entwicklungsebene die Formulierung entnehmen: Ein in aller Härte unterdrückendes (Steinbock), blindwütiges Rasen (Mars) zu gieriger Besitzsicherung (2. Haus).

Es ist kaum vorstellbar, daß dieselbe Konstellation auf ihrer entwickeltsten Ebene lauten könnte: Ein stilles (Steinbock) Handeln aus dem absoluten Gleichgewicht (Mars) in innerer Zufriedenheit und Ruhe (2. Haus). Bis es so weit ist, gibt es einiges zu tun. Viele verschiedene Schritte liegen zwischen der dumpfen Ausgangssituation und der letzten Erfüllung. So können wir auf der 4. Stufe formulieren: Ein disziplinierter (Steinbock) sportlicher Wettstreit (Mars) mit dem Ziel der Sicherung des eigenen Reviers.

Natürlich können Sie bei diesen Kombinationsübungen alle Begriffe, die bei der Höherentwicklung der Tierkreiszeichen, der »coniunctio oppositorum« der Häuser und der Erlösung der Pla-

2 Wer sich weitere Anregung in bezug auf die Symbolentsprechungen auf vielen verschiedenen Wirklichkeitsebenen holen möchte, sei dazu auf folgendes Buch verwiesen: Nicolaus Klein/Rüdiger Dahlke, Das senkrechte Weltbild. Symbolisches Denken in astrologischen Urprinzipien, München [4]1993.

netenenergien entwickelt worden sind, in ähnlicher Form miteinander kombinieren oder auch alle Begriffe, die sie bisher schon selbst zu den einzelnen Symboliken erarbeitet haben. Dann ist es allerdings wichtig, darauf zu achten, daß die einzelnen Komponenten die gleiche Entwicklungshöhe aufweisen. Beim Benutzen der Karten sollten sie beispielsweise nicht mehr als eine Entwicklungsstufe zwischen den nebeneinanderliegenden Karten miteinander kombinieren. So könnte beispielsweise entstehen: Bescheidenes (5. Stufe Steinbock) sportliches Kräftemessen (4. Stufe Mars) in guter Gemeinschaft mit anderen (5. Stufe 2. Haus).

Nicht mehr zulässig wäre dagegen die Verbindung: Unbeugsames (3. Stufe Steinbock) sportliches Kräftemessen (4. Stufe Mars) in dummem Vereinsklima (2. Stufe 2. Haus).

Wenn ich davon gesprochen habe, daß es durchaus möglich ist, daß wir in verschiedenen Bereichen unseres Horoskops, also unserer Persönlichkeit, unterschiedliche Entwicklungsebenen erreicht haben können, so ist dies innerhalb desselben Tierkreiszeichens oder Hauses eher unwahrscheinlich und betrifft primär weiter auseinanderliegende Horoskopbereiche. Im Umgang mit demselben Lebensbereich (Häusersymbolik) oder einer bestimmen Art, wie wir uns verhalten (Tierkreiszeichenbereich) werden wir uns in aller Regel auf derselben Entwicklungsstufe bewegen. Die Planeten passen sich der Bewußtheitsqualität des Tierkreiszeichens oder Hauses, in dem sie stehen, an, so daß man etwa die Entwicklungsstufe eines Mars (und damit all seiner Analogien) im 2. Haus besonders gut aus dem Besitz- und Verwurzelungsverhalten des entsprechenden Horoskopeigners, z.B. seinen Umgang mit Geld oder mit der Nahrungsaufnahme, erkennen kann. Auch die Entwicklungsstufe des Tierkreiszeichens, in dem der Planet steht, hebt oder drückt dessen Niveau.

Hat man bei sich oder anderen also erkannt, daß die Steinbockqualitäten des betreffenden Horoskopeigners insgesamt auf einer hohen Stufe gelebt werden (bescheiden, selbstgenügsam, aufrecht ... 5. Stufe der Karte), so ist es dem im Steinbock stehenden Mars kaum möglich, sich in Form von Rambo-Manieren (2. Stufe der Karte) zu verwirklichen. Da die einzelnen Stufen der Karten – dies gilt übrigens auch für die acht Entwicklungsstufen der Tierkreiszeichen und die Einteilung der Häuser in Verwirklichungshöhen –

fließende Übergänge beschreiben, kann man durchaus noch Begriffe, die in aneinandergrenzenden Ebenen liegen, miteinander kombinieren.

Ich habe bewußt in diesem Buch nicht dasselbe Schema – acht Entwicklungsebenen für die Tierkreiszeichen, acht Ebenen für die Häuser und acht Ebenen für die Karten – verwendet, um hier keine »Bauklötzchenastrologie« zu etablieren. Keinem interpretierenden Astrologen kann und soll die Arbeit abgenommen werden, selbst zu beurteilen, auf welcher Stufe ein Symbolprinzip verwirklicht ist. Dieser Spielraum kann nicht standardisiert werden, ohne zugleich die Gefahr heraufzubeschwören, sich ein Urteil anzumaßen, ob man einen Menschen der Kategorie 3 oder gar einen Erleuchteten vor sich hat. Denken Sie bei diesen Auslegungen bitte auch immer daran, daß man als deutender Astrologe durch die Art seiner Deutung manchmal mehr vom eigenen Niveau preisgibt als von dem des Horoskopeigners. Es steht dem Astrologen gut an, sich nicht anzumaßen, sein Gegenüber in pauschale Entwicklungskategorien einzuteilen. Viel besser ist es, dem Beratenen die Gefahren einer unerlösten Entsprechung seiner Konstellationen zu beschreiben und daneben die vielen Möglichkeiten zu stellen, dieselbe Konstellation erlöst zu leben. Der Ratsuchende weiß sich so an diesen Eckpunkten selbst einzuordnen und kann sie als Orientierungshilfe benutzen.

Im übrigen ist es auch nur möglich, die Entwicklungsstufe eines Menschen oder einer seiner Verhaltensweisen zu beurteilen, wenn man selbst mindestens dieselbe oder eine höhere Stufe erreicht hat. Genauso ist es höchst amüsant zu beobachten, wie Schüler verschiedener Gurus darüber diskutieren, wessen Meister weiter entwickelt ist.

So gesehen können die hier und auch bei den Karten beschriebenen Einteilungen nur als Gedankenstützen Sinn machen, nicht als Dogma.

Natürlich können bei der Kombinatorik nicht nur Karten der drei verschiedenen Komponenten Tierkreiszeichen, Häuser und Planeten miteinander verbunden werden, sondern auch bei der Deutung von Aspekten die Karten der einzelnen Planeten, wie wir an den folgenden Horoskopbeispielen sehen werden.

# Bruce Lee

Betrachten wir zunächst einige martialische Kombinationen und verschiedene Möglichkeiten, sie zu verarbeiten.

Das Horoskop ist das Geburtsbild von Bruce Lee, dem wohl bekanntesten Kung-Fu-Akteur der Filmgeschichte. Bruce Lee war amerikanischer Schauspieler chinesischer Abstammung, der als Hauptdarsteller, später auch als Regisseur und Berater in Hongkong und den USA bei Kung-Fu-, Karate- und Actionfilmen mitwirkte. Die Filme sind großenteils reine Action-Spektakel, bei denen es weniger um anspruchsvolle Themen bzw. Hintergründe geht, sondern primär um spektakuläre Körperbeherrschung und Kampftechnik, obwohl Bruce Lee zumindest bei den späteren Werken den Anspruch einer Kampfkunstphilosophie damit verband.

Sein Lebensthema wird durch sein Horoskop in vielen Konstellationen abgebildet:

Die Sonne steht im 1. Haus, weil sie in Konjunktion mit dem Aszendenten steht, und sucht dort ihren Weg »vom Ich zum Selbst«, von der Egodominanz des Tyrannen bis hin zum kraftvollen in sich zentrierten Sein; das ist das Spektrum der Karte Sonne von der 1. bis zur 6. Ebene. Im 1. Haus kann sie sich dabei von der unerlöstesten Stufe des »Blutrauschs auf dem Schlachtfeld« und der »Freude des Söldners am Töten und Vergewaltigen«, also der derbsten »Ninya-Reißer-Action«-Ebene bis hin zu der höchsten Verwirklichung des »Eins-Sein mit Meister Wu-Wei« bewegen und muß dabei die Stadien des Sieges um jeden Preis, des Faustrechts, des rivalisierenden Leistungssports, der Turnierplatz-Ritterlichkeit und des wahren Kampfkunsttrainings durchmessen.

Darüber will die Sonne im 1. Haus auch eine eigene Körperlichkeit zum Ausdruck bringen, was sicherlich ein Hauptthema der Filme Lees gewesen ist. Bevor es zum entscheidenden Showdown mit seinen Gegnern im Kampf kam, entledigte sich Bruce Lee fast regelmäßig seiner Oberkörperbekleidung, um so seinen bodygebildeten, durchtrainierten Körper zu zeigen.

Wir sehen also, wie Bruce Lee – bewußt oder unbewußt – in seiner Tätigkeit diese Horoskopkonstellation bearbeitet hat.

| | | | | |
|---|---|---|---|---|
| ☉ Lee, Bruce | | Mi.27.11.1940 | | UZ: 7:12 |
| San Francisco | L:122W14′ | B: 37N48′ | Plac. | WZ: 15:12 |

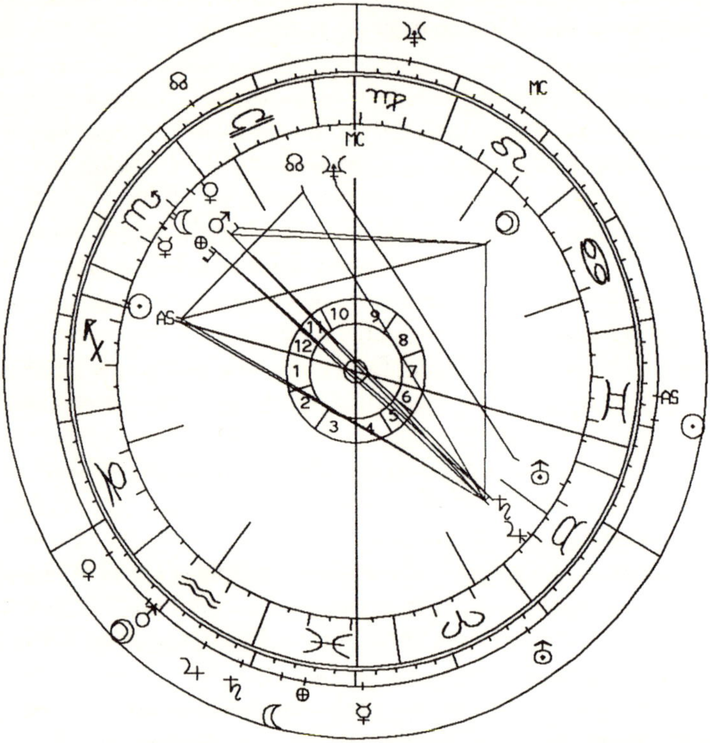


| | | | | | | | |
|---|---|---|---|---|---|---|---|
| ☉ Sonne | | | ♐ | 5°15′ | | | |
| ☽ Mond | | | ♏ | 11°24′ | | | |
| ☿ Merkur | | | ♏ | 15°17′ | | | |
| ♀ Venus | | | ♏ | 1°22′ | | | |
| ♂ Mars | | | ♏ | 4°34′ | | | |
| ♃ Jupiter | | | ♉ | 7°33′R | | | |
| ♄ Saturn | | | ♉ | 9°28′R | | | |
| ♅ Uranus | | | ♉ | 23°41′R | | | |
| ♆ Neptun | | | ♍ | 27°24′ | | | |
| ♇ Pluto | | | ♌ | 4°14′R | | | |
| ☊ Mondknoten | | | ♎ | 8° 0′R | | | |
| AS | ♐ 6°21′ | 2 | ♑ 8°28′ | 3 | ♒ 15°20′ | | |
| MC | ♍ 21°27′ | 11 | ♎ 21°35′ | 12 | ♏ 15°44′ | | |

| | ☉ | ☽ | ☿ | ♀ | ♂ | ♃ | ♄ | ♅ | ♆ | ♇ |
|---|---|---|---|---|---|---|---|---|---|---|
| ☽ | | | | | | | | | | |
| ☿ | | ☌ 3 | | | | | | | | |
| ♀ | | | | | | | | | | |
| ♂ | | | | ☌ 3 | | | | | | |
| ♃ | ⊼ 2 | ☍ -3 | | | ☍ -3 | | | | | |
| ♄ | | ☍ -1 | | | ☍ -4 | ☌ 1 | | | | |
| ♅ | | | | | | | | | | |
| ♆ | | ∠ -1 | | | | | | △ 3 | | |
| ♇ | △ 1 | | | □ -2 | □ 0 | □ -3 | | | | |
| ☊ | ⚹ -2 | | | | | ⊼ 0 | | ⚼ 0 | | |
| AS | ☌ 1 | | | | | ⊼ 1 | | | | |
| MC | ⬠ 1 | | | | | ⚼ -1 | | | | |

| | |
|---|---|
| Fe | 24 ☉ ♇ AS |
| Lu | 0 ☊ |
| Wa | 23 ☽ ☿ ♀ ♂ |
| Er | 25 ♃ ♄ ♅ ♆ MC |

Die Sonne und der Aszendent im Schützen weisen darauf hin, auf welche Art diese Selbstverwirklichung erfolgte. Die Entwicklungsgeschichte von Bruce Lee, wie sie im Laufe der Jahre an seinen Filmen abgelesen werden kann, zeigt auch hier ein Fortschreiten von anfänglich recht großspurig hochstapelnder Selbstdarstellung bis hin zu zurückhaltenderem, sendungsbewußterem, missionarischem Auftreten. Die theatralische Komponente, die alle Feuerzeichen auszeichnet, wurde von ihm schützegemäß in die Richtung des Gurus interpretiert, der er in seiner Ära für viele schlichter veranlagte Kampfsportinteressenten dann auch wurde. Zumindest aber kann man ihn als Botschafter der Kampfkunst bezeichnen. Der Begriff »Botschaften« wird schützebetonten Persönlichkeiten übrigens sehr häufig verliehen.

Besonders stark wird sich neben den schon erwähnten Faktoren aber die komplexe Mars-Aspektierung auf sein kämpferisches Leben ausgewirkt haben. Mars steht in seinem Horoskop im 11. Haus im Skorpion in Opposition zu Saturn und Jupiter und im Quadrat zu Pluto und in Konjunktion mit Venus im Skorpion. Er beherrscht den Selbstausdruck Bruce Lees, da er der Herrscher über das 5. Haus des Selbstausdrucks ist (Spitze des 5. Hauses im Widder!).

Schon die Kombination Mars/Venus ist in einer von vielen Möglichkeiten als Kampf(Mars)-Kunst (Venus) erlebbar und erlösbar, als Verbindung von Kampfkraft und Gleichgewichtsgefühl, von sportlichem Kräftemessen und tänzerischer Harmonie.

Die Position dieser beiden Planeten im Skorpion kann die Kampfkunstthematik je nach dem Erlösungsgrad des Skorpions in der Skala von sadistisch-zerstörerisch über zwanghaft-fanatisch bis hin zur perfektionistischen, selbstbeherrschten und aufopferungsvollen Formen färben – und damit auch den möglichen Entwicklungsweg vorzeichnen.

Die Opposition zu Saturn und Jupiter kann sich unerlöst als eine Unvereinbarkeit des eigenen Handelns (Mars) mit dem Gesetz (Saturn) und der Gerechtigkeit (Jupiter) darstellen, so lange die Opposition Ausdruck nicht integrierter Gegensätzlichkeit ist. Mit der in der Entwicklung fortschreitenden Annäherung der Gegensätze (Gegenzeichen) und der damit erfolgenden Integration des anfänglich Abgelehnten kann dieselbe Konstellation sich zu einer Aktivität (Mars) wandeln, die durch tiefe (Saturn) Sinnhaftigkeit (Jupiter), durch Bescheidenheit und Disziplin (Saturn) und Dynamik und Weitsichtigkeit (Jupiter) geprägt ist.

Das Quadrat von Pluto aus dem 8. Haus verstärkt zweifach (Pluto und 8. Haus!) die schon in der Marsposition im Skorpion angelegten Themen: Die Besessenheit in der Aktion, mit der Gefahr, in rauschartig unkontrollierte Aktionen zu entgleisen bzw. durch okkultistische Fanatisierung in unerlöste Entsprechungen der Symbolik abzugleiten. Der perfektionistische Anspruch, der durch die Summierung der plutonischen Faktoren Mars im Skorpion, Mars Quadrat Pluto, Pluto-Quadrat aus dem 8. Haus entsteht, kann anfangs so unmenschlich sein, daß er sich selbstzerstörerisch auswirkt. Bei vielen der asiatischen Kampfsportfilme bis hin zu den akrobatischen Aktionen der chinesischen Oper wird in der Tat ein Training – oft vom zarten Kindesalter an – gefordert, was dieser Veranlagung entgegenkommt. Sie beinhaltet – positiv ausgedrückt – auch ein ganz besonderes Potential zur Perfektionierung kämpferischer Aktion, wie Bruce Lee es in seiner beeindruckenden Körperbeherrschung verwirklichte.

Wir haben mit dem Horoskop Bruce Lees nun eine Möglichkeit kennengelernt, gespannte Mars-Verbindungen zu bearbeiten und schrittweise zu erlösen.

# Auguste Rodin und Camille Claudel

Wenden wir uns dem bekannten französischen Künstler Auguste Rodin zu. Rodin war Dekorateur, Porzellanhersteller, Zeichner, Radierer; er wurde aber vor allem als Bildhauer bekannt, und gilt – besonders durch seine Torsoplastiken – als Vater der modernen Skulptur. Berühmte Werke sind beispielsweise: Der Denker (1880), Bürger von Calais (1886), und Balzac (1898).

Zunächst fällt bei der Betrachtung des Geburtsbilds von Rodin die ausgeprägte saturnine Komponente auf, die zur Auseinandersetzung mit der steinernen Dimension des Lebens geradezu auffordert: Der Aszendent im von Saturn beherrschten Steinbock sowie Sonne und Jupiter im saturninen 10. Haus.[3]

Damit wird für Rodin in seinem Geburtsbild das Lebensthema der Entwicklung aus der Dimension der Erstarrung, Depression und Kälte in die lichten Regionen bescheidener und würdevoller Klarheit vorgezeichnet. Die Erlösung des Aszendententhemas Steinbock hat mit einer schrittweisen Annäherung an das flexible und empfängliche Ergänzungszeichen Krebs zu tun. Ansätze dazu sind in Rodins Schaffen im Bruch mit der leblosen Statuenhaftigkeit und den Historienplastiken des 19. Jahrhunderts zu sehen.

Weniger dagegen läßt sich eine Entwicklung zur Weichheit (Krebs) in seinen persönlichen Beziehungen ablesen. Die durch die Position der Sonne und Jupiters im 10. Haus ausgedrückte Veranlagung zum Karrierestreben, die Sucht nach Bestätigung durch die Öffentlichkeit war offensichtlich so stark, daß sie Rodin daran hinderte, seiner Schülerin und Geliebten Camille Claudel die Chancen einzuräumen, aus seinem Schatten zu treten, woran die ehrgeizige Camille (ebenfalls Steinbock-Aszendent und Saturn als höchststehender Planet am MC) schließlich zerbrach.[4] In der Lernaufgabe

3 Die Sonne steht hier zwar rein rechnerisch und auch optisch noch im 9. Haus, wird aber als 10.-Haus-Sonne gedeutet, da sie sich durch die Konjunktion mit dem MC in das 10. Haus hineinzieht.

4 Im Gegensatz zu Bruce Lee, wo die 1.-Haus-Sonne die Ambition zeigte, in der Darstellung der eigenen Körperlichkeit seinen Sinn zu finden, strebt Rodins 10.-Haus-Sonne nach einer Anerkennung seiner Produkte, seiner Werke. Denn das 10. Haus bzw. der MC ist das Ergebnishafte.

| ☉ Rodin Auguste | | Do.12.11.1840 | | UZ: 12:00 |
|---|---|---|---|---|
| Paris | L: 2E20' | B: 48N50' | Plac. | WZ: 11:51 |

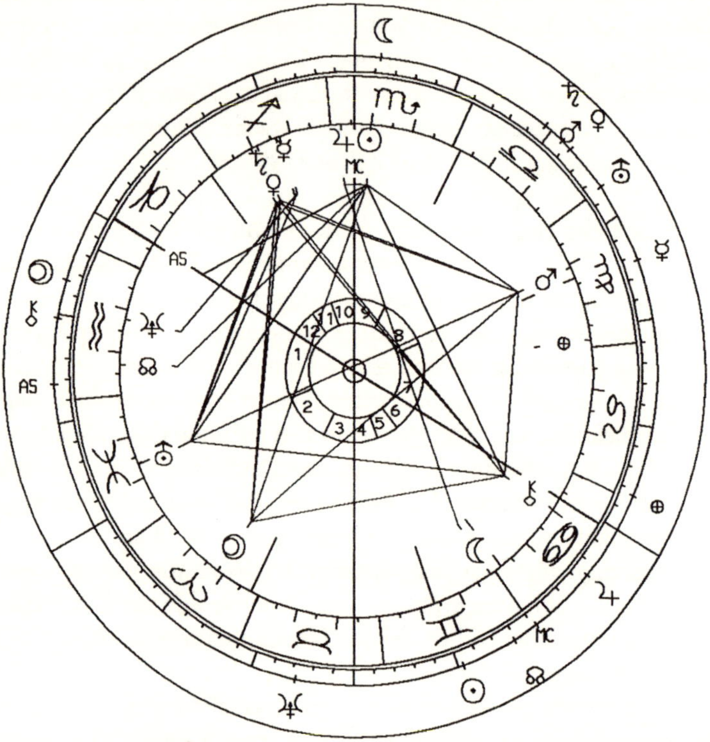

| | | |
|---|---|---|
| ☉ Sonne | ♏ | 20°13' |
| ☽ Mond | ♊ | 28°44' |
| ☿ Merkur | ♐ | 12°44' |
| ♀ Venus | ♐ | 18°44' |
| ♂ Mars | ♍ | 19°17' |
| ♃ Jupiter | ♏ | 27°27' |
| ♄ Saturn | ♐ | 20°19' |
| ♅ Uranus | ♓ | 16°32'R |
| ♆ Neptun | ♒ | 12°10' |
| ♇ Pluto | ♈ | 18°22'R |
| ☊ Mondknoten | ♒ | 22°53'R |

| | | |
|---|---|---|
| AS ♉ 23°11' | 2 ♓ 16°39' | 3 ♈ 27°56' |
| MC ♏ 24° 8' | 11 ♐ 13°44' | 12 ♉ 1°46' |

| | ☉ | ☽ | ☿ | ♀ | ♂ | ♃ | ♄ | ♅ | ♆ | ♇ |
|---|---|---|---|---|---|---|---|---|---|---|
| ☽ | | | | | | | | | | |
| ☿ | | | | | | | | | | |
| ♀ | | | | | | | | | | |
| ♂ | ⚹ 0 | | | □ 0 | | | | | | |
| ♃ | ☌ 7 | ⚻ -1 | | | | | | | | |
| ♄ | | | | ☌ 1 | □ 1 | | | | | |
| ♅ | △ -3 | | □ 3 | □ -2 | ☍ -2 | | □ -3 | | | |
| ♆ | | ⚼ 1 | ⚹ 0 | | ⬠ -1 | | | | | |
| ♇ | ⚻ -1 | | | △ 0 | ⚻ 0 | | △ -2 | | | |
| ☊ | □ 2 | | | | | | | | | |
| AS | ⚹ 3 | | | | | | | | | |
| MC | ☌ 3 | | | | | | | | | ⬠ 0 |

| | |
|---|---|
| Fe | 19 ☿ ♀ ♄ ♇ |
| Lu | 12 ☽ ♆ ☊ |
| Wa | 26 ☉ ♃ ♅ MC |
| Er | 15 ♂ AS |

einer Sonnenposition im 10. Haus – nämlich der »coniunctio oppositorum« – liegt auch die Aufgabe, sich von der Fixierung auf ein Prominentenleben in der Öffentlichkeit zu lösen und auch dem Privatleben des 4. Hauses eine Möglichkeit zur Integration zu geben. Das Privatleben von Rodin kam aber – soweit uns durch Biographien der Zugang dazu eröffnet ist – nie so zu seinem Recht. Die Ehe mit seiner Frau soll, obwohl in steinböckischer Manier nie ganz aufgegeben, mehr auf dem Papier existiert haben; und die geliebte Camille teilte mit ihm, soweit man weiß, nur Arbeit und Sex – letzteres ist ablesbar an der Skorpionsonne Rodins. Mag sein, daß er durch Jupiter im 10. Haus, seinen Erfolgsgehilfen bei der öffentlichen Anerkennung seiner Arbeiten, die süchtige Abhängigkeit vom Ruhm einem erfüllten Privatleben vorzog. So genial uns das Werk Rodins auch entgegentritt, so wenig können wir bei ihm die wichtige Integration der privaten Dimension des 4. Hauses erkennen.

Seine Sonne steht im Tierkreiszeichen Skorpion. Dies wirkt sich in seiner Selbstverwirklichung aus. In seinem künstlerischen Werk zeichnet die Skorpionsonne verantwortlich für seinen handwerklichen Perfektionismus und für die impressionistischen (Wasserzeichen!) und symbolistischen (leitbildhafte Grundorientierung des Skorpions!) Züge seiner Arbeit. Im Privaten zeigt sich das Skorpionthema in der teilweise vampyristischen Ausbeutung der bildhauerischen Qualitäten Camille Claudels, von deren Arbeiten er mehr als profitierte. In gewisser Weise mußte er sich wohl fragen, ob er Camille nicht als Geliebte in zweifacher Hinsicht mißbrauchte: als Frau und als Künstlerin.

Freilich kann man an Camille Claudels Horoskop erkennen, wo ihr eigener Anteil an dieser Situation lag, durch den sie zu dem Mißbrauchstatbestand selbst beitrug: Eine Frau, die mit den amazonenhaften Komponenten einer Schütze-Sonne in Konjuktion mit Jupiter und Opposition zu Mars sowie eines Widder-Mondes ausgezeichnet ist, konnte die aus ihrer Sicht almosenhaften Angebote Rodins, durch die er sie unterstützen wollte, nicht annehmen und es wohl auch nie ertragen, primär als Schülerin und Gehilfin Rodins geschätzt zu werden.

In gewisser Weise konnte sie wohl die Spannung in ihrem Geburtsbild zwischen dem Bedürfnis, die Beste zu sein (ehrgeiziger Steinbock-Aszendent, hochfliegende Schützesonne mit Jupiter-

| | | | | |
|---|---|---|---|---|
| ☉ Claudel, Camille | | Do.8.12.1864 | | UZ: 9:00 |
| Fere en Tardenois | L: 3E31′ | B: 49N12′ | Plac. | WZ: 8:46 |

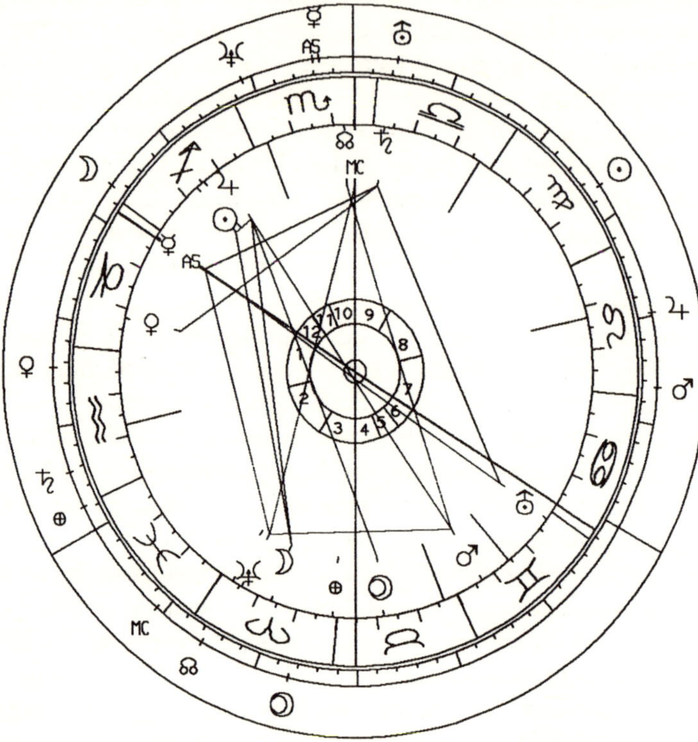

| | | |
|---|---|---|
| ☉ Sonne | ♐ | 16°36′ |
| ☽ Mond | ♈ | 13°29′ |
| ☿ Merkur | ♉ | 1°44′ |
| ♀ Venus | ♉ | 22°20′ |
| ♂ Mars | ♊ | 6°47′R |
| ♃ Jupiter | ♐ | 10°14′ |
| ♄ Saturn | ♎ | 27°13′ |
| ♅ Uranus | ♊ | 27°54′R |
| ♆ Neptun | ♈ | 5°34′R |
| ♇ Pluto | ♉ | 11°42′R |
| ☊ Mondknoten | ♏ | 7°19′R |

| | | |
|---|---|---|
| AS ♉ 2° 3′ | 2 ♒ 17°17′ | 3 ♈ 3° 7′ |
| MC ♏ 4°39′ | 11 ♏ 26°39′ | 12 ♐ 14°31′ |

| | ☉ | ☽ | ☿ | ♀ | ♂ | ♃ | ♄ | ♅ | ♆ | ♇ |
|---|---|---|---|---|---|---|---|---|---|---|
| ☽ | △-3 | | | | | | | | | |
| ☿ | | | | | | | | | | |
| ♀ | | | | | | | | | | |
| ♂ | | | | ⚼ 0 | | | | | | |
| ♃ | ☌ 6 | △ 3 | | | ☍-3 | | | | | |
| ♄ | | | ⚹ 4 | □-4 | | ∠-2 | | | | |
| ♅ | | ⬠ 2 | ☍-3 | | | | △ 0 | | | |
| ♆ | | | □ 3 | ⬠ 1 | ⚹ 1 | | | | | |
| ♇ | | | | | | ⚻ 1 | | ∠ 1 | | |
| ☊ | | | | | ⚻ 0 | | | | | |
| AS | | | ☌ 0 | | | | | | | |
| MC | | | | | | | | | ⚻ 0 | |

| | |
|---|---|
| Fe | 27 ☉ ☽ ♃ ♆ |
| Lu | 14 ♂ ♄ ♅ |
| Wa | 7 ☊ MC |
| Er | 24 ☿ ♀ ♇ AS |

Konjunktion, und leistungsbezogener Widder-Mond), und der anonymen Position ihrer Sonne im Hintergrund des 12. Hauses nicht verarbeiten.[5] Vielleicht hätte ihr die Kenntnis ihrer im Geburtsbild vorgezeichneten Lebensaufgabe helfen können, ihr Lebensrätsel zu lösen: Zu begreifen, daß es zu ihren Aufgaben gehört, ihre Genialität aus dem Hintergrund heraus, aus der Anonymität des 12. Hauses, zu leben. Die Lernaufgabe lag wohl darin, die stille Zurückgezogenheit des 12. Hauses mit dem Geltungsdrang der Schützesonne, des Widdermondes und des Steinbockaszendenten zu vereinbaren.

Doch kehren wir noch einmal zurück zum Horoskop Rodins. Mitverantwortlich für die bildhauerischen Neigungen und Talente ist in seinem Geburtsbild die folgende komplexe Konstellation: Venus Konjunktion Saturn mit den beiderseitigen Quadraten von Mars und Uranus. Die Venus-Saturn-Verbindung stellt allein schon eine Neigung zum künstlerischen Arbeiten (Venus) mit Stein oder anderen harten und klar strukturierten Werkstoffen (Saturn) dar. Das Marsquadrat dagegen zeigt das »Behauen« des Steines.

Wir haben damit ein konkretes Beispiel für die unterschiedlichen Möglichkeiten, ähnliche Planetenkonstellationen zu verarbeiten. In beiden Fällen wird die Mars-Saturn-Verbindung als Kombination von kämpferisch agressiver Energie (Mars) und Widerstand (Saturn) mit der ästhetischen Komponente der Venus verbunden. Vereinfacht könnte man in beiden Fällen von einem »kunstvollen Behauen von Stein« sprechen. Wer sich nicht mit Symbolik auskennt, wird dies als platte Verallgemeinerung abtun, dem Symbolkundigen dagegen eröffnen sich durch diese Betrachtungsweise Welten.

Denn er vermag in eben derselben Konstellation auch die Gemeinsamkeiten in den Lernaufgaben im partnerschaftlichen Bereich (Venus), die die beiden Horoskopeigner verbindet, zu sehen. Die Aufgabe, mit der durch das Geburtsbild vorgegebenen Strenge (Saturn) und Agressivität (Mars) in Beziehungen (Venus) bewußt umgehen zu lernen.

Und er wird in der genannten Planetenkonstellation bei astro-

5 Camille Claudel zerbrach an diesen Spannungen und verbrachte ihr Lebensende in einer Nervenheilanstalt (unerlöste Entsprechung des 12. Hauses!).

medizinischer Betrachtungsweise eine Veranlagung zu Nieren (Venus)-Steinen (Saturn) und einer damit verbundenen Operation (Mars) bzw. Entzündung (Mars) erkennen können oder eine Veranlagung zur entzündlichen (Mars) Venen(Venus)-Trombose (Saturn). Diese Verlagerung auf die Ebene der Krankheitssymptome wird er in Zusammenhang sehen mit einer mangelnden Bewußtheit von der partnerschaftlichen Lernaufgabe, und er wird andererseits die Chance erkennen, diese Konstellation über bildhauerisches Arbeiten oder Kampfkunsttraining zu erlösen.

Schlußfolgerungen, die dem naturwissenschaftlich kausal denkenden Menschen als abergläubischer Unsinn erscheinen und seiner Denkweise in ihren ganzheitlichen Zusammenhängen verborgen bleiben.

Dem Astrologen dagegen wird deutlich, daß sowohl Bruce Lee als auch Auguste Rodin ihre in partnerschaftlicher Hinsicht sehr anstrengenden Konstellation über ihre Berufswahl zu lösen suchten.

Dazu fanden sie instiktiv oder intuitiv ohne den Rat eines Astrologen. Und doch glaube ich, daß es einem mit sich und seinen Problemen ringenden Menschen sehr helfen kann, sich durch einen symbolkundigen Astrologen in dem oft schon vorhandenen eigenen Gefühl bestätigen zu lassen, daß der eingeschlagene Lebensweg mit der in seinem Geburtsbild vorgezeichneten Lebensaufgabe übereinstimmt. So wächst die Sicherheit, mit seinen Ambitionen in der Ordnung des göttlichen Kosmos, den das Geburtsbild abbildet, zu sein.

Darüber hinaus lassen sich über den in der Symbolik liegenden Spielraum Entwicklungsmöglichkeiten aufzeigen, wie die entsprechenden Konstellationen auf andere Art verarbeitet werden könnten als durch aus Unbewußtheit resultierendem Leid.

Wir sahen bisher, wie der eine durch seine darstellerische Schütze-Sonne im 1. Haus den eigenen Körper zur Skulptur macht, und der andere mit seiner introvertierten Skorpion-Sonne im 10. Haus und dem kantigen Steinbockaszendenten Skulpturen als steinerne Denkmäler in die Welt setzt.

Doch betrachten wir die Marskonstellationen noch einmal genauer. Wir können erkennen, wie die Plutobeteiligung an der Mars-Saturn-Venus-Konstellation bei Bruce Lee zu der stärkeren kämpferischen Betonung führt, wogegen die Uranusbeifärbung bei Rodin seinen revolutionären Ansatz in der künstlerischen Gestaltung darstellt.

## Peter Kürten, Karl Denke und Fritz Haarmann

Peter Kürten ist einer der grausigsten Massenmörder der Geschichte. Kürten ging als Räuber, Einbrecher und Brandstifter, vor allem aber als sadistischer Lust- und Massenmörder, als Repräsentant des Bösen in die Geschichte ein. Der seit 1923 Verheiratete beging zwischen 1929 und 1930 neun Frauenmorde sowie acht Mordversuche. Er erstach seine Opfer und trank ihr Blut. Wegen seines gepflegten Äußeren und seines gewandten Umgangs war er zunächst niemandem aufgefallen. Er wurde am 2. 7. 1931 in Düsseldorf mit dem Fallbeil hingerichtet.

Kürtens Sonne steht wie bei Bruce Lee im 1. Haus, und zwar in Konjunktion mit Saturn und Pluto. Übersetzen wir diese Konstellation mit Hilfe der Symbolkarten auf deren unterster Entwicklungsebene, so gelangen wir zu Aussagen wie: Im Blutrausch auf dem Schlachtfeld, Freude am Töten und Vergewaltigen (1. Haus), Faszination durch Quälereien, Leichenfledderei (Pluto) und kaltes, rücksichtsloses Vorgehen (Saturn).

Der im 12. Haus in weiter Konjunktion mit der Stier-Venus stehende Widder-Mars wird von Kürten ebenso auf der niedrigsten Entwicklungsstufe gelebt, nämlich im blindwütigen triebhaften Zerstören (Mars/Widder) der weiblichen Lustobjekte (Venus/Stier) an verborgenen Orten (12. Haus). Die in Venus/Mars-Verbindungen angelegte Leidenschaftlichkeit, die wir bei Bruce Lee in der Form der Auseinandersetzung mit Kampf (Mars)-Kunst (Venus) und bei Rodin in seiner aggressiven Kunstform der Bildhauerei auf erlösteren Ebenen verwirklicht sahen, steckt hier noch in der Sphäre dumpfer Triebhaftigkeit.

Bei der Suche nach der Beweisbarkeit der Astrologie über statistische Forschungen bietet es sich natürlich an, in den Horoskopen anderer Verbrecher bzw. Mörder nach ähnlichen Konstellationen zu suchen, um so anhand konkreter Ähnlichkeiten in der Charakterstruktur und den dazu passenden Lebensläufen die Wirksamkeit astrologischer Konstellation aufzuzeigen.

Wir wollen das an dieser Stelle auch einmal versuchen. Dazu betrachten wir die Horoskope von Karl Denke und Fritz Haarmann, beides ähnlich unentwickelte, fast möchte man sagen deformierte Persönlichkeiten wie Peter Kürten.

| ☉ Kürten, Peter | | Sa.26.5.1883 | | UZ: 3:30 |
|---|---|---|---|---|
| Mühlheim an der Ruhr | L: 6E54' | B: 51N24' | Plac. | WZ: 3:02:24 |

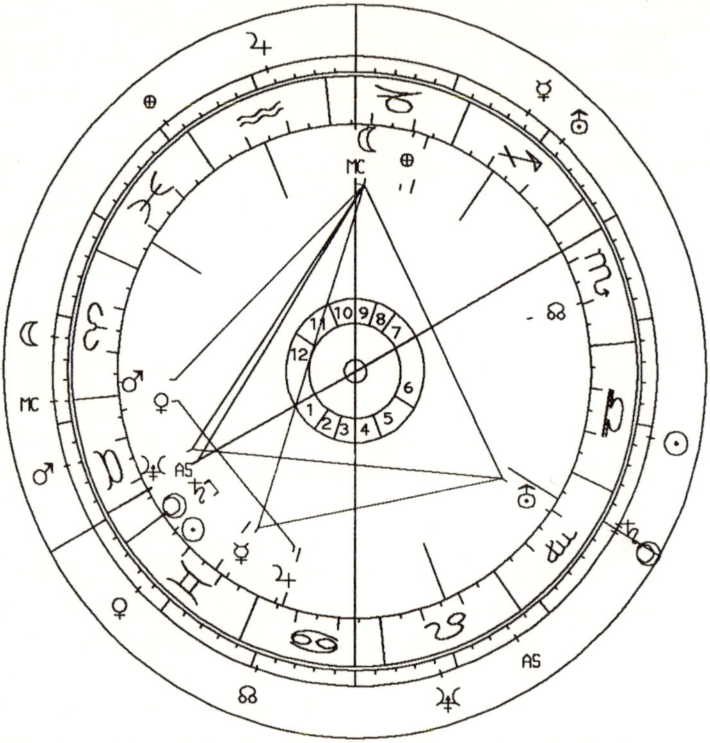

| | | |
|---|---|---|
| ☉ Sonne | ♊ | 4°30' |
| ☾ Mond | ♑ | 21° 1' |
| ☿ Merkur | ♊ | 21°17' |
| ♀ Venus | ♉ | 3°35' |
| ♂ Mars | ♈ | 26°57' |
| ♃ Jupiter | ♋ | 4°14' |
| ♄ Saturn | ♊ | 0°14' |
| ♅ Uranus | ♍ | 19°13'R |
| ♆ Neptun | ♉ | 19° 9' |
| ♇ Pluto | ♉ | 29°51' |
| ☊ Mondknoten | ♏ | 10°16'R |
| AS ♉ 23° 7' | 2 ♊ 18°12' | 3 ♋ 6°11' |
| MC ♑ 23°58' | 11 ♒ 16°24' | 12 ♓ 22°54' |

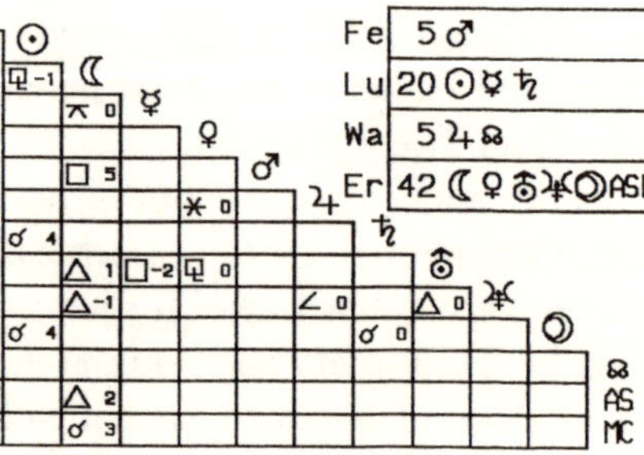

| | |
|---|---|
| Fe | 5 ♂ |
| Lu | 20 ☉ ☿ ♄ |
| Wa | 5 ♃ ☊ |
| Er | 42 ☾ ♀ ♅ ♆ ♇ ASMC |

Karl Denke ermordete während des Ersten Weltkrieges fünf Frauen und 26 Männer. Bei seiner Festnahme entdeckte man in seiner Wohnung mehrere Behälter mit Menschenfleisch und sein Tagebuch mit genauen Angaben zu Namen, Geburtstag, Mordtag, Gewicht der Getöteten und Gewicht einzelner Körperteile. Denke beging 1925 während der Untersuchungshaft Selbstmord.

Fritz Haarmann begann seine Karriere als Betrüger und Einbrecher. Als homosexueller Triebtäter ermordete er von 1918 bis 1924 26 junge Männer, indem er ihnen die Kehle durchbiß. Die Leichen zerstückelte er und verkaufte sie zum Sülzekochen an seine Nachbarn. Er wurde 1924 zum Tod verurteilt und am 15. 4. 1925 hingerichtet.

Gelingt es uns nun in den Horoskopen gemeinsame Konstellationen zu entdecken, die uns die namenlose Grausamkeit von Kürten, Denke und Haarmann erklären könnten?

In der Tat springt die gemeinsame plutonische und saturnine Komponente der Geburtsbilder ins Auge: Kürten hat Pluto und Saturn in Konjunktion zur Sonne und im kardinalen 1. Haus. Denke hat Skorpion-AC, Saturn im 1. Haus, Pluto direkt am DC als kardinaler Achse und Pluto in weitem Quadrat zur Sonne. Haarmann hat Skorpion-Sonne und Saturn im Widder in genauen Halbquadraten zu der Mars-Pluto-Konjunktion im 12. Haus.

Dazu kommen die durch Mars, Saturn oder Pluto verletzten weiblichen Planeten Venus und Mond, als Anzeichen für eine gestörte animalische und sexuelle Veranlagung: Kürten hat Widder-Mars-Quadrat-Steinbock-Mond und Widder-Mars-Konjunktion-Venus-Stier. Denke hat Mars-Anderthalbquadrat-Mond, Pluto-Anderthalbquadrat-Mond (das ergibt im 90°-Kreis das Planetenbild Mond = Mars/Pluto) und – bei etwas großzügigem Umgang mit dem Orbis – auch noch ein Halbquadrat von Mars zur Venus. Mars selbst steht im Quadrat zu dem im Venuszeichen Stier stehenden Pluto. Haarmann hat die enge Mars-Pluto-Konjunktion im Venuszeichen Stier und – wie Kürten – im 12. Haus. Von dieser Konjunktion geht ein Impulstrigon zu der Jungfrau-Venus im 5. »Sexualhaus«.

Dies sind sicherlich wesentliche Gemeinsamkeiten, die weit über ein statistisches Durchschnittsmaß hinausgehen und die deshalb

| | | | | |
|---|---|---|---|---|
| ☉ Denke Karl (Massenmörder) | | Di.11.2.1868 | | UZ: 1:00 |
| Berlin West | L: 13E21' | B: 52N29' | Plac. | WZ: 0:06:36 |

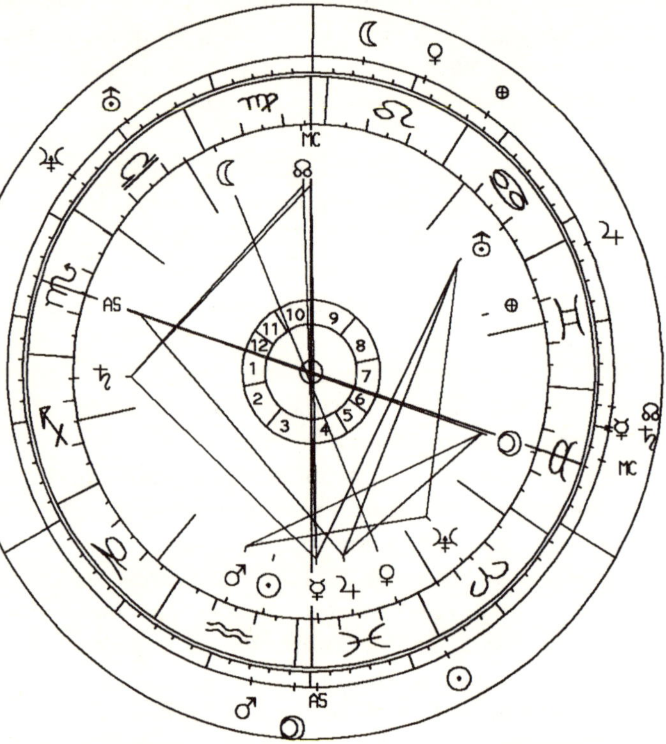


| | | | | | | | |
|---|---|---|---|---|---|---|---|
| ☉ Sonne | | ♒ 21°36' | | | | | |
| ☽ Mond | | ♍ 27°29' | | | | | |
| ☿ Merkur | | ♓ 4°59' | | | | | |
| ♀ Venus | | ♓ 24°30' | | | | | |
| ♂ Mars | | ♒ 12° 6' | | | | | |
| ♃ Jupiter | | ♓ 13°31' | | | | | |
| ♄ Saturn | | ♐ 4°49' | | | | | |
| ♅ Uranus | | ♋ 9°19'R | | | | | |
| ♆ Neptun | | ♈ 12°57' | | | | | |
| ♇ Pluto | | ♉ 14°11' | | | | | |
| ☊ Mondknoten | | ♍ 5°55'R | | | | | |
| AS ♏ 15°15' | 2 ♐ | 14°47' | 3 ♑ | 23°15' | | | |
| MC ♍ 3°26' | 11 ♎ | 4°54' | 12 ♎ | 27°50' | | | |

| | ☉ | ☽ | ☿ | ♀ | ♂ | ♃ | ♄ | ♅ | ♆ | ♇ |
|---|---|---|---|---|---|---|---|---|---|---|
| ☽ | ⬠ 0 | | | | | | | | | |
| ☿ | | | | | | | | | | |
| ♀ | | ☍ -3 | | | | | | | | |
| ♂ | | ⚼ 0 | | | | | | | | |
| ♃ | | | | | | | | | | |
| ♄ | | | □ 0 | | | | | | | |
| ♅ | ⚼ 2 | | △ 4 | | | △ -4 | | | | |
| ♆ | | | | | ✱ 0 | | | □ -3 | | |
| ♇ | | ⚼ -1 | | | □ 2 | ✱ 0 | | | | |
| ☊ | | | ☍ 0 | | | | □ -1 | | | |
| AS | | | | | | △ -1 | | | | ☍ -1 |
| MC | | | ☍ -1 | | | | □ 1 | | | |

| | |
|---|---|
| Fe | 9 ♄♆ |
| Lu | 15 ☉♂ |
| Wa | 29 ☿♀♃♅AS |
| Er | 19 ☽♇☊MC |

| ☉ Haarmann,Fritz(Massenmörder) | | Sa.25.10.1879 | | UZ: 18:00 |
|---|---|---|---|---|
| Hannover | L: 9E44′ | B: 52N24′ | Plac. | WZ: 17:21:04 |

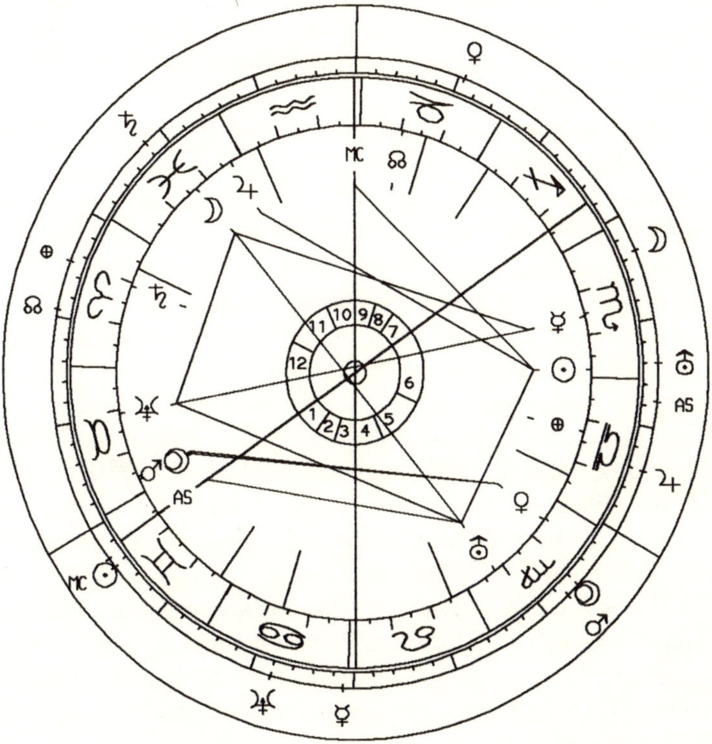

| | | |
|---|---|---|
| ☉ Sonne | ♏ | 1°57′ |
| ☽ Mond | ♓ | 13° 8′ |
| ☿ Merkur | ♏ | 14°23′ |
| ♀ Venus | ♍ | 24°35′ |
| ♂ Mars | ♉ | 26°12′R |
| ♃ Jupiter | ♓ | 2°52′R |
| ♄ Saturn | ♈ | 10°49′R |
| ♅ Uranus | ♍ | 7°53′ |
| ♆ Neptun | ♉ | 10°53′R |
| ♇ Pluto | ♉ | 26°52′R |
| ☊ Mondknoten | ♉ | 19°33′R |
| AS ♊ 6° 5′ | 2 ♊ 26°49′ | 3 ♋ 13°34′ |
| MC ♒ 1°29′ | 11 ♒ 25°39′ | 12 ♈ 6°29′ |

| | ☉ | ☽ | ☿ | ♀ | ♂ | ♃ | ♄ | ♅ | ♆ | ♇ |
|---|---|---|---|---|---|---|---|---|---|---|
| ☽ | ⚼ -3 | | | | | | | | | |
| ☿ | | △ -1 | | | | | | | | |
| ♀ | | | | | | | | | | |
| ♂ | | ⬠ 1 | | △ -1 | | | | | | |
| ♃ | △ 0 | | | | | | | | | |
| ♄ | | | | | ∠ 0 | | | | | |
| ♅ | ✶ -5 | ☍ -5 | | | | | | | | |
| ♆ | | ✶ -2 | ☍ -3 | ⚼ -1 | | | | △ -3 | | |
| ♇ | | ⬠ 1 | | △ -2 | ☌ 0 | | ∠ 1 | | | |
| ☊ | | | | | | | | | | |
| AS | | | | | | | | □ 1 | | |
| MC | □ 0 | | | | | | | ⬠ 0 | | |

| | |
|---|---|
| Fe | 5 ♄ |
| Lu | 17 AS MC |
| Wa | 28 ☉ ☽ ☿ ♃ |
| Er | 22 ♀ ♂ ♅ ♆ ♇ ☊ |

von vielen Astrologen freudig als Wirksamkeitsbeweis akzeptiert würden. Denn die Symbolik kann, wie wir durch einen Blick auf die Symbolkarten überprüfen können, durchaus als perverse Sexualität (die entsprechenden Mars-Pluto-Saturn-Venus-Mond-Konstellationen) in Verbindung mit kaltherziger (Saturn) Grausamkeit (Pluto/Skorpion) interpretiert werden. In vielen astrologischen Nachschlagewerken zur Deutung von Gestirnskonstellationen können wir auch entsprechende Aussagen finden.

Aber – und das ist zu diesem Thema besonders wichtig – nur dann, wenn wir die Konstellationen auf der niedrigsten Entwicklungsstufe, die die Symbolik beinhaltet, deuten. Wenn ich an das Flow-Beispiel von Czikszentmihalyi errinnern darf, so wäre es wohl keinem recht, wenn wir – vom Leben mit Tennisball, Schläger und Netz ausgerüstet – durch diese Vorgaben darauf festgelegt wären, den Ball immer nur ins Netz zu schlagen. So wie dort die Möglichkeit besteht, die Einzelfaktoren Ball, Schläger und Netz zu einem kunstvollen und differenzierten Spiel zu verknüpfen und dabei eine glückerzeugende Entwicklung durchzumachen, so stellt uns das Leben bei allen Gestirnskonstellationen als Ausgangssituation die Aufgabe zur Höherentwicklung.

Daß dies auch bei schwierigen Planetenkombinationen möglich ist, hat uns bereits das Horoskop Bruce Lees und vor allem das Rodins gezeigt, das mindestens ebenso starke und symbolisch verwandte Spannungen aufweist, wie wir sie in den Horoskopen der Mörder gefunden haben.

Wenn wir uns nochmals dem Horoskop Peter Kürtens zuwenden, so ist es sicher keine leichte Aufgabe, mit der Spannung umzugehen, die bei ihm dadurch gegeben ist, daß die Venus als Herrin über den Aszendenten im 12. Haus gleichsam zwölf Potentiale verwirklichen möchte, während die Sonne als aktives Verhaltensprinzip im 1. Haus nur ein Potential verwirklichen kann.

Hier entsteht ein Druck. Auch die Belastung der Sonne mit den beiden schwerblütigen Planeten Pluto und Saturn machte Kürten das Leben sicherlich nicht leicht. Und doch liegt auch in seinem Geburtsbild die Möglichkeit und Chance der Erlösung der Symbolik auf höherer Entwicklungsebene. Und es wäre ganz sicherlich ein fataler Fehler, als Astrologe aus diesem Horoskop zu schließen, daß es zu einer verbrecherischen Persönlichkeit führen mußte.

## Gustave Courbet

Der Herrscher vom 1. Haus im 12. Haus, Sonne im 1. Haus mit Stier-Aszendent, Zwilling-Sonne und Mars und Venus im 12. Haus: So sieht das Geburtsbild des französischen Malers Gustave Courbet aus, das alle Komponenten mit Kürtens Geburtsbild verbindet und der sogar auch noch – wie Kürten – den Mond im Steinbock hat.

Eine Zwillinge-Sonne im 1. Haus kann eben auch auf der Ebene der Freude an der eigenen Leistung (1. Haus) und einer photographisch-realistischen (Zwillinge) Darstellung gelebt werden.[6]

Die Venusposition im 12. Haus läßt sich auch in der Beschäftigung mit Kunst und Ästhetik, zurückgezogen in das für andere nicht zugängliche Atelier (12. Haus) oder in einer romantisch verschwiegenen Liebesbeziehung, leben.

6 Courbet begründete mit seiner in einem eigenen Pavillon gezeigten Ausstellung mit dem Titel »Realismus« eine neue Kunstrichtung, nachdem seine Bilder für die Pariser Weltausstellung abgelehnt worden waren.

| ☉ Courbet, Gustave | | Do.10.6.1819 | UZ: 3:00 |
|---|---|---|---|
| Ornans | L: 6E 9′ | B: 47N 8′ Plac. | WZ: 2:35 |

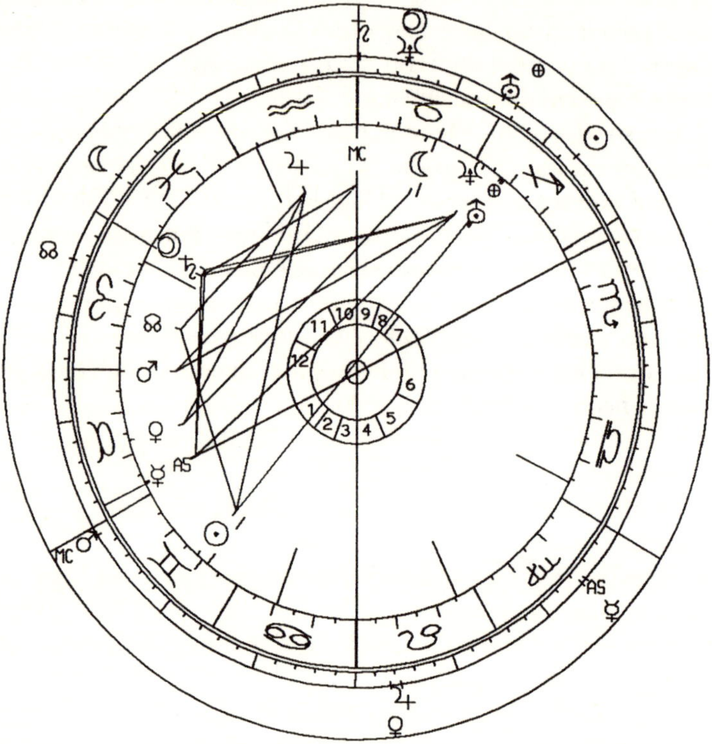


| | | |
|---|---|---|
| ☉ Sonne | ♊ | 18°20′ |
| ☽ Mond | ♉ | 12°58′ |
| ☿ Merkur | ♉ | 27° 5′ |
| ♀ Venus | ♉ | 16°40′ |
| ♂ Mars | ♉ | 0°19′ |
| ♃ Jupiter | ♒ | 17°11′R |
| ♄ Saturn | ♓ | 29°50′ |
| ♅ Uranus | ♐ | 22°42′R |
| ♆ Neptun | ♐ | 27°33′R |
| ♇ Pluto | ♓ | 27°32′ |
| ☊ Mondknoten | ♈ | 17°19′R |

| | | |
|---|---|---|
| AS ♉ 27°21′ | 2 ♊ 21°36′ | 3 ♋ 10°40′ |
| MC ♒ 0°19′ | 11 ♒ 25°25′ | 12 ♈ 3°59′ |

| | ☉ | ☽ | ☿ | ♀ | ♂ | ♃ | ♄ | ♅ | ♆ | ♇ |
|---|---|---|---|---|---|---|---|---|---|---|
| ☽ | | | | | | | | | | |
| ☿ | | ♇ 0 | | | | | | | | |
| ♀ | | △ 3 | | | | | | | | |
| ♂ | ∠ 3 | | | | | | | | | |
| ♃ | △ 1 | | | □ 0 | ⬠ 1 | | | | | |
| ♄ | | | ⚹ -2 | ∠ 1 | | ∠ -2 | | | | |
| ♅ | ☍ -4 | | | ⬠ 0 | | | | | | |
| ♆ | | | ⚻ 0 | | △ 2 | | □ 2 | | | |
| ♇ | | ⬠ 2 | ⚹ 0 | | | | ☌ 2 | | □ 0 | |
| ☊ | ⚹ 1 | | | | | ⚹ 0 | | | | |
| AS | | ♇ 0 | ☌ 0 | | | | ⚹ -2 | | ⚻ 0 | ⚹ 0 |
| MC | | | | | □ 0 | | ⚹ 0 | | | |

| | |
|---|---|
| Fe | 8 ♅♆☊ |
| Lu | 22 ☉♃MC |
| Wa | 9 ♄♇ |
| Er | 33 ☽☿♀♂AS |

## Margarete Bourke-White

Sogar die Verbindung einer Zwillinge-Sonne mit den schwerlastenden Planeten Saturn und Pluto kann bewußter gelebt und damit erlöst werden. Dies zeigt das Horoskop der bekannten Fotojournalistin Margaret Bourke-White.

Die amerikanische Photographin, Schriftstellerin, Photo- und Kriegsjournalistin, die seit 1936 Mitarbeiterin der Zeitschrift »Life« war und Reportagen über 21 Länder machte sowie elf Bücher schrieb (klassische Zwillinge-Beschäftigungen!) wurde besonders bekannt für ihre Reportage über das KZ Buchwald (1945).

Wir sehen in ihrem Horoskop die Sonne in enger Konjunktion mit Pluto, verletzt durch ein Impulsquadrat von Saturn in den Fischen und sogar noch in weiter Konjunktion mit Mars, wobei Pluto auch noch ein Quadrat auf den zart besaiteten Fische-Mond wirft. Und sie hat mit Kürten und Courbet den Stier-Aszendenten gemeinsam.

Sicherlich zeigt sich auch hier die starke Beschäftigung mit den Schattenseiten des Lebens, wie sie für die Planeten Pluto, Saturn und Mars in ihren Aspektierungen zur Sonne typisch ist. Und doch geschieht hier die Verarbeitung der zur Lebensaufgabe gestellten Themenkreise auf weit erlöstere Weise als bei Peter Kürten und andererseits in ihrem berichterstattenden Element symbolisch sehr verwandt mit Courbet, der als Maler in seiner realistischen Art zwillingtypisch ganz verschiedene Lebensbereiche photographierte: Bilder arbeitender Menschen, Tierdarstellungen, Landschaften, sowie Stilleben.

| | | | | |
|---|---|---|---|---|
| ☉ Bourke-White, Margaret | | Do.14.6.1906 | | UZ: 2:00 |
| New York | L: 73W57' | B: 40N45' | Plac. | WZ: 7:00 |

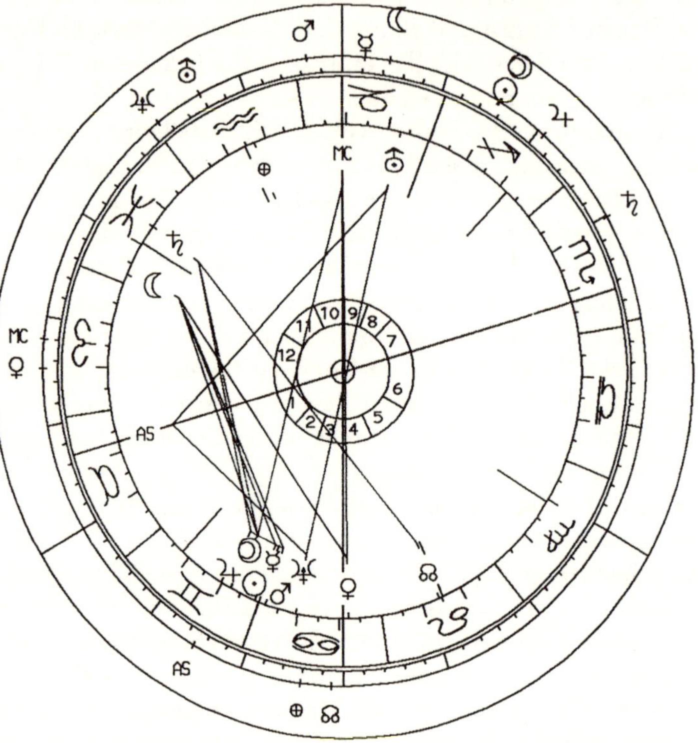

| | | |
|---|---|---|
| ☉ Sonne | ♊ | 22°18' |
| ☽ Mond | ♓ | 27°45' |
| ☿ Merkur | ♊ | 28°55' |
| ♀ Venus | ♋ | 22°21' |
| ♂ Mars | ♋ | 1°40' |
| ♃ Jupiter | ♊ | 19°40' |
| ♄ Saturn | ♓ | 14°54' |
| ♅ Uranus | ♑ | 7° 5'R |
| ♆ Neptun | ♋ | 9°26' |
| ♇ Pluto | ♊ | 22°14' |
| ☊ Mondknoten | ♌ | 14°26'R |

| | | | | | |
|---|---|---|---|---|---|
| AS ♉ 7°30' | 2 ♊ | 7°49' | 3 ♋ | 0° 2' | |
| MC ♑ 21° 1' | 11 ♒ | 15°25' | 12 ♓ | 19°28' | |

| | ☉ | ☽ | ☿ | ♀ | ♂ | ♃ | ♄ | ♅ | ♆ | ♇ |
|---|---|---|---|---|---|---|---|---|---|---|
| ☽ | □ -5 | | | | | | | | | |
| ☿ | ☌ 6 | □ 1 | | | | | | | | |
| ♀ | | △ -5 | | | | | | | | |
| ♂ | | □ 3 | ☌ 2 | | | | | | | |
| ♃ | ☌ 2 | | | | | | | | | |
| ♄ | □ 7 | | | | | □ 4 | | | | |
| ♅ | | | | | | | | | | |
| ♆ | | | | | | | | ☍ -2 | | |
| ♇ | ☌ 0 | □ -5 | | | | ☌ 2 | | | | |
| ☊ | | ⚼ 1 | ∠ 0 | | | | ⚻ 0 | | | |
| AS | ∠ 0 | | | | | | | △ 0 | ✶ 2 | ∠ 0 |
| MC | ⚻ 1 | | | ☍ -1 | | | | | | |

| | |
|---|---|
| Fe | 0 ☊ |
| Lu | 24 ☉☿♃♇ |
| Wa | 27 ☽♀♂♄♆ |
| Er | 21 ♅ AS MC |

# Jiddu Krishnamurti

Krishnamurti, Sproß einer indischen Brahmanenfamilie wurde als kleiner Junge von dem Theosophen Ch. Leadbeater aufgrund seiner bemerkenswerten Ausstrahlung entdeckt und nach theosophischen Grundsätzen erzogen. Er wurde später von Leadbeater und der Leiterin der theosophischen Gesellschaft Anni Besant als der große Weltenlehrer, »Maitreya«, als ein mit Christusbewußtsein[7] gesegneter Gottessohn ausgerufen. 1929 löste Krishnamurti den Kult um seine Person auf und betonte immer wieder, daß jeder Mensch nur in sich selbst und durch sich selbst und ohne die Abhängigkeit von Gurus oder Logen das Göttliche und die Befreiung finden könne. Bekannte Bücher von ihm sind: »Einbruch in die Freiheit« (1973) und »Gespräche über das Sein« (1977). Krishnamurti starb 91jährig im Jahre 1986.[8]

Seine menschlichen Krisen, wie z.B. die jahrelangen, nicht klar diagnostizierbaren zentralnervösen Krankheitssymptome bis hin zu seiner Lieblingslektüre, nämlich Kriminalromanen von Agatha Christie, stehen erfrischend normal neben seiner spirituellen Größe und Weisheit.

Seinen Wassermannaszendenten lebt Krishnamurti in der Freiheit und Unabhängigkeit von kollektiven Zwängen.

Allen Verklärungen durch die theosophische Gesellschaft zum Trotz und für seine gruppenbezogene Stiersonne sicherlich nicht selbstverständlich, befreite sich Krishnamurti vom Erwartungsdruck seiner Stiefeltern A. Besant und Ch. Leadbeater und dem Gruppenzwang der theosophischen Gemeinde.

Seine Stiersonne verwirklichte er nicht mehr auf den unerlösten Stufen unbeweglichen Festhaltens an der schützenden spirituellen Herde, sondern in der beharrlichen Betonung eigener innerer Ruhe und der persönlichen Sammlung inmitten idyllischer Naturumgebung.

---

7 »Christus« ist wie »Buddha« ein Ehrentitel für spirituell vollbewußte, erleuchtete Personen und heißt in der altgriechischen Ableitung von chrestos wörtlich: Der Gesalbte.

8 Mary Lutyerns: Krishnamurti – Jahre des Erwachens. Eine Biographie, Kailash Buch, München 1981.

| ☉ Krishnamurti Jiddu | | So.12.5.1895 | | UZ: 0:30 |
|---|---|---|---|---|
| Madanapalle | L: 78E30′ | B: 13N33′ | Plac. | WZ: 19:09 |

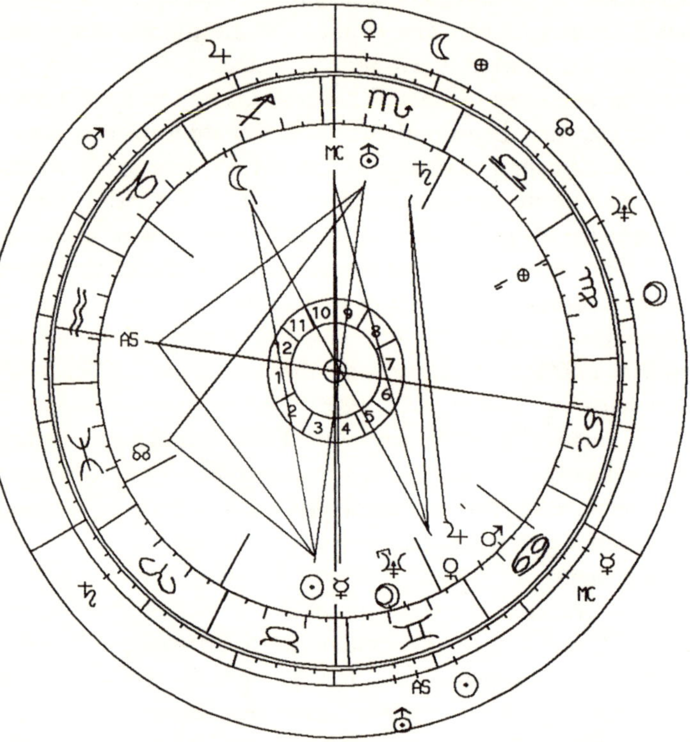

| | | |
|---|---|---|
| ☉ Sonne | ♉ | 20°49′ |
| ☽ Mond | ♐ | 25°17′ |
| ☿ Merkur | ♉ | 28°54′ |
| ♀ Venus | ♊ | 28°27′ |
| ♂ Mars | ♋ | 11°49′ |
| ♃ Jupiter | ♋ | 5°13′ |
| ♄ Saturn | ♏ | 2°40′R |
| ♅ Uranus | ♏ | 17°47′R |
| ♆ Neptun | ♊ | 14°34′ |
| ♇ Pluto | ♊ | 10°47′ |
| ☊ Mondknoten | ♓ | 18°56′R |

| | | | |
|---|---|---|---|
| AS ♒ 18°53′ | 2 ♓ 24°13′ | 3 ♈ 27°56′ | |
| MC ♏ 27°21′ | 11 ♐ 23°39′ | 12 ♑ 19°43′ | |

| | ☉ | ☽ | ☿ | ♀ | ♂ | ♃ | ♄ | ♅ | ♆ | ♇ |
|---|---|---|---|---|---|---|---|---|---|---|
| ☽ | ⚻ -4 | | | | | | | | | |
| ☿ | | | | | | | | | | |
| ♀ | | ☍ -3 | | | | | | | | |
| ♂ | | | ∠ -2 | | | | | | | |
| ♃ | ∠ 0 | | | | | | | | | |
| ♄ | | | | △ 4 | | △ -2 | | | | |
| ♅ | ☍ -3 | | | | | | | | | |
| ♆ | | | | | | | | | | |
| ♇ | | | | | | | | | ☌ 3 | |
| ☊ | ⚹ 1 | | | | | | ⚼ 1 | △ 1 | | |
| AS | □ 1 | | | | | ⚼ 1 | | □ 1 | | |
| MC | | | ☍ -1 | ⚻ -1 | ⚼ 0 | | | | | |

| | |
|---|---|
| Fe | 8 ☽ |
| Lu | 23 ♀ ♆ ♇ AS |
| Wa | 26 ♂ ♃ ♄ ♅ ☊ MC |
| Er | 15 ☉ ☿ |

Auch sein Schütze-Mond zeigt sich nicht im unbewußten Gewand barocker Erwartungshaltung an die Welt oder verweichlichter, pathetischer Pseudoreligiosität, sondern in begeisternder Weitsichtigkeit und Durchdrungenheit vom Sinn des Daseins. Er hat seine Heimat (Mond) in der vollkommenen Freiheit unter der Weite des Firmaments (Mond im 11. Haus) und seinen Persönlichkeitskern (Sonne) als Vermittler göttlicher Botschaft als Kanal für das rechte Wissen (Sonne im 3. Haus) auf beruhigende, Halt gebende Art (Sonne in Stier) gefunden.

Wir haben bei den Verbrecherhoroskopen die weiblichen Planeten Venus und Mond verletzt gefunden durch Mars und/oder Pluto. In Krishnamurtis Geburtsbild sehen wir im 90°-Kreis das Planetenbild Venus/Mond = Mars/Pluto mit der zusätzlichen Erschwerung, daß Mond auch noch in der indirekten Halbsumme von Saturn und Uranus steht, im 90°-Kreis: Mond = Saturn/Uranus. Dazu kommt, daß Krishnamurtis Sonne in der Halbsumme Pluto/Saturn steht, eine Planetenverbindung, die wir ebenfalls als verbrechenstauglich kennengelernt hatten. Aber was hat Krishnamurti daraus gemacht!

## Ramana Maharshi und Ji Maharaj

Andere »Verkünderpersönlichkeiten« mit der Sonne im 3. Haus finden wir bei Krishnamurtis Kollegen Ramana Maharshi (»Gespräche des Weisen vom berge Arunachala«, »Die Suche nach dem Selbst«) und Ji Maharaj, dem Gründer der Divine Light Mission.

Bei beiden finden wir die Sonnen jeweils im 3. Haus, dem Haus der Mitteilung. Und auch diese beiden haben sich entschlossen, die höchste Entsprechung des 3. Hauses zu leben: die Mitteilung über den Sinn des Daseins (coniunctio oppositorum des Vermittlungshauses 3 mit seinem Ergänzungshaus 9 und der darin liegenden Thematik von Lebenssinn und Religio). Denn es gibt keine größere Botschaft als die der Beantwortung von Fragen zum Sinn des Daseins.

Beiden Gurus geht es um die innere Schönheit und darum, den Menschen dabei zu helfen, ihren inneren Frieden zu finden. Beide haben ihren Aszendenten im Tierkreiszeichen Waage und leben ihn in der höchsten Entsprechung, beide werden ihrer Rolle als Vermittler göttlicher Botschaft (Sonnen im 3. Haus) gerecht.

Dabei entspricht Ramana Maharshi dem Gebot seiner Steinbocksonne, indem er alle Fragen Hilfesuchender in seinen »Gesprächen des Weisen vom Berge Arunachala« auf die eine Frage reduziert: »Wer bin ich« und den Suchenden durch das Insistieren auf dieser Frage zu dem klaren, stillen, reinen und ewigen Ich hinführen möchte, das hinter dem kleinen Ego steht. Immer wieder komprimiert Ramana Maharshi den ausweichenden Verstand seiner Gesprächspartner steinbocktypisch auf den Kern und läßt keine flachere Frage zu, um den Durchbruch auf diese Weise zu ermöglichen.

Der aufgrund seines jungen Alters auch als »Kinderguru« bekannte Ji Maharaj dagegen wirkt trotz seiner Saturn-Sonne-Konjunktion durch die Schützefärbung der Sonne weniger karg in seiner Lehre. Seine spezielle Interpretation des Kundalini-Yoga, die zugleich die eigenen höchsten Entsprechungen seiner Horoskopkonstellationen widerspiegelt, basiert auf den vier mystischen Energien: Licht (Sonne im Schützen!), Harmonie (Aszendent in der

| ☉ Ramana Maharshi | | Di.30.12.1879 | | UZ: 1:00 |
|---|---|---|---|---|
| Tiruvanamalai | L: 79E 5' | B: 12N15' | Plac. | WZ: 19:57 |

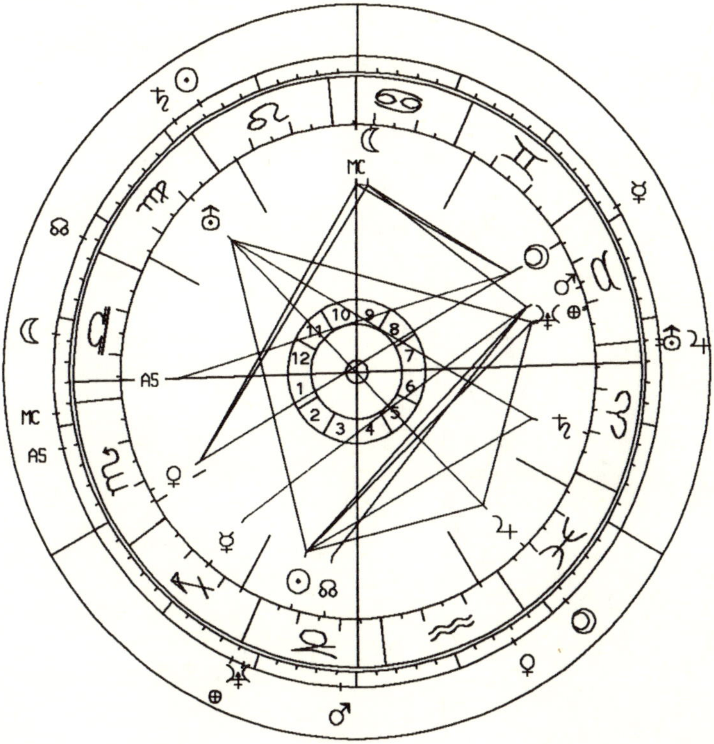

| | | |
|---|---|---|
| ☉ Sonne | ♑ | 7°48' |
| ☽ Mond | ♋ | 20°40' |
| ☿ Merkur | ♐ | 15°19' |
| ♀ Venus | ♏ | 22°41' |
| ♂ Mars | ♉ | 14°10' |
| ♃ Jupiter | ♓ | 8°39' |
| ♄ Saturn | ♈ | 9°16' |
| ♅ Uranus | ♍ | 8°54'R |
| ♆ Neptun | ♉ | 9°23'R |
| ♇ Pluto | ♉ | 25°44'R |
| ☊ Mondknoten | ♑ | 16° 6'R |

| | | | |
|---|---|---|---|
| AS ♎ 25°55' | 2 ♏ 25°41' | 3 ♐ 24°54' |
| MC ♋ 24°19' | 11 ♌ 24°55' | 12 ♍ 26° 8' |

| | ☉ | ☽ | ☿ | ♀ | ♂ | ♃ | ♄ | ♅ | ♆ | ♇ |
|---|---|---|---|---|---|---|---|---|---|---|
| ☽ | | | | | | | | | | |
| ☿ | | ⬠ 0 | | | | | | | | |
| ♀ | ∠ 0 | △ 2 | | | | | | | | |
| ♂ | △ 6 | ⚹ 6 | ⚻ -1 | | | | | | | |
| ♃ | ⚹ 0 | ⚼ -3 | | | | | | | | |
| ♄ | □ 1 | | | ⚼ 1 | | | | | | |
| ♅ | △ -1 | | | ⬠ 1 | | ☍ 0 | ⚻ 0 | | | |
| ♆ | △ 1 | ⬠ 0 | ⬠ 0 | | | ⚹ 0 | | △ 0 | | |
| ♇ | ⚼ 2 | ⚹ -5 | | ☍ -3 | | | ∠ 1 | | | |
| ☊ | | | | | △ -2 | | | | | |
| AS | ⬠ 0 | | | | | | | | | ⚻ 0 |
| MC | | ☌ 3 | | △ -1 | | ⚼ 0 | | ∠ 0 | | ⚹ -1 |

| | |
|---|---|
| Fe | 10 ☿ ♄ |
| Lu | 10 AS |
| Wa | 25 ☽ ♀ ♃ MC |
| Er | 27 ☉ ♂ ♅ ♆ ♇ ☊ |

| | | | | |
|---|---|---|---|---|
| ☉ Maharaj, Ji | | Di.10.12.1957 | | UZ: 2:30 |
| Bandrinath | L: 79E30' | B: 30N44' | Plac. | WZ: 21:00 |

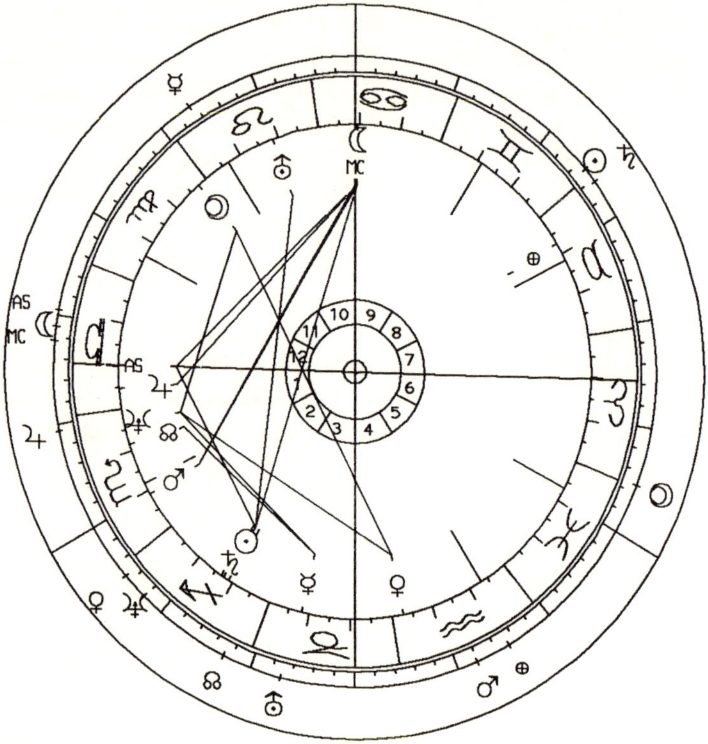


| | | | |
|---|---|---|---|
| ☉ Sonne | ♐ | 17°33' | |
| ☽ Mond | ♋ | 20°28' | |
| ☿ Merkur | ♉ | 8°18' | |
| ♀ Venus | ♒ | 2°39' | |
| ♂ Mars | ♏ | 20°57' | |
| ♃ Jupiter | ♎ | 25°17' | |
| ♄ Saturn | ♐ | 16°51' | |
| ♅ Uranus | ♌ | 11°26'R | |
| ♆ Neptun | ♏ | 3°53' | |
| ♇ Pluto | ♍ | 2°19'R | |
| ☊ Mondknoten | ♏ | 8°33'R | |
| AS ♎ 19°44' | 2 ♏ 18°12' | 3 ♐ 18°56' | |
| MC ♋ 21° 7' | 11 ♌ 23°17' | 12 ♍ 23°20' | |

| | ☉ | ☽ | ☿ | ♀ | ♂ | ♃ | ♄ | ♅ | ♆ | ♇ |
|---|---|---|---|---|---|---|---|---|---|---|
| ☽ | ⚻ -2 | | | | | | | | | |
| ☿ | | | | | | | | | | |
| ♀ | ∠ 0 | | | | | | | | | |
| ♂ | | △ 0 | ∠ 2 | ⬠ 0 | | | | | | |
| ♃ | | □ 4 | ⬠ 1 | | | | | | | |
| ♄ | ☌ 0 | | | ∠ 0 | | | | | | |
| ♅ | △ 6 | | | | | ⬠ 1 | | | | |
| ♆ | ∠ -1 | | ⚹ 4 | □ -1 | | | ∠ -2 | | | |
| ♇ | | | | ⚻ 0 | | | | | ⚹ 1 | |
| ☊ | | | ⚹ 0 | | | | | | | |
| AS | ⚹ -2 | □ 0 | | | | | | | | |
| MC | | ☌ 0 | | | △ 0 | | | | | |

| | |
|---|---|
| Fe | 19 ☉ ♄ ♅ |
| Lu | 20 ♀ ♃ AS |
| Wa | 24 ☽ ♂ ♆ ☊ MC |
| Er | 9 ☿ ♇ |

Waage!), Nektar (Jupiter im Venuszeichen Waage im 1. Haus!) und Wort (Sonne im 3. Haus!).

In beiden Horoskopen finden wir als Gemeinsamkeit auch noch den Aspekt hingebungsvoller mütterlicher Liebe (Mond im Krebs), die sich in der Öffentlichkeit (Mond in Konjunktion mit MC und damit im 10. Haus) erweist und so eine ganz andere Symbolentsprechung bietet als die ebenfalls am Zenit stehenden Monde der Mörder Kürten und Denke.

Nach allem bisher Gesagten wird es Sie nicht überraschen, wenn ich die These vertrete, daß die Geburtsbilder Krishnamurtis, Ramana Maharshis und Ji Maharajs ebenso auf der Ebene primitiven Verbrechertums hätten gelebt werden können wie vice versa die Mörderhoroskope auf erlöstem Level. Sie können selbst mit Hilfe der Symbolkarten durch Einsetzen von unerlösten Begriffen der entsprechenden Symboliken das Entwicklungsniveau der Guru-Horoskope nach unten verschieben, um so den Interpretationsspielraum auszuprobieren.

# Hermann Hesse

Zur Vertiefung noch ein paar andere Horoskope: Betrachten wir zunächst das Geburtsbild Hermann Hesses:

Die starke Wasserbetonung von 33 Wasserpunkten weist Hesse als einen sehr gefühlsbetonten, beeindruckbaren Menschen aus, dem es weniger um einen pragmatischen, sachlich konkreten Lebensansatz geht (nur 8 Erdpunkte!), sondern mehr um ein begeistertes subjektives Engagement (Betonung Feuer/Wasser).

Die Mehrzahl der Planeten auf der rechten Horoskophälfte ist ein Indiz dafür, daß Hesse den kopfbetonten (3. Quadrant) und den bauchbetonten (2. Quadrant) Kontakt zu seiner Umwelt als sehr wesentlich betrachtete und gemessen an Menschen, deren linke Horoskophälfte dominiert, überdurchschnittlich vom Umweltgeschehen beeindruckt war.

Die betonte Nachthälfte (Bauchhälfte unter AC/DC) läßt vermuten, daß Hesse einen besonderen Zugang zu seinem Unterbewußten hatte und die Welt mehr »aus dem Bauch heraus« wahrnahm.

Durch den Schützeaszendenten ist sein Anliegen definiert, das innere Bedürfnis, das in diesem Leben erfüllt werden möchte. Zumal auch noch Jupiter als Herrscher vom 1. Haus (= Aszendentenherrscher) im 1. Haus steht, geht es um das Thema, das Urvertrauen zum Leben (Jupiter) in der eigenen Person, gleichsam allein auf sich gestellt – zu finden. Das Schütze-Anliegen gilt der religiösen Dimension des Lebens und der Erweiterung von Horizonten. Hesse hat sich diesem Thema durch seine Weltreisen, seine Liebe für die indische Kultur und den weltanschaulich-religiösen Akzent in seinen Büchern zugewandt und es nicht etwa auf unerlöste Schützeart im Sinn protziger Allüren gelebt, was auch im Spektrum dieses Aszendenten gelegen hätte.

Hesses Sonne, die Energie, mit Hilfe der er sein Aszendentenanliegen aktiv umsetzen möchte, steht im 7. Haus im Krebs. Dies ist – neben der allgemeinen Rechtsbetonung des Horoskops – ein Hinweis darauf, wie wichtig Hesse die Begegnung mit anderen Menschen war (7. Haus) und wie stark er gefühlsmäßig auf Umwelteindrücke reagieren konnte (Krebs). Das widerspricht nicht unbedingt der Tatsache, daß Hesse wegen Kontaktscheu in psy-

| ☉ Hesse Hermann | | Mo.2.7.1877 | | UZ: 18:30 |
|---|---|---|---|---|
| Calw | L: 8E44' | B: 48N43' | Plac. | WZ: 17:55:04 |

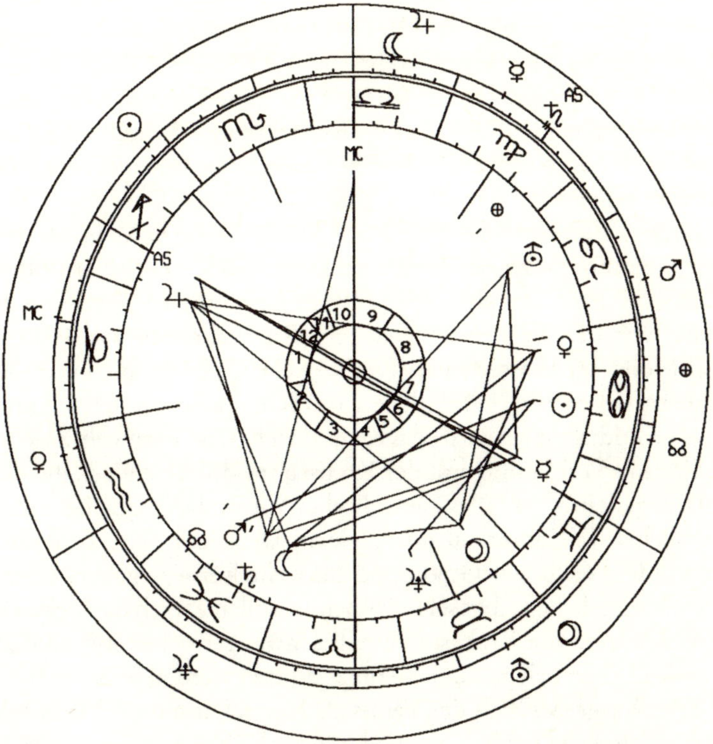


| | | |
|---|---|---|
| ☉ Sonne | ♋ | 10°53' |
| ☾ Mond | ♓ | 28°13' |
| ☿ Merkur | ♊ | 22°41' |
| ♀ Venus | ♋ | 26°13' |
| ♂ Mars | ♓ | 11°44' |
| ♃ Jupiter | ♐ | 27° 8'R |
| ♄ Saturn | ♓ | 20°20'R |
| ♅ Uranus | ♌ | 22°23' |
| ♆ Neptun | ♉ | 7°10' |
| ♇ Pluto | ♉ | 25° 4' |
| ☊ Mondknoten | ♓ | 4°18'R |

| | | | |
|---|---|---|---|
| AS ♐ 20°11' | 2 ♑ 29°39' | 3 ♓ 14°54' |
| MC ♎ 19°54' | 11 ♏ 14°24' | 12 ♐ 3°17' |

| | ☉ | ☾ | ☿ | ♀ | ♂ | ♃ | ♄ | ♅ | ♆ | ♇ |
|---|---|---|---|---|---|---|---|---|---|---|
| ☾ | | | | | | | | | | |
| ☿ | | □ -5 | | | | | | | | |
| ♀ | | △ -2 | | | | | | | | |
| ♂ | △ 0 | | | ⊡ 0 | | | | | | |
| ♃ | | □ 1 | ☍ -4 | ⚻ 0 | | | | | | |
| ♄ | | | □ 2 | | | | | | | |
| ♅ | ∠ -3 | ⬠ 0 | ⚹ 0 | | | | ⚻ 2 | | | |
| ♆ | ⚹ 3 | | ∠ 0 | | | | ∠ 1 | | | |
| ♇ | ∠ 0 | ⚹ -3 | | ⚹ 1 | ⬠ 1 | ⚻ -2 | | □ -2 | | |
| ☊ | | | | | | | | | | |
| AS | | | ☍ -2 | ⬠ 0 | | | □ 0 | | | |
| MC | | | | | | | ⚻ 0 | | | |

| | |
|---|---|
| Fe | 19 ♃ ♅ AS |
| Lu | 12 ☿ MC |
| Wa | 33 ☉ ☾ ♀ ♂ ♄ ☊ |
| Er | 8 ♆ ♇ |

choanalytischer Behandlung war. Denn zwischen der Sehnsucht nach Kontakt (7. Haus) und der krebstypischen Scheu, die erst in familiär vertrauter Situation Sicherheit gewinnt, mag gerade der Konflikt für ihn gelegen haben. Darüber hinaus steht der den Krebs – und damit auch die im Krebs stehende Sonne – dominierende Mond im hypersensiblen Fischezeichen in den letzten sich gleichsam verhauchenden Graden im »Kontakthaus« 3, und wird wohl auch noch durch eine weite Konjunktion zu dem Kontakthemmer Saturn eingeengt.

Diesen Widerspruch hat Hesse wohl am deutlichsten in »Narziß und Goldmund« zu bearbeiten versucht. Beide verkörpern offensichtlich Persönlichkeitsanteile Hesses: Sein innerer Narziß ist der weise, von der Welt zurückgezogene Klosterbruder, wie er durch den Mond im klösterlichen Fischezeichen, gleichsam hinter den Mauern des Saturn, symbolisiert ist. Sein anderer innerer Anteil, sein »Goldmund«, wird dagegen durch das Fernweh-Zeichen Schütze in Verbindung mit der Krebssonne dokumentiert, die darauf ausgerichtet ist, alles periodische Auf und Ab des Lebens in weiblicher Teilnahme zu durchleiden. Denn der Schütze-Aszendent drängt dazu, wie Goldmund auf weite Reise zu gehen, aus der Enge klösterlicher Abgeschiedenheit in vollen Zügen das Leben zu genießen, und die Krebssonne will schwanger gehen mit all dem, was das Leben bringt, auch wenn es erlitten werden muß.

Sein Waage-MC mit der Venus als Herrscherin im 7. Haus zeigt seine Zielsetzung (MC), in friedvoller, gefühlsbetonter (Venus im Krebs) Beziehung mit der Umwelt zu leben.

Die Verbindung, der die Persönlichkeit Hesses am meisten prägenden Horoskopkomponenten – Schütze-AC, Krebssonne im 7. Haus, Fischemond im 3. Haus, Waage-MC und die an der AC-DC-Achse stehende Opposition von Jupiter und Merkur[9] – hat sich nicht nur in den Themenkreisen seiner Bücher, sondern natürlich auch in seinem schriftstellerischen Stil niedergeschlagen.

Man kann diesen Stil als bildhaft (Krebssonne und Mond-Merkur-Quadrat und Mond im 3. Haus) und wortgewaltig (Schütze-

9 Jupiter/Merkur = die »Sinn-Botschaft«, religiöse Schriftstellerei, Reiseschriftstellerei etc.

sonne und Jupiter-Merkur-Opposition) bezeichnen, mit hier und da pathetisch sendungsbewußten (Schütze) und fast sentimental gefühlsbetonten (Krebssonne, Fischemond) Akzenten.

Wir können also erkennen, daß Hermann Hesse Wege gefunden hat, sich im Sinn der durch sein Geburtsbild gestellten Aufgabe zu verwirklichen. Es bleibt dem Außenstehenden trotz der öffentlich bekannt gewordenen Faktoren meist verborgen, inwieweit der Betreffende zu seinem persönlichen Glück gefunden hat. Trotz der Krisen im Leben Hesses können wir vermuten, daß er ein persönlich erfüllter Mensch war. Sicherlich war es für ihn nicht einfach, nach spirituellen Höhepunkten, wie sie durch »Siddharta« (1922) dokumentiert werden, durch noch höhere Herausforderungen (im Sinne von Czikszentmihalyischen Flow-Modellen) im »Flow« zu bleiben. Denn mehr als Hesse dort ausgedrückt hat, war schwerlich zu sagen. Eher schon wartet dann auf den schützebetonten Menschen die Aufgabe, den nächsten Schritt im Tierkreiszyklus zu tun und steinbocktypisch die gefundene ewige Wahrheit zu verdichten und durch Wiederholung zu etablieren.

## Catherine Deneuve

Als nächstes wollen wir das Horoskop der Schauspielerin Catherine Deneuve betrachten. Die unter anderem mit Marcello Mastroianni und Roger Vadim verheiratete Französin wurde vor allem bekannt durch die Buñuel-Filme »Belle de Jour« (1966), »Tristana« (1970) sowie »Ekel« (1964), »Die schönen Wilden« (1975), »Ein Hauch von Zärtlichkeit« (1976), »Die letzte Metro« (1980) und »Die Begierde« (1983).

Der vielleicht bemerkenswerteste Charakterzug an Catherine Deneuve ist ihre Fähigkeit, über sehr lange Jahre hinweg als wohl bekannteste französische Schauspielerin der letzten Jahrzehnte die ewig schöne Frau darzustellen. Darin kommen die Hauptfaktoren ihres Geburtsbilds zum Ausdruck: der Steinbockaszendent (Ewigkeit, Dauerhaftigkeit), die Waagesonne (herbstlich kühler Charme und Schönheit), der Löwemond (die Löwenmähne und weiblich ausdrucksvolle Ausstrahlung) und der Skorpion-MC mit seinem Herrscher Pluto im 7. Haus in Konjunktion mit Mond (starke suggestive Wirkung auf das Publikum, leitbildhafte Weiblichkeit).

Durch die Mond-Pluto-Konjunktion und die Venus im 8. Haus eignet sich die Deneuve besonders gut für doppelbödige Rollen wie in »Belle de jour«, wo sie zwischen einem geordneten Eheleben und der Faszination von der Rolle einer Edelnutte hin und hergerissen wird. Was sie als Charakterdarstellerin für ihr Publikum so attraktiv gemacht hat, war wohl die Mischung zwischen diszipliniert kühler, distanzierter Schönheit (Steinbock/Waage, Venus in Jungfrau) einerseits und andererseits der verborgenen vulkanischen Leidenschaftlichkeit (Mond/Pluto im Löwen, Venus im 8. Haus).

Der große Erfolg der Deneuve liegt sicher auch darin, daß sie einen Weg gefunden hat, sich selbst in ihrem Beruf auf anspruchsvolle Art und doch ganz authentisch zu leben und sich damit gemäß ihrem Horoskop zu verwirklichen.

| ☉ Deneuve, Catherine | | Fr.22.10.1943 | | UZ: 13:35 |
|---|---|---|---|---|
| Paris | L: 2E20' | B: 48N50' | Plac. | WZ: 12:35 |

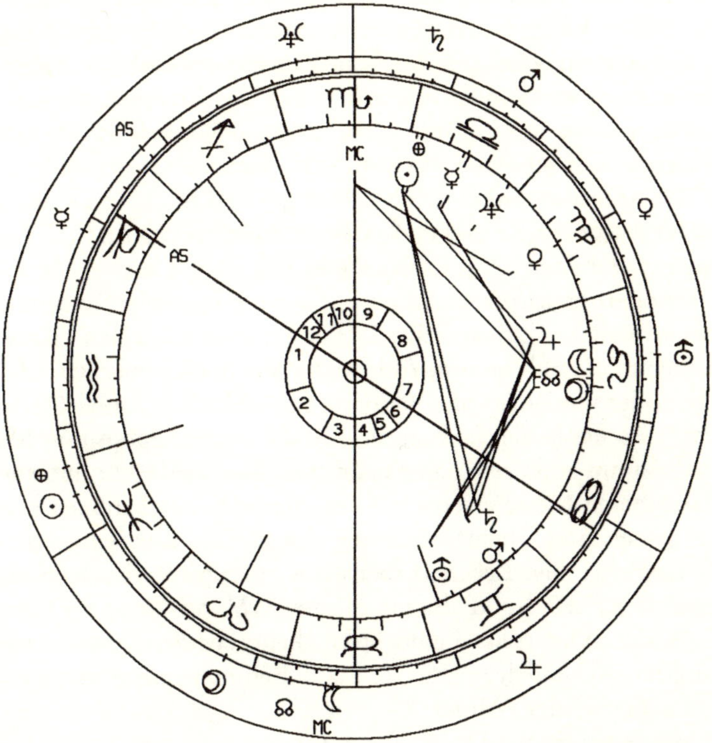

| | | |
|---|---|---|
| ☉ Sonne | ♎ 28°14' | |
| ☽ Mond | ♌ 13°56' | |
| ☿ Merkur | ♎ 15°49' | |
| ♀ Venus | ♍ 14°33' | |
| ♂ Mars | ♊ 22° 0' | |
| ♃ Jupiter | ♌ 22°59' | |
| ♄ Saturn | ♊ 26°29'R | |
| ♅ Uranus | ♊ 8°16'R | |
| ♆ Neptun | ♎ 2°46' | |
| ♇ Pluto | ♌ 8°40' | |
| ☊ Mondknoten | ♌ 11°55'R | |
| AS ♉ 11°10' | 2 ♓ 0°10' | 3 ♈ 14°30' |
| MC ♏ 13°37' | 11 ♐ 4°26' | 12 ♐ 22°15' |

| | ☉ | ☽ | ☿ | ♀ | ♂ | ♃ | ♄ | ♅ | ♆ | ♇ |
|---|---|---|---|---|---|---|---|---|---|---|
| ☽ | ⬠ 2 | | | | | | | | | |
| ☿ | | ✶ 1 | | | | | | | | |
| ♀ | ∠ -1 | | | | | | | | | |
| ♂ | △ 6 | | | | | | | | | |
| ♃ | ✶ 5 | | | | ✶ 1 | | | | | |
| ♄ | △ 1 | ∠ 2 | | | ☌ 4 | ✶ -3 | | | | |
| ♅ | | ✶ 5 | | | | | | | | |
| ♆ | | | | | | | | | | |
| ♇ | | ☌ 5 | | | ∠ 1 | | | ✶ 0 | | |
| ☊ | | ☌ 2 | | | | | ∠ 0 | | | |
| AS | ⬠ 0 | | | | | | | | | |
| MC | | □ 0 | | ✶ 0 | | | | | | |

| | |
|---|---|
| Fe | 17 ☽♃♇☊ |
| Lu | 33 ☉☿♂♄♅♆ |
| Wa | 7 MC |
| Er | 15 ♀ AS |

Ein anderes Bespiel für die gelungene Interpretation des eigenen Horoskops ist der katholische Fundamentaltheologe Hans Küng.

Der Schweizer Priester, Kirchenökumenologe und Autor übte in seinen Büchern öffentliche Kritik an der Unfehlbarkeit der katholischen Kirche, was ihm 1979 den Entzug seiner kirchlichen Lehrbefugnis eintrug. Seine bekanntesten Werke sind: »Unfehlbar?« (1970), »Existiert Gott?« (1978), »Ewiges Leben« (1982), »Theologie im Aufbruch« (1987) und »Christentum und chinesische Religion« (zusammen mit J. Ching, 1988).

Schon in der Elementenverteilung kommt das sanfte Ringen zwischen Intellekt (Luftelement: 20 Punkte) und Gefühlen (Wasserelement: 24 Punkte) zum Ausdruck, was noch konkreter in der Antipodensituation von Jungfrau-AC (kritischer Intellekt) und Fische-Sonne (seelische Hingabe) sowie in der Opposition Merkur/Neptun und der Konjunktion eines Fische-Merkur mit einem Wassermann-Mond erscheint. In all diesen Konstellationen klingt das gemeinsame Thema kritischer Hingabe an. Einerseits das Bedürfnis, sich dem Leben vorbehaltlos zu ergeben (Fische-Sonne, stark abnehmender »Balsamic-Moon«[10], Mond-Neptun-Opposition) und andererseits die nüchtern skeptische Komponente eines Jungfrau-AC und der starken 6.-Haus-Betonung mit zwei Planeten und dem wichtigen Mond.

Mit seiner Sonne-Uranus-Konjunktion gehört es auch zu den Lebensaufgaben Küngs, sich als Reformer und Revolutionär einzubringen, althergebrachte Dogmen in Frage zu stellen und damit Außenseiterpositionen einzunehmen. Als Sonne-Uranus-Typus kann man – will man authentisch leben – nicht mit der Herde gehen.

Im übrigen bearbeitet Küng durch seine revolutionären (Uranus) und kritischen (Jungfrau-AC) Fragen auch seine eigene Vergangenheitsprägung. Der Saturn im Schützen in Konjunktion mit dem IC

10 »Balsamic moon« nennt der Astrologe Dane Rudhyar die Mondposition kurz vor Neumond, wenn weniger als 30° Abstand zwischen Sonne und Mond sind, ein Begriff, der – wenngleich intellektuell kaum übersetzbar – intuitiv das Wesen der Situation vor Neumond sehr gut erfaßt. Vgl. dazu näher Dane Rudhyar: The lunation cycle.

| ☉ Küng, Hans | | Mo. 19. 3. 1928 | | UZ: 17:45 |
|---|---|---|---|---|
| Sursee | L: 8E 6′ | B: 47N10′ | Plac. | WZ: 16:45 |

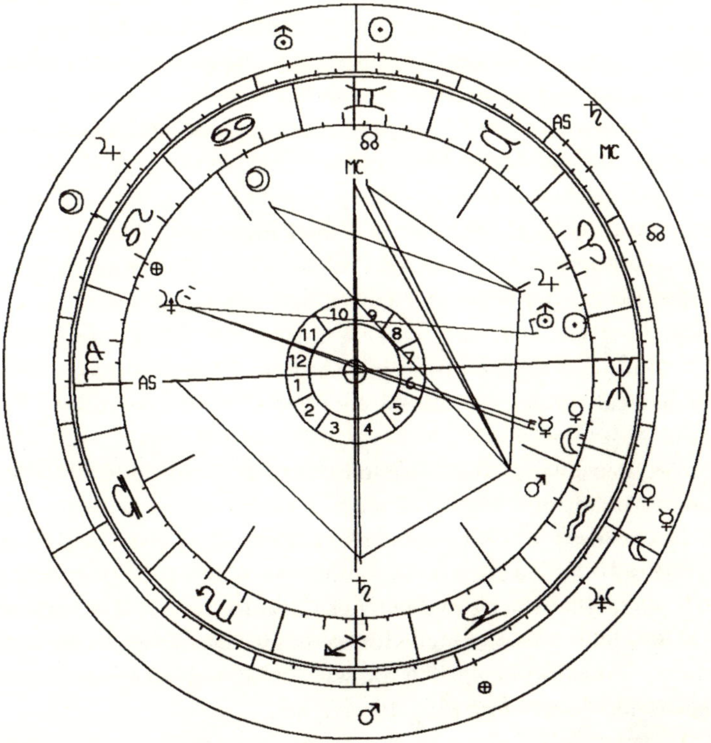

| | | | |
|---|---|---|---|
| ☉ Sonne | | ♓ 28°51′ | |
| ☽ Mond | | ♒ 29°39′ | |
| ☿ Merkur | | ♓ 1°17′ | |
| ♀ Venus | | ♓ 1°55′ | |
| ♂ Mars | | ♒ 15°33′ | |
| ♃ Jupiter | | ♈ 12°14′ | |
| ♄ Saturn | | ♐ 19° 3′ | |
| ♅ Uranus | | ♈ 3° 6′ | |
| ♆ Neptun | | ♌ 27° 0′R | |
| ♇ Pluto | | ♋ 15° 0′R | |
| ☊ Mondknoten | | ♊ 13°29′R | |
| AS ♍ 19°51′ | 2 ♎ 13°33′ | 3 ♏ 12°53′ | |
| MC ♊ 17°25′ | 11 ♋ 22°53′ | 12 ♌ 24° 2′ | |

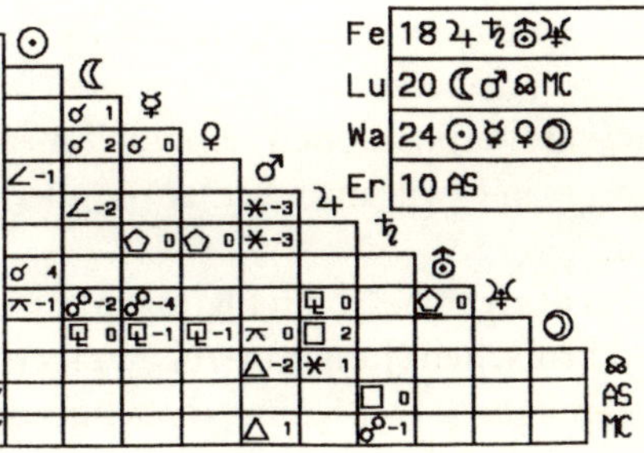

| | |
|---|---|
| Fe | 18 ♃ ♄ ♅ ♆ |
| Lu | 20 ☽ ♂ ☊ MC |
| Wa | 24 ☉ ☿ ♀ ♇ |
| Er | 10 AS |

und in – großzügig bemessener – Konjunktion mit dem absteigenden Mondknoten weist auf einen alten klerikalen Dogmatismus hin, der auch in früher Kindheit (4. Haus) noch erfahren wurde, und der nun mit der Zielsetzung des MC und des aufsteigenden Mondknotens durch die relativierende Offenheit der Zwillingssymbolik ergänzt und erlöst werden möchte.

Mit einer so ausgeprägten Fischebetonung (Sonne, Venus, Merkur in den Fischen, Mond im Übergang zu den Fischen, Neptun im 12. Haus in Opposition zu Mond und Merkur, balsamischer Fische-Mond-Zyklus) weiß man eines ganz gewiß: Daß es nichts ganz gewiß zu wissen gibt! Das Fischezeichen gibt ein untrügliches Gefühl für das Unwäg- und Unwißbare des Lebens und kann in Verbindung mit dem Jungfrau-AC nur zu der Erkenntnis führen: »Ich weiß, daß ich nichts weiß.« Auf eine solche Persönlichkeit muß jedes absolutes Dogma wie ein rotes Tuch wirken und zur Kritik auffordern.

Über den analytischen, wissenschaftlich forschenden Intellekt (Jungfrau) die Suche nach allübergreifenden – in seiner Terminologie ökumenischen – Gemeinsamkeiten der Weltreligionen zu suchen (Fische als Zeichen der »communio«), und dabei hinderliche Dogmen revolutionär zu verleugnen (Uranus/Sonne), ist eine schöne Möglichkeit, die Konstellationen dieses Horoskops lebendig zu interpretieren. Ein Beispiel dafür, wie ein Mensch zu seinem individualisierten Lebenssinn hingefunden hat.

# Clint Eastwood

Eastwood wurde als Sohn eines Buchhalters in San Francisco geboren. Nach dem Militärdienst und der High School brachte er sich mit Gelegenheitsjobs als Holzfäller und Stahlarbeiter durch. Ab Mitte der 50er Jahre hatte er einen Vertrag bei den Universal Studios als Schauspieler, der aber nur zu unbedeutenderen Nebenrollen führte. Auch der Wechsel zum Fernsehen 1958 brachte, obwohl er in rund 250 TV-Produktionen mitspielte, keinen Durchbruch. Der kam erst, als er 1964 zum Film zurückkehrte und unter der Regie Sergio Leones die Hauptrolle in dem Western »Für eine Handvoll Dollar« spielte. Von nun an galt Eastwood als Weltstar: »Dirty Harry«, »Honkytonk Man«, »Bird«, »Weißer Jäger, schwarzes Herz« sind bekannte Filme mit ihm. Durch den mehrfach mit Oskars preisgekrönten Film »Erbarmungslos« (1992), in dem Eastwood neben seiner Hauptrolle auch für seine Regie den Oskar erhielt, trug er sich in die Liste der Filmlegenden ein.

Bei Clint Eastwood läßt sich verfolgen, wie er in seinem Geburtsbild angelegte Lebensthemen immer authentischer verwirklicht hat. Am Anfang spielte er weniger differenzierte Rächerrollen (»Für eine Handvoll Dollar«, »Dirty Harry«), die den Skorpionbezug seines Geburtsbildes (AC, Herrscher vom 1. im 8. Haus, 3 Planeten im 8. Haus) auf eher unerlöste Weise verarbeiten. Mit zunehmender Entwicklung wandte sich Eastwood in seinen für ihn typischen Darstellungen des amerikanischen Mannes immer mehr der Hintergründigkeit der verkörperten Personen zu, wie etwa in seinen Biographien des todkranken Countrysängers aus »Honkytonk Man«, der Darstellung des Jazzgenies Charlie Parker in »Bird« oder des besessenen Jägers und Regisseurs John Huston in »Weißer Jäger, schwarzes Herz«.

Ein Filmkritiker schrieb über ihn: »Jeder seiner Filme ist zugleich eine Liebeserklärung, der Versuch einer Distanzierung und ein Todesbild. Clint Eastwood sieht nicht, wie Jean Cocteau einmal vom Film gesagt haben soll, dem Tod bei der Arbeit zu, er sieht Menschen beim Sterben zu.«

Dies wird besonders deutlich in Filmen wie »Erbarmungslos« und »Perfect World«. Der Entwicklungsweg des Skorpion-Aszendenten und des betonten 8. Hauses von der anfänglich vordergrün-

| ☉ Eastwood, Clint | | Sa.31.5.1930 | | UZ: 17:35 |
|---|---|---|---|---|
| San Francisco | L:122W14' | B: 37N48' | Plac. | WZ: 1:35 |

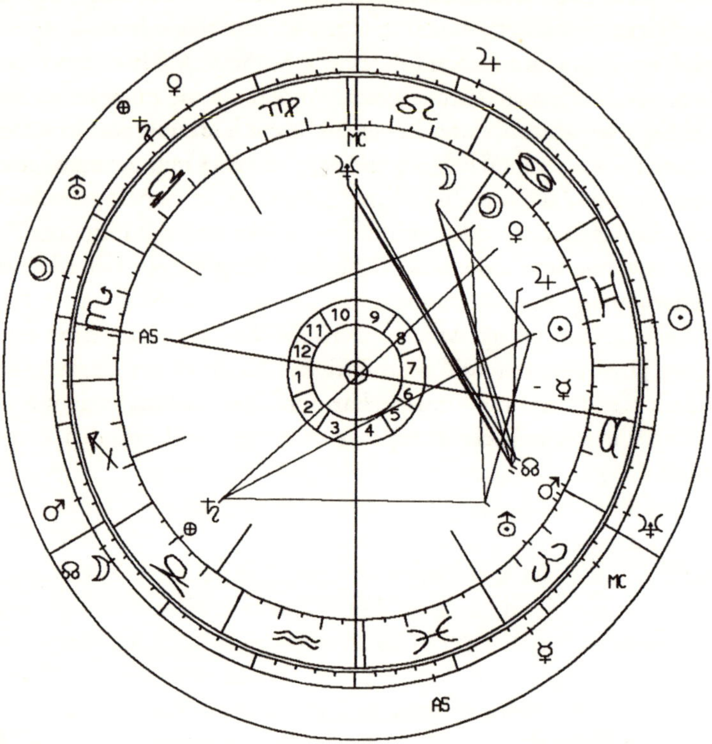

| | | |
|---|---|---|
| ☉ Sonne | ♊ | 9°51' |
| ☽ Mond | ♌ | 1°42' |
| ☿ Merkur | ♉ | 23°49'R |
| ♀ Venus | ♋ | 8°19' |
| ♂ Mars | ♈ | 28°28' |
| ♃ Jupiter | ♊ | 24° 4' |
| ♄ Saturn | ♑ | 10°37'R |
| ♅ Uranus | ♈ | 14°23' |
| ♆ Neptun | ♍ | 0°54' |
| ♇ Pluto | ♋ | 18° 9' |
| ☊ Mondknoten | ♉ | 0°56'R |

| | | |
|---|---|---|
| AS ♏ 18°43' | 2 ♐ 18°33' | 3 ♑ 22°35' |
| MC ♌ 28°10' | 11 ♎ 0°20' | 12 ♎ 26°50' |

| | ☉ | ☽ | ☿ | ♀ | ♂ | ♃ | ♄ | ♅ | ♆ | ♇ |
|---|---|---|---|---|---|---|---|---|---|---|
| ☽ | ⚹ -8 | | | | | | | | | |
| ☿ | | | | | | | | | | |
| ♀ | | | ∠ 0 | | | | | | | |
| ♂ | ∠ -3 | □ 3 | | | | | | | | |
| ♃ | | | | | ⚹ -4 | | | | | |
| ♄ | ⚻ 0 | | ⚼ -1 | ☍ -2 | | | | | | |
| ♅ | ⚹ -4 | | | | | | □ 3 | | | |
| ♆ | | | | | △ 2 | | | ⚼ 1 | | |
| ♇ | | | | | | | | □ 3 | | |
| ☊ | | □ 0 | | | ☌ 2 | | | | △ 0 | |
| AS | | | | | | | | | | △ 0 |
| MC | | | | | △ 0 | | | | | |

| | | |
|---|---|---|
| Fe | 24 | ☽ ♂ ♅ MC |
| Lu | 15 | ☉ ♃ |
| Wa | 19 | ♀ ♇ AS |
| Er | 14 | ☿ ♄ ♆ ☊ |

digen Grausamkeit schießwütiger Westernhelden bis hin zu der zärtlichen Erbarmungslosigkeit, mit der das Welken und schrittweise Absterben alternden Lebens beobachtet wird. Eastwood fotographiert[11] mit der journalistischen Schamlosigkeit des Zwillings das Abgründige im Leben (Skorpion, 8. Haus!). Bei einem Horoskop wie dem seinen kann es nicht Aufgabe sein, einen liebevollen Schleier über absterbendes Leben zu legen, wie das etwa ein waagebetonter Typus versuchen würde; nein, er fährt mit der schamlosen Neugier der Zwilling-Photolinse gleichsam in die Abgründe der Seele, bewahrt dabei doch durch das Aufdecken der Hintergründe jene Achtung und einen fast zärtlichen Respekt vor der Ehre des Menschen und beweist damit seinen eigenen Entwicklungsstand.

Auch der am Zenith stehende Neptun wird auf diese Art in zweifacher Hinsicht erfüllt: Einmal über das Medium des Filmbusiness und zum anderen über Transparenz und Durchsichtigkeit sogar der rauhen Charaktere, mit denen er sich beruflich (10. Haus) auseinandersetzt.

11 Das Photographieren, das technisch funktionale Erfassen und Vermitteln von Lebenssachverhalten ist eine typische Qualität der Zwillingssymbolik.

## Johann Sebastian Bach

Der deutsche Organist, Dirigent und Komponist Bach entstammt einer einzigartig produktiven Musikerfamilie, über die wir dank einer von Bach selbst geschriebenen Chronik gut informiert sind.

Bach verlor früh Vater und Mutter (Mond-Neptun-Konjunktion und Sonne-Pluto-Quadrat!). Er wurde durch seinen Bruder Johann Christoph ausgebildet. Er war ein begehrter Musiker an verschiedenen Adelshöfen und um 1723 Thomaskantor in Leipzig. Der Vater von 20 Kindern aus zwei Ehen gilt als wichtigster Vertreter der Barockmusik.

Er produzierte eine immense Vielfalt architektonischer Formen der Musik: Keine zwei seiner Fugen oder Kantaten weisen genau dieselbe Struktur auf. Der brennende Lutheraner Bach ist Autor von fast 200 Kantaten, von so bekannten Motetten wie »Jesu meine Freude« oder »Singet dem Herrn«, von geistlicher Musik wie seinem »Magnifikat«, dem berühmten »Weihnachtsoratorium«, seiner unvergeßlichen »Mathäus Passion« oder der »H-Moll-Messe«. Von seinen weltlichen Werken sind die »Brandenburgischen Konzerte« wohl mit am bekanntesten.

Bevor wir uns inhaltlich dem Horoskop dieses großen Künstlers zuwenden, ist zu sagen, daß Bachs Geburtsstunde[12] nicht genau bekannt ist und aus diesem Grunde mehrere Horoskope mit spekulativen Geburtsstunden (so z.B. 5.45 LMT, 10.58 LMT, 11.30 LMT und 14.00 LMT) in Umlauf sind. Warum ich mich für 14.00 Uhr als mögliche Geburtsstunde entschieden habe, hat vor allem damit zu tun, daß Bach bei diesem Zeitpunkt den Mond in den Fischen (auch in enger Konjunktion mit Neptun) und nicht mehr im Wassermann stehen hat, was meines Erachtens besser mit seiner Musik übereinstimmt, und er bei diesem Zeitpunkt die Sonne (und Uranus) im 9. Haus stehen hat, was neben dem Fische-Mond den klerikalen Charakter (Schütze-9. Haus!) seiner Musik und seine Vorliebe für Orgel[13] am besten erklärt. Seine Meisterschaft in der Einfachheit

12 Im Gegensatz zu allen anderen hier veröffentlichten Horoskopen, bei denen die Geburtszeiten als zuverlässig sicher gelten können. Die meisten Horoskope sind übrigens dem »Taeger-Archiv« entnommen.

13 Die Orgel ist das klassische Schütze-(9. Haus, Jupiter)Instrument.

| ☉ Bach, Johann Sebastian | | Sa.31.3.1685 | | UZ: 14:00 |
|---|---|---|---|---|
| Eisenach | L: 10E19′ | B: 50N59′ | Plac. | WZ: 13:18:44 |

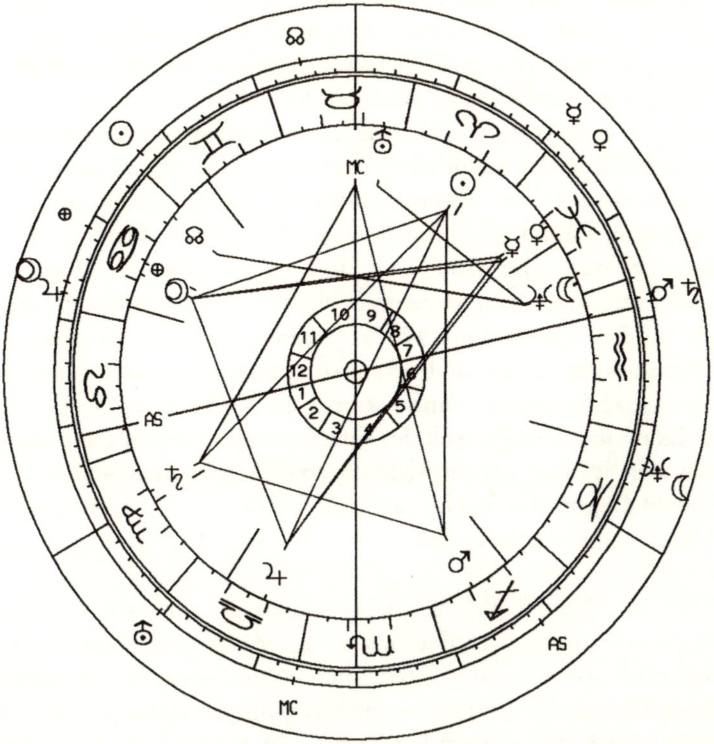


| | | |
|---|---|---|
| ☉ Sonne | ♈ | 11°26′ |
| ☾ Mond | ♓ | 2°42′ |
| ☿ Merkur | ♓ | 19°40′ |
| ♀ Venus | ♓ | 18° 4′ |
| ♂ Mars | ♐ | 11° 4′ |
| ♃ Jupiter | ♌ | 18°49′R |
| ♄ Saturn | ♍ | 10°43′R |
| ♅ Uranus | ♉ | 4°48′ |
| ♆ Neptun | ♓ | 3° 6′ |
| ♇ Pluto | ♋ | 18°18′ |
| ☊ Mondknoten | ♋ | 2°41′R |

| | | | | | | | |
|---|---|---|---|---|---|---|---|
| AS | ♌ 24°20′ | 2 | ♍ 13°35′ | 3 | ♎ 8°47′ | | |
| MC | ♉ 11°57′ | 11 | ♊ 20°56′ | 12 | ♋ 26°16′ | | |

| | ☉ | ☾ | ☿ | ♀ | ♂ | ♃ | ♄ | ♅ | ♆ | ♇ |
|---|---|---|---|---|---|---|---|---|---|---|
| ☾ | | | | | | | | | | |
| ☿ | | | | | | | | | | |
| ♀ | | | ☌ 1 | | | | | | | |
| ♂ | △ 0 | | | | | | | | | |
| ♃ | ☍ -7 | ⚼ -1 | ⚻ 0 | ⚻ 0 | | | | | | |
| ♄ | ⚻ 0 | | | | □ 0 | | | | | |
| ♅ | | ✱ 2 | ∠ 0 | ∠ 1 | ⬠ 0 | | | | | |
| ♆ | | ☌ 0 | | | | ⚼ 0 | | ✱ 1 | | |
| ♇ | □ 6 | ⚼ 0 | △ -1 | △ 0 | | □ 0 | | ⬠ 1 | ⚼ 0 | |
| ☊ | | △ 0 | | | | | | | △ 0 | |
| AS | ⚼ -2 | | | | | | | | | |
| MC | | | | | ⚻ 0 | | △ -1 | | | |

| | |
|---|---|
| Fe | 25 ☉♂AS |
| Lu | 5 ♃ |
| Wa | 26 ☾☿♀♆♇☊ |
| Er | 16 ♄♅MC |

und Klarheit der Fuge wird bei diesem Zeitpunkt auch noch durch den Saturn im 1. Haus bestätigt, und seine 20fache (!) Vaterschaft durch Jupiter als Herrscher über das 5. Haus.

Im übrigen kann man auch bei einer ganz unbekannten Geburtszeit, die mit den Zeitkorrekturmethoden der Astrologie nicht exakt bestimmt werden kann – und damit unter Verzicht auf die Aussagen des Häusersystems – noch sehr detaillierte Informationen über die Charakterstruktur des Horoskopeigners bekommen, die weit über das hinausgehen, was psychologische Diagnostikverfahren ermöglichen. Führen wir uns vor Augen, daß allein durch die Position von Sonne und Mond in den 12 Tierkreiszeichen bereits 144 Charaktertypen existieren, eine Zahl, die sich mit Einbeziehung jedes weiteren Planeten mit 12 multipliziert, ohne daß dabei auf die Individualisierung durch die Aspekte eingegangen wäre. Wir sehen daraus, daß bei derlei Kombinationsvielfalt die Grenze viel eher in der Kombinationsfähigkeit des Interpretierenden liegt als im astrologischen System, was natürlich um so mehr gilt, wenn wir bei einer exakten Geburtszeit auch noch die Vielfalt der Aussagen aus dem Häusersystem dazunehmen.

Wenn wir Bachs Geburtsbild betrachten, so wird sein Entwicklungsniveau besonders deutlich an seinem Sonnenstand in dem Tierkreiszeichen Widder. Abgesehen von der ungeheuren Energie dieses Mannes, die er frei in seine Schöpfungen einfließen ließ, finden wir in seiner Biographie keinen Hinweis auf die aggressiven Komponenten einer unerlösten Widdersymbolik.

Die vielen Planeten im Fischezeichen haben bei ihm nicht zum Chaos geführt oder zu einer verwaschenen, diffusen, unkonturierten Musik, sondern zu geradezu medialen Kompositionen, die großenteils eine Ovation an die Schöpfung und den Schöpfer darstellen, die ein einziges großartiges Gebet darstellen, so großartig, daß sie im Beispiel der h-Moll-Messe den kirchlich verwertbaren Rahmen des Gottesdienstes sprengen und die weltlichen Konzertsäle mit dem Geist der Messe benetzen.

Auch spricht die geniale Vielseitigkeit seiner Persönlichkeit für ein Erreichen des Gipfels der Tierkreisspirale. Denn nur dort gibt es den gleichberechtigten Zugriff auf die ganze Palette der Tierkreis- und Planetensymbolik:

Angefangen von der Urenergie des Widders über die Ruhe und Gesetztheit des Stiers, über die Vielseitigkeit und Heiterkeit des Zwillings, den Gefühlsreichtum des Krebses, die Ausstrahlungs- und Schöpfungskraft des Löwen, über die Differenzierungsfähigkeit und Exaktheit der Jungfrau und die ausgewogene Ästhetik der Waage hin zu der Tiefgründigkeit und Wandlungsfähigkeit des Skorpions, der barocken Wucht und Fülle des Schützen und der klaren, einfachen Stille des Steinbocks, bis zum genialen Rhythmus, der geistigen Freiheit und Wahrheit des Wassermanns und dem sensiblen Einfühlungsvermögen des sich in der Schöpfung verlierenden Fischs.

Alles ist enthalten in der zeitlosen, ewigen Gültigkeit Bachscher Musik. Sie hat nicht nur Bach selbst im Schöpfen beglückt, sondern durch die Zeiten viele, die sich für seine Musik öffnen.

# Anhang

## Esoterische Astrologie als alchemistischer Prozeß

Wenn wir den Entwicklungsweg innerhalb des Horoskops wie bisher geschildert betrachten, erkennen wir ganz deutlich, daß es sich dabei um einen alchemistischen Prozeß handelt.

Die Grundregel der Alchemie lautet in Kurzform: »Solve et coagula!« Trenne und führe wieder zusammen. In ausführlicherer Betrachtung geht es in der Alchemie darum, den Ausgangsstoff aus dem Pflanzen- oder Mineralreich in seine Bestandteile zu zerlegen, diese vollständig zu reinigen und daraufhin wieder zu vereinigen. In der Pflanzenalchemie geschieht dies so, daß die Pflanze in ihre Bestandteile Körper, Seele und Geist zerteilt wird.

Daraufhin erfolgt der umfassende Reinigungsprozeß auf allen drei Ebenen: Ihre materielle Substanz wird durch Veraschung so lange gereinigt, bis die ganze Pflanzenasche vollkommen weiß ist; die Seele der Pflanze, ihr ätherisches Öl, wird durch Destillation gewonnen und bis zum Optimum gereinigt; und der aus der Pflanze durch Gärung gewonnene Alkohol, der Geist der Pflanze, wird so lange dehydriert, bis er zu 100%igem Alkohol geworden ist.

Wenn so alle drei Bestandteile gereinigt sind, werden sie in kunstvoller Prozedur zum sogenannten »kleinen Werk« der Alchemie, dem »Pflanzenstein«, zusammengefügt. Dieser Pflanzenstein ist die absolute Konzentration der Heilkraft der Pflanze.

Der Prozeß des Trennens bedeutet aus astrologischer Sicht zu lernen, die Symbolik der verschiedenen Horoskopfaktoren (Planeten, Tierkreiszeichen, Häuser) exakt voneinander unterscheiden zu lernen und möglichst viele Entsprechungen auf allen Wirklichkeitsebenen für dasselbe Symbol kennenzulernen. Da die Astrologie den Anspruch hat, durch die Gesamtheit ihrer Faktoren symbolisch die ganze Wirklichkeit abzubilden, kommt die schrittweise Erweiterung der Entsprechungen für das jeweilige Symbol einer

Erweiterung des menschlichen Erfahrungshorizonts gleich. Zum Prozeß des Trennens gehört auch, sich in der Unterscheidung der Symboliken zu üben, was bei der Polarisierung gegenüberliegender Tierkreiszeichen und Häuser geschehen kann. Aber auch die »differentialdiagnostische« Abgrenzung zu Symbolentsprechungen des restlichen Tierkreises ist zur sauberen Trennung von Bedeutung. Letzteres kann man vielleicht auch schon dem Reinigen der einzelnen Symbole zurechnen.

Bei diesem ersten Schritt bleibt die große Mehrheit der Astrologen stehen – und zwar bedenklicherweise oft auf einer Stufe, wo nur wenige Entsprechungen eines Symbols gesehen werden. Solche Astrologen legen dann die von ihnen Beratenen konkret und deterministisch fest, da sie nicht die Vielzahl der Möglichkeiten kennen, dieselbe Konstellation zu erfüllen, und deren Erlösungspotential nicht aufzeigen können. Denn dies kann nur geschehen, wenn der zweite und dritte alchemistische Schritt folgt.

Der zweite Schritt des Reinigens der Symbolik bedeutet vor allem, ein Verständnis davon zu entwickeln, daß es innerhalb desselben Symbols erlöstere und weniger erlöste Entsprechungen gibt, also verschiedene Reinheitsgrade. Der Reinheitsgrad einer Symbolik bemißt sich an dem Grad der Bewußtheit und aus einer daraus entstehenden Souveränität im Umgang mit der entsprechenden Symbolik. In Analogie zum alchemistischen Prozeß muß bei diesem Schritt also versucht werden, die entwicklungsmäßig höchsten, bewußtesten Entsprechungen für das betreffende Symbol zu finden, es gleichsam 100%ig zu reinigen. Dazu gehört auch, möglichst abstrakte und wertfreie Umschreibungen der Symbolenergien zu finden, wie beispielsweise für Widder »Das Aktivitätspotential des Menschen« oder »reine, kinetische Energie« oder »Initiativkraft«.

Der Prozeß der Vereinigung der gereinigten Symbole läßt dann jene Unio mystica, jene kosmische Hochzeit, jenes tiefe Glück entstehen, das wir in der Mitte unseres Horoskops erleben dürfen, und das alchemistisch dem Stein der Weisen entspricht.

Diesem reichlich abstrakten Gedanken entspricht ein praktischer Werdegang, der sehr viel mehr von uns verlangt als eine intellektuelle Fingerübung.

In der Praxis erleben wir oft, wie wir vom Schicksal »zerlegt« werden, wie wir einen harten Reinigungsprozeß erfahren, wer wir eigentlich sind. Von einer Unio mystica ist leider noch gar keine Rede. Um so mehr kann uns die Einsicht helfen, daß für unsere menschliche Entwicklung dieses »Zerlegt-werden« wichtig und sinnvoll sein kann und nicht nur Ausdruck des Zufalls oder eines mißgünstigen Gottes ist. Es läßt uns das Leben gefaßter ertragen, wenn wir den tiefen Sinn unserer Höherentwicklung auch in solchen Gegebenheiten erkennen, wo uns das Leben mit harten Bandagen anfaßt. Wir erkennen in solchen Lernphasen, wie festgelegt wir auf ein bestimmtes Reaktionsmuster sind, sehen unsere Fesselung in unseren Bedingungen, haben noch nicht gelernt, unser Verhaltensspektrum in einem bestimmten Lebensbereich zu erweitern – so wenig wie wir die Breite der Möglichkeiten einer bestimmten astrologischen Symbolik erfaßt haben.

Die Kenntnis der astrologischen Symbolbreite und ihrer vielen Analogien zu den verschiedensten Lebensbereichen kann uns hier Anstöße geben, wie wir aus festgefahrenen Verhaltensmustern herausfinden und neue Verhaltensweisen ausprobieren können.

Damit erreichen wir eine Erweiterung unseres Verhaltensspektrums, die Palette der Möglichkeiten, eine Konstellation zu verwirklichen, wächst so und gibt uns neuen Spielraum.

Doch damit ist noch keine Entscheidung darüber getroffen, auf welcher Entwicklungsebene wir uns mit den neuen symbolentsprechenden Handlungen bewegen. Meist wird dieser erste Schritt der Trennung sich auf der Stufe bewegen, auf der unser altes fixiertes Verhaltensmuster seinen Standort hatte.

Daher muß auch im praktischen Leben der alchemistische Prozeß der Reinigung stattfinden, indem wir lernen, aus der Fülle des Verhaltensrepertoires, was wir im ersten Schritt erarbeitet haben, die Verhaltensmuster herauszufiltern, die schon zu einer höheren Entwicklungskategorie gehören oder durch besonders bewußten Umgang mit denselben die Entwicklungsstufe erhöhen. Zu diesem Reinigungsprozeß werden wir oft durch Schicksalsschläge angehalten, besonders wenn wir zu träge oder zu verschlossen sind, um schon vorher die mahnende Sprache der uns zufallenden Ereignisse zu verstehen.

Das Eigenartige dabei ist, daß sich durch den bei dieser Reinigung immer weiter fortschreitenden Bewußtwerdungsprozeß der letzte Schritt, nämlich die Vereinigung der Gegensätze, der gereinigten Bestandteile von selbst ergibt. Die gereinigten Pole ziehen sich im Gegensatz zu den ungereinigten an, sie sehnen sich nach Vereinigung. Erinnern wir uns nur an ein Beispiel: Widder und Waage verschmelzen in wahrer Kampf(Widder)-Kunst (Waage) oder im Gleich(Waage)-Mut (Widder).

Auf unserem Weg kann uns der erlöste Tierkreis motivieren und zugleich deutlich machen, was uns im Moment noch fehlt:

Widder: Wo immer ich bin, bin ich voll Energie.
Stier: Wo immer ich bin, fühle ich Ruhe in mir und besitze genug.
Zwillinge: Wo immer ich bin, bin ich beweglich und offen.
Krebs: Wo immer ich bin, bin ich zu Hause.
Löwe: Wo immer ich bin, bin ich ich selbst.
Jungfrau: Wo immer ich bin, bin ich achtsam und lerne.
Waage: Wo immer ich bin, bin ich in tiefem Frieden.
Skorpion: Wo immer ich bin, bin ich in stetiger Wandlung.
Schütze: Wo immer ich bin, bin ich voll Vertrauen und Glück.
Steinbock: Wo immer ich bin, bin ich klar, rein und still.
Wassermann: Wo immer ich bin, bin ich frei wie ein Vogel.
Fische: Wo immer ich bin, bin ich eins mit allem, was ist.

## Sinn und Unsinn statistischer Forschung in der Astrologie

Überall finden wir in der Astrologie – und zwar gerade dort, wo sie sich bemüht, seriös zu arbeiten – den Versuch, astrologische Thesen durch statistische Untersuchungen zu untermauern. Daß dies immer wieder zu unbefriedigenden Ergebnissen führt, die die Kritiker der Astrologie lächelnd zur Kenntnis nehmen, hat einen ganz einfachen Grund, der gerade dem symbolvertrauten Astrologen so offensichtlich sein müßte, daß es immer wieder verwundert, mit welcher Hartnäckigkeit nach statistischen Belegen für astrologische Wahrheiten gesucht wird. Der Grund liegt ganz einfach im Wesen der Symbolik.

Es gehört zu der Eigenart von Symbolen, daß sie auf verschiedenen Entwicklungsstufen oder Erlösungsgraden lebbar sind. Ob die

Marsfunktion auf der dumpfen Ebene gelebt wird, mit einem Messer aggressiv auf andere einzustechen oder ob das rudimentäre Schwert des Kriegsgottes Mars in der sublimierten Form des Skalpells vom Chirurgen eingesetzt wird, um Menschenleben zu retten, ist nicht aus dem entsprechenden Geburtsbild ablesbar, sondern betrifft die Frage nach dem Niveau, auf dem das Geburtsbild gelebt wird. Es ist demnach bei entsprechend souveräner Symbolkenntnis möglich, aus jedem Horoskop einen Verbrecher oder einen Heiligen herauszulesen. Das breite Spektrum der Symbolik läßt beides zu. Zu welchem Ergebnis der Interpretierende kommt, läßt eher einen Rückschluß auf das Niveau des deutenden Astrologen zu.

Grundsätzlich liegen – und dies verunsichert den astrologischen Anfänger und erfreut den erfahrenen Astrologen – alle Niveauschichten der Konstellationen als Angebot im Horoskop. Was der Horoskopeigner als »Schüler« aus seiner »Schulaufgabe« Horoskop macht, ist sein Entwicklungsspielraum, seine Möglichkeit, zu Glück über die Selbstverwirklichung zu gelangen. Wenn dem astrologischen Anfänger für ein Symbol anfangs nur wenige konkrete Bedeutungen bekannt sind, mag es nicht verwundern, daß daraus der falsche Schluß gezogen wird, es könnten sich auch nur wenige konkrete Ereigniskonstellationen daraus ergeben. Das liegt aber dann an der Begrenztheit des Symbolverständnisses und nicht an den tatsächlichen in der Symbolik liegenden Angeboten.

Dies ist auch der Grund dafür, daß es bei der astrologischen Zwillingsforschung zu solch unterschiedlichen Ergebnissen kommt.

Es gibt Autoren, die durch ihre Forschungsergebnisse belegen, daß Menschen mit nahezu identischen Horoskopen auch frappierend ähnliche Charaktere aufweisen und auch in ihrer Lebensgeschichte eine auffällige Synchronizität von gleichgelagerten Erlebnissen liegt. Andere Autoren weisen ebenso akribisch nach, daß sich bedauerlich wenig Parallelitäten in der äußerlich sichtbaren Struktur von Menschen mit nahezu gleichen Horoskopen ergeben.

Bei genauem Hinsehen zeigt sich sehr häufig, daß auch bei der zweiten Gruppe in den konkreten Ereignisdaten eine wesentliche Gemeinsamkeit bleibt: Sie bewegen sich charakterologisch und ereignistypisch innerhalb derselben Symbolik, nur auf verschiedenen Ebenen dieser Symbolik, was sich in einem anderen äußeren Erscheinungsbild der Ereignisstruktur ausdrückt. Sowohl der Chirurg als auch der primitive Messerstecher verwirklichen ihre im Geburtsbild stark ausgeprägte Marsfunktion. Und doch werden sie bei einer statistischen Untersuchung nicht in derselben Gruppe zu finden sein.

Es ist deshalb für mich immer wieder verwunderlich, wie renommierte Astrologen, von denen man bereits erwarten sollte, daß sie die ganze Breite des Symbolspektrums eines Horoskopfaktors erfassen, sich auf Quizfragen oder Rätsellösungen einlassen, die darauf zielen, daß sich eine bestimmte Konstellation nur auf eine ganz konkrete Weise – und zwar oft genug in »gut« und »böse« gewertet – leben läßt. Wenn symbolunkundige Experimentatoren, wie dies oft die »naturwissenschaftlichen« Kritiker der Astrologie aufgrund ihrer Ignoranz gegenüber der Symbolik sind, solche Forschungen unternehmen und durch die Ergebnisse ihr enges Weltbild untermauern, so ist dies nicht verwunderlich. Wer sich aber ein Leben lang mit Symbolik beschäftigt und daraus erkennt, daß eine bestimmte Konstellation nicht nur eine Verwirklichungsmöglichkeit beinhaltet, sondern unendlich viele, der müßte eigentlich die Hoffnung aufgeben, Astrologie durch Ereignis- oder Charakterstatistiken untermauern zu wollen.

Dies bedeutet freilich nicht, daß in der Astrologie keine griffigen Aussagen möglich sind. Ein Mensch oder Ereignis bleibt durch die Symbolik seines Geburtshoroskops geprägt, sein Lebensweg ist als »Aufgabe« vorgezeichnet. Der Spielraum der Symbolik läßt aber so viele Möglichkeiten und Niveauunterschiede zu, daß sich der Horoskopeigner innerhalb dieses Spielraums unterschiedlich verwirklichen und weiterentwickeln kann. Dies liegt in der Verantwortung des Horoskopeigners.

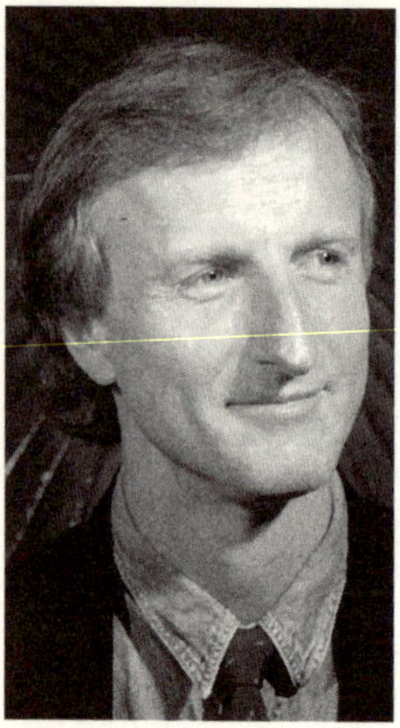

*Nicolaus Klein, zunächst als Rechtsanwalt und seit 1978 als Heilpraktiker tätig, beschäftigt sich seit dem 18. Lebensjahr mit Astrologie und anderen esoterischen Disziplinen. 12jährige Zusammenarbeit mit Thorwald Dethlefsen. ZEN-Schulung unter dem Rinzai-ZEN-Patriarchen Oi Saidan Roshi. Seit 1976 Leitung von Astrologie-Ausbildungskursen und in der ZEN-Tradition stehenden Meditations- und Kampfkunstseminaren. 1987 Gründung des KENSHO-Instituts in München, wo er als beratender Astrologe und Psychotherapeut tätig ist.*

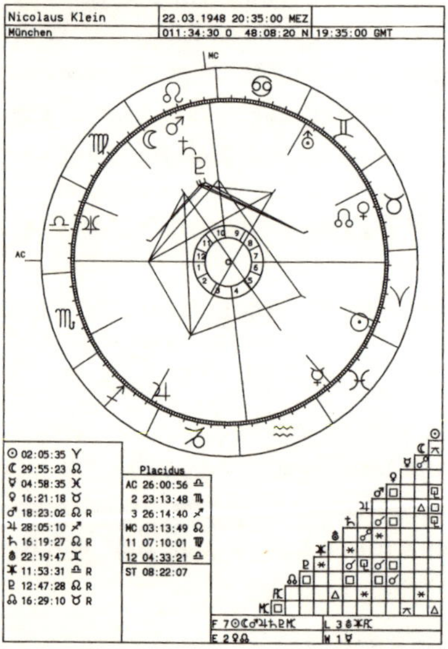


www.nicolaus-klein.de

In Ergänzung zu diesem Buch ist eine schriftliche Computeranalyse entwickelt worden, in der das persönliche Horoskop mit seinen Selbstverwirklichungsaufgaben interpretiert wird. Informationen und Anfragen, auch zu Seminaren und Beratungen, unter folgender Adresse:

KENSHO-Institut; Nicolaus Klein
Gewürzmühlstraße 17; 80538 München
Telefon 0 89/22 20 96; Fax 0 89/2 91 36 88

10-11 30

## Widder

Das Tierkreiszeichen beschreibt vor allem, wie etwas geschieht, und wird bei Horoskopinterpretationen am besten mit Eigenschaftswörtern beschrieben.

gleichmütig, energievoll, in frei fließender Aktivität, unmittelbar, im Einklang mit der Schöpfung handelnd

*

scharfsinnig, anregend, kräftig, entschieden, aufbauend, frisch, frühlingshaft, tatkräftig, ritterlich, couragiert, mutig, entschlossen, impulsgebend

*

aktiv, direkt, ehrlich, spontan, leistungsbezogen, kämpferisch, sportlich, durchsetzungskräftig, pionierhaft

*

überschießend, ungeduldig, rivalisierend, übermütig, unbesonnen, heißblütig, unbeherrscht, kriegerisch, unausgeglichen, undiplomatisch

*

aggressiv, rücksichtslos, egoistisch, verletzend, kopflos, triebhaft, wütend

*

blindwütig, rasend, brutal, zerstörerisch

## Stier

Das Tierkreiszeichen beschreibt vor allem, wie etwas geschieht, und wird bei Horoskopinterpretationen am besten mit Eigenschaftswörtern beschrieben.

rund, ausgewogen, ruhig, zufrieden, gesammelt, beruhigend, Halt gebend

*

fest, gemütvoll, freundlich, solide, freundschaftlich, gemütlich, gründlich, geschmackvoll, beständig, naturbezogen, organisch, naiv, idyllisch

*

beharrlich, praktisch, sinnlich, sichernd, bewahrend, bodenständig, realistisch, genießerisch, bindend, instinktiv, auf Zusammenhalt bedacht

*

unbeweglich, träge, besitzergreifend, schwerfällig, begriffsstutzig, eigensinnig, entwicklungsfeindlich

*

stur, hartnäckig, gierig, materialistisch, plump, grob, widerborstig

*

dumpf, dumm, habgierig, unzufrieden, vollgefressen

## Zwillinge

Das Tierkreiszeichen beschreibt vor allem, wie etwas geschieht, und wird bei Horoskopinterpretationen am besten mit Eigenschaftswörtern beschrieben.

heiter, elastisch, beweglich, offen, katalysatorisch, unbeschwert

*

vielseitig, verbindlich, kommunikativ, vermittelnd, kameradschaftlich, klug, neutral, beschwingt, informativ

*

wendig, interessiert, schlau, zweckmäßig, anspruchslos, gewitzt, reiselustig, unterhaltsam, quirlig

*

oberflächlich, zerstreut, unzuverlässig, nervig, unkonzentriert, rückgratlos, vorteilheischend, wendehälsig

*

schamlos, sinnlos, unzusammenhängend, zerrissen, neugierig, sensationslüstern

*

bedeutungslos, flach, uninteressant, quasselnd, substanzlos

## Krebs

Das Tierkreiszeichen beschreibt vor allem, wie etwas geschieht, und wird bei Horoskopinterpretationen am besten mit Eigenschaftswörtern beschrieben.

natürlich, göttlich naiv, hingebungsvoll, mütterlich liebend, unverzerrt reflektierend

*

einfühlsam, anpassungsfähig, gefühlvoll, augenblicksnah, bergend, umsorgend, wandlungsfähig, regenerativ

*

hilfsbereit, aufopferungsbereit sanftmütig, weich, periodisch, abwechslungsreich, atmosphärisch, klimabildend

*

unselbständig, anlehnungsbedürftig, passiv, haltlos, unpünktlich, strukturlos, ängstlich, ausweichend, ziellos, fremdbestimmt, launisch, weinerlich

*

abhängig, vorwurfsvoll, leidend, chaotisch, klammernd, Zuwendung einklagend, kitschig sentimental, parasitär am Schicksal anderer teilnehmend

*

hilflos unmündig, quengelnd bedürftig, chamäleonartig der Meinung der breiten Masse folgend

## Löwe

Das Tierkreiszeichen beschreibt vor allem, wie etwas geschieht, und wird bei Horoskopinterpretationen am besten mit Eigenschaftswörtern beschrieben.

selbstbewußt, zentriert, kraftvoll, wärmend, sich verschenkend, liebevoll

*

souverän, spielerisch, kreativ, schöpferisch, liebenswürdig, ausdrucksvoll, machtvoll, potent, lustvoll, lebendig, vital

*

stolz, selbstsicher, einzelgängerisch, darstellerisch, organisatorisch, kraftspendend verspielt, energisch, risikofreudig

*

autoritär, machthungrig, dominant, egozentrisch, respektheischend, verwöhnt, eitel, großmäulig, theatralisch

*

protzig, faul, selbstherrlich, unterdrückend, selbstsüchtig, willkürlich

*

tyrannisch, rücksichtslos, unterwerfend, sich maßlos überschätzend

## Jungfrau

Das Tierkreiszeichen beschreibt vor allem, wie etwas geschieht, und wird bei Horoskopinterpretationen am besten mit Eigenschaftswörtern beschrieben.

achtsam, bedacht, situationsadäquat, aufmerksam, dienstbar

*

profund informiert, klug, fürsorglich, restaurativ, genau, präzise, differenziert, vernunftbetont, bescheiden, gelehrig

*

nüchtern, rationell, sachlich, neutral, wissenschaftlich, kausal, vorsichtig, zurückhaltend, zweckbestimmt, sparsam

*

besserwisserisch, lehrmeisternd, gouvernantenhaft, säuerlich, opportunistisch, unehrlich, ängstlich, geizig

*

angstvoll, verklemmt, gottlos, zweiflerisch, spöttisch, sophistisch, pseudointellektuell, kritiksüchtig

*

zynisch, sarkastisch, zwanghaft, angstbestimmt

## Waage

Das Tierkreiszeichen beschreibt vor allem, wie etwas geschieht, und wird bei Horoskopinterpretationen am besten mit Eigenschaftswörtern beschrieben.

friedvoll, ausgeglichen, von innerer Schönheit, geistvoll

*

ausgewogen, schöngeistig, ästhetisch, verliebt, künstlerisch, zärtlich, beschwingt, feinsinnig, intelligent, ausgleichend, harmonisch, fruchtig, wohlgeformt, elegant

*

liberal, höflich, diplomatisch, verführerisch, flirtend, vermittelnd, schmückend, verschönernd, dekorativ, duftig, wohlriechend, dezent

*

unentschlossen, lauwarm, gekünstelt, artifiziell, geziert, beschönigend, parfümiert, glatt, ungreifbar, handlungsschwach, kosmetisch, indirekt

*

dekadent, überschminkt, aalglatt, inaktiv, bequem, blasiert, unehrlich, pseudointellektuell, phrasendreschend, langweilig, hohle Schickeria

*

verlogen, maskenhaft, sublim aggressiv, »Delegationstäter«, der sich die Finger nicht persönlich schmutzig macht, sondern sich gedungener Täter bedient

## Skorpion

Das Tierkreiszeichen beschreibt vor allem, wie etwas geschieht, und wird bei Horoskopinterpretationen am besten mit Eigenschaftswörtern beschrieben.

immer wandlungsbereit, aufopferungsvoll, alchimistisch, »zweimal geboren«

*

anspruchsvoll, tiefgründig, selbstbeherrscht, vorbildhaft ausdauernd, idealistisch, magisch, faszinierend, magnetisch, sühnend

*

suggestiv, hintergründig, überfordernd, indirekt, ausschließlich, polarisierend, extrem, zäh, regenerationsfähig, perfektionistisch, absolut, sexuell offen

*

mit sich und der Welt unzufrieden, exzessiv, zwanghaft, fanatisch, okkultistisch, spiritistisch, abergläubisch, spionierend, doppelgesichtig

*

selbstzerstörerisch, vampiristisch, ausnützerisch, süchtig, abhängig, hörig, sexbesessen, ungepflegt, pornographisch, sündig

*

sadistisch, masochistisch, zerstörerisch, besessen, rachsüchtig, stinkend, aussätzig, zuhälterisch, mißhandelnd, schmarotzerisch

## Schütze

Das Tierkreiszeichen beschreibt vor allem, wie etwas geschieht, und wird bei Horoskopinterpretationen am besten mit Eigenschaftswörtern beschrieben.

glücklich, vertrauensvoll, weise, weitsichtig, religiös

*

priesterlich, enthusiastisch, begeistert, tolerant, sinnvoll, das Wesentliche überblickend, wegweisend, überzeugend, philosophisch

*

vielseitig, großzügig, werbend prächtig, humorvoll, bejahend, begeisternd, hinweisgebend, sendungsbewußt, offenherzig

*

arrogant, überheblich, überdimensioniert, pathetisch, übertrieben, theatralisch, bequem, hysterisch, moralisierend, missionierend, neureich

*

großspurig, pauschalierend, grundlos selbstüberzeugt, verachtend, verweichlicht, aufgedunsen, bigott, pseudoreligiös, verantwortungslos

*

großkotzig, hochstaplerisch, größenwahnsinnig, inhaltsleer aufgeblasen

## Steinbock

Das Tierkreiszeichen beschreibt vor allem, wie etwas geschieht, und wird bei Horoskopinterpretationen am besten mit Eigenschaftswörtern beschrieben.

klar, still, rein, ewig

*

bescheiden, selbstgenügsam, konsequent, aufrecht, zurückhaltend, reif

*

ehrlich, geradlinig, treu, diszipliniert, sparsam, solide, ernst, seriös, grenzsetzend, kategorisch

*

kantig, eckig, unbeugsam, selbstgerecht, verurteilend, geizig, widerständlerisch, gehemmt, melancholisch, streng, rigide, beschränkend

*

rücksichtslos, egoistisch, rechthaberisch, verklemmt, unsensibel, unlebendig, autoritätshörig, hartherzig

*

depressiv, in aller Härte unterdrückend, bleiern, erstarrt, kalt, tot

## Wassermann

Das Tierkreiszeichen beschreibt vor allem, wie etwas geschieht, und wird bei Horoskopinterpretationen am besten mit Eigenschaftswörtern beschrieben.

frei, genial, einzigartig

*

erfinderisch, einfallsreich, geistreich, kreativ, schöpferisch, wahrheitsliebend, erfrischend

*

originell, unkonventionell, spritzig, witzig, tänzerisch, zukunftsorientiert, der Zeit voraus, revolutionär, besonders

*

zerstreut, unkonzentriert, unzuverlässig, exzentrisch, abartig, sprunghaft, unruhig, explosiv, zentrifugal, eigenartig, vogelfrei, verkannt

*

wirr, zerrissen, heimatlos, unberechenbar, verrückt, gejagt, pseudooriginell, ausgestoßen, einsam, widerständlerisch revolutionär, spröde

*

wahnsinnig, irr, pervers, im Raum verloren, zur falschen Zeit am falschen Platz, anarchistisch, gegen alles

## Fische

Das Tierkreiszeichen beschreibt vor allem, wie etwas geschieht, und wird bei Horoskopinterpretationen am besten mit Eigenschaftswörtern beschrieben.

weise, einverstanden, allein, selbstlos, wahr

*

medial, mitfühlend, mystisch, fragil, religiös, fließend, intuitiv, selbstvergessen, opferbereit, lösend, durchlässig

*

phantasievoll, zart, zerbrechlich, anpassungsfähig, spirituell, humanistisch, künstlerisch, lyrisch, empfänglich, beeinflußbar, feinsinnig

*

illusionär, jenseitig, heimlich, ambitionslos, inaktiv, resignativ, selbstmitleidig, beeinflußt, verträumt, unrealistisch

*

unehrlich, unheimlich, resigniert, einfallslos, schlampig, fremdbestimmt, unsauber, gelähmt, neurotisch, wahnhaft

*

hinterhältig, chaotisch, sich dem Leben verweigernd, schmierig, schleimig, zersetzend, vergiftend, psychotisch

# 1. Haus

Das Haus beschreibt in erster Linie, wo etwas geschieht, und wird bei Horoskopinterpretationen am besten mit Substantiven beschrieben.

eins mit Meister »Wu-Wei«, dem, der die Kunst beherrscht, im Nicht-Handeln zu handeln, eins im Handeln mit der universellen Energie (Qi)

*

bei Meister »Wu-Wei« im Kampfkunsttraining, selbstvergessen im Spüren der strömenden Energie im eigenen Körper, der erlöste »Parzival«

*

mit spielerischer Freude auf dem Sportplatz, Spaß an der eigenen Leistung, unverkrampftes Sich-Messen mit anderen, auf dem Turnierplatz, Ritterlichkeit

*

rivalisierender Leistungssport, Überforderung des Körpers im Zwang zu siegen, Feldwebelallüren auf dem Kasernenhof

*

Erprobung des Gesetzes des Stärkeren, Faustrecht, beim »Stock-Car-Rennen«, als Schläger in der Eishockeyarena, Sieg um jeden Preis

*

im Blutrausch auf dem Schlachtfeld, des Söldners Freude am Töten und Vergewaltigen

# 2. Haus

Das Haus beschreibt in erster Linie, wo etwas geschieht, und wird bei Horoskopinterpretationen am besten mit Substantiven beschrieben.

in innerer Zufriedenheit, in sich selbst ruhend, »soweit das Auge reicht: mein Land (ohne Besitzurkunde)«

*

in erwartungsfreier Sinnenfreude, in guter Gemeinschaft, in ruhigem Selbstwertgefühl, in gelassener Beständigkeit, in feinem Geschmacksempfinden, »in der romanischen Kirche«

*

in gesicherter Verwurzelung, in solider Vermögenssituation, auf fester Grundlage, »in der schuldenfrei ersparten Wohnküche«, »der glückliche Bildhauer«

*

in träger Erwartungshaltung, in bequemem Sinnengenuß, in Abhängigkeit vom Gruppenzwang, »Kegelbrüder unter sich«, feist auf seinem Geldsack

*

in passiver Unbeweglichkeit, in oraler Gier, im erstickenden Sammeltrieb, in dummer Vereinsmentalität, »betrunken am bierseligen Stammtisch«

*

im Gefängnis eigener Engstirnigkeit, in hirnlosem Wiederkäuen alter Eindrücke, in grober Klotzigkeit, »Via mala«, tiefstes bäuerlich-dumpfes Milieu

## 3. Haus

Das Haus beschreibt in erster Linie, wo etwas geschieht, und wird bei Horoskopinterpretationen am besten mit Substantiven beschrieben.

unterwegs in der Welt, den freien Himmel über sich, heiteren und offenen Gemüts, Vermittler göttlicher Botschaft, »Kanal« für das rechte Wissen

*

im freudigen Austausch wesentlicher Informationen, als neutraler Vermittler gegensätzlicher Meinungen, als friedlicher »Katalysator«

*

belesen in der Bibliothek, der fachlich versierte Moderator, der verantwortungsvolle Journalist

*

der schlaue Buchhändler, in der Hektik der Presseagentur, in der Redaktion des Klatschblatts

*

neugierig engagiert in der Sensationspresse, Dienst nach Vorschrift am Postschalter, fiebrig an der Börse

*

in erregter Diskussion über das Neueste aus dem »Gelben Blatt«, vor der »Glotze« geil auf die blutigen Ereignisse des Tages und die »Enthüllungen« der Personality-Shows

## 4. Haus

Das Haus beschreibt in erster Linie, wo etwas geschieht, und wird bei Horoskopinterpretationen am besten mit Substantiven beschrieben.

zu Hause in der Natur, eins mit den Naturgesetzen, als liebende Mutter

*

am stillen See, am Ufer des Baches in der Wiese, an der Heilquelle, am Altar der Mutter Gottes

*

im liebevoll arrangierten Blumengeschäft, als physische und psychische Hebamme, geborgen zu Hause im Kreis der Familie

*

gluckenhafte Bemutterung, mit feuchten Augen im Heimatfilm, hinter der Gardine als Wächter(in) über die nachbarliche Moral, selig schunkelnd auf dem Volksfest

*

Erpressung durch Tränen und demonstratives Leiden, »Undank ist der Welt Lohn, wo ich dir doch alles gab«, weinerliches Quengeln nach Zuwendung

*

Großstadtproletariat, Hinterhof-Keifen, Schmuddelwäsche, unerfüllter Neid auf erfülltere andere, böser Tratsch, unmündiges »Stimmvieh«, dumme Masse

## 5. Haus

Das Haus beschreibt in erster Linie, wo etwas geschieht, und wird bei Horoskopinterpretationen am besten mit Substantiven beschrieben.

in der Mitte des Seins, im Zentrum des Herzens und des Universums, als souveräner Führer

*

seine väterliche Kraft großzügig verschenkend inmitten Bedürftiger, ruhige, wahre Autorität, herzliche Wärme ausstrahlend, hier und jetzt, überall in jedem Moment

*

Kunstwerke schöpfend im Atelier, als verantwortungsvoller Chef in der Firma, mit Herz und Seele musizierend auf der Bühne

*

»der kleine Bonaparte«, selbstgefällige Machtausübung in »Emporkömmlingsmanier«, eitle Selbstdarstellung auf der Bühne

*

der »Haustyrann«, der faule, Verwöhnung fordernde Pascha, der großspurige machthungrige Angeber, im Spielsalon erpumptes Geld verspielend

*

der über Leichen gehende Mafia-Pate, neureich protziges Auftreten aus zuhälterhaft erworbenem Besitz, dicke Ringe an wulstigen Fingern

## 6. Haus

Das Haus beschreibt in erster Linie, wo etwas geschieht, und wird bei Horoskopinterpretationen am besten mit Substantiven beschrieben.

in achtsamer, differenzierter Wahrnehmung all dessen, was ist, in lauschender, hochaufmerksamer Präsenz, als liebevoller Diener

*

im Sprechzimmer des liebevollen Arztes, in der Forschung aus Liebe und zum Besten der Welt, als achtsamer Kirchenrestaurator, als herzlicher Pädagoge

*

beim wissenschaftlichen Streitgespräch, als skeptischer Kunstkritiker, am aufgeräumten Arbeitsplatz, der klare belesene »Kopf«, im »Gymnasium«

*

der nüchterne Besserwisser, die lehrmeisternde Gouvernante, in der Grundschule, der sarkastische Spötter, die säuerliche »Betschwester«

*

Forschung ohne Moral, seelenloses Diktat der »Vernunft«, der gottlose Zweifler, als »Fließbandpatient« in den Krallen der Technomedizin zur Geräteamortisation

*

in menschenverachtendem Zynismus, »wissenschaftliche« Menschen- und Tierquälerei, Laborexperimente an der leidenden Kreatur

## 7. Haus

Das Haus beschreibt in erster Linie, wo etwas geschieht, und wird bei Horoskopinterpretationen am besten mit Substantiven beschrieben.

in tiefer Ausgeglichenheit und innerer Harmonie, in friedvoller Stimmung, innere Schönheit

*

natürlicher Charme, echte Freundlichkeit und Höflichkeit, ungezwungene Eleganz, feine Aristokratie verbunden mit Natürlichkeit, geistige Brillanz, Schöngeistigkeit

*

in der Kunstgalerie, in ästhetischem Ambiente, im Garten des Lustschlößchens, das Verführungsspiel spielend, erotische Koketterie

*

in der Garderobe vor dem Schminkspiegel, geziert auf dem Laufsteg schreitend, parfümierte Selbstdarstellung, diplomatische Unehrlichkeit, schmeichlerische Komplimente

*

im billigen Kosmetiksalon, Boutiquentratsch, Schickeriaallüren, der substanzlose »Kleiderständer«, Modepüppchen und Gigolo

*

die geschminkte Maske, dekadente geistige Aggression, mit Glacéhandschuhen Todesurteile unterzeichnend, die eigenen Hände in Unschuld waschend

## 8. Haus

Das Haus beschreibt in erster Linie, wo etwas geschieht, und wird bei Horoskopinterpretationen am besten mit Substantiven beschrieben.

der Meister der Alchimie, in ständiger Transformation

*

der echte Fakir, beim seriösen Heiler, engagiert bei der Sterbehilfe, aufopferungsvolles idealistisches Engagement in eigener Verantwortung

*

in der Friedhofsgärtnerei, Mitglied der Loge der schwarzweißen Bruderschaft, im Ashram von Sai-Baba

*

Arbeit in der Kläranlage, auf der Mülldeponie, der genmanipulierende Chemiker, der Möchtegernmagier, im »Kabinett von Hexe Tandra«, der Drogenfahnder

*

unterwegs in St. Pauli, blutverschmiert im Schlachthof, der Hardcorefan, der Drogendealer, dumpfer Okkultismus und Spiritismus, im Leichenschauhaus

*

süchtig auf das Horrorvideo, Mitglied beim Ku-Klux-Clan, der Priester der schwarzen Messe, mit dem »goldenen Schuß« auf der Bahnhofstoilette, der gewalttätige Zuhälter, der Ritualmörder

## 9. Haus

Das Haus beschreibt in erster Linie, wo etwas geschieht, und wird bei Horoskopinterpretationen am besten mit Substantiven beschrieben.

in tiefem Urvertrauen, in Glück und Freude an der Schöpfung

*

der begeisternde Priester, der weise Philosoph, der liebevolle Mäzen und Gönner, der humorvolle Lebenskünstler, der großherzige Guru

*

voller Inbrunst in der Barockkirche zu Orgelklängen singend, bei der Leichtathletikolympiade, in der philosophischen Fakultät

*

in »Disneyland«, beim Open-Air-Konzert des Mega-Stars, auf Kashoggis Yacht vor Monte Carlo, in der Werbeagentur, auf Weltreise, in der Südsee, beim Filmstaff

*

in der Spielhölle von Las Vegas, in der 50-Zimmer-Villa, der Selfmade-Rancher auf seiner Pferderanch, der Broker in der Wall Street

*

der großkotzige Hochstapler, viel heiße Luft um nichts, der verweichlichte Inquisitor, der biedere Moralapostel, der Fernsehprediger mit der Doppelmoral

## 10. Haus

Das Haus beschreibt in erster Linie, wo etwas geschieht, und wird bei Horoskopinterpretationen am besten mit Substantiven beschrieben.

in würdevoller Klarheit, in tiefer innerer Stille, rein und ewig wie ein Diamant

*

allein in der Kathedrale von Chartres, als Mutter Theresa bei den Ärmsten der Armen, als Einsiedler in der Klause

*

in der Stille des gotischen Friedhofs, am Gipfelkreuz des Monte Rosa, im ewigen Eis

*

im Keller beim Saubermachen, am Verfassungsgericht, der Schulrektor, der Dekan, als Zoologe allein auf den »stony islands«, bei den Ausgrabungen von Neandertal

*

im Stollen 8 der Grube Koks, »unter sich« beim Wiener Opernball, in der Machtposition des Formularverwalters im Kreisverwaltungsreferat

*

als Gauleiter auf Inspektion, bei der SS Ausländer jagend, als KZ-Kapo über den »Untermenschen«

# 11. Haus

Das Haus beschreibt in erster Linie, wo etwas geschieht, und wird bei Horoskopinterpretationen am besten mit Substantiven beschrieben.

in vollkommener Freiheit, unter der Weite des Firmaments, den Wind in den Haaren

*

als »weiser Narr« in der Welt die Wahrheit des Moments in spritziger Geistigkeit vermittelnd, frei in allen »Kostümen« des »Zirkus Welt«

*

in der Raumstation in der Stille des Alls, als verständnisvoller Arzt in der Psychiatrie, im Labor des genialen Erfinders

*

im Zirkus »Roncalli«, im Flugsimulator, im Science-fiction-Film, in verwirrtem Sozialengagement, der »schrullige Professor«, der absonderliche Einzelgänger

*

als synthetischer Abenteurer in »virtual reality«, spielbesessen vor dem PC, johlend am Bungee-Seil, gröhlend im Karnevalstreiben

*

in der Nervenheilanstalt, mit dem grellgelben »Irokesenschopf« als Slumindianer, im Verfolgungswahn tötend

# 12. Haus

Das Haus beschreibt in erster Linie, wo etwas geschieht, und wird bei Horoskopinterpretationen am besten mit Substantiven beschrieben.

strömend im Fluß des Seins, in der Grenzenlosigkeit des Alls, in tiefem Einverstandensein mit dem Lauf der Dinge

*

in stiller Meditation, im Mitgefühl für alle Kreaturen, inspiriert von wahrer Mystik, in tiefem Gebet, in wortloser Kommunikation mit der Schöpfung

*

am Strand des Ozeans, im Dunstschleier des Wasserfalls, in der Unendlichkeit der Wüste, im Ashram, im Violinkonzert von Bach, als Märthyrer für den nächsten

*

auf der Aidsstation, auf den Malediven, dem Gesang der Wale lauschend, schmunzelnd bei David Copperfield, als gesichtsloser Mitläufer

*

verloren in der Welt, in der Opiumhöhle, als »Groupie« auf der »Eso-Messe«, betört von der Weissagung von Madame Tarot, in schusseligem Chaos

*

vom Gift zerfressen, in haltloser Prostitution, als selbstmitleidiges Opfer der Welt, in unehrlicher (Selbst-)Täuschung, schleichend und hinterrücks

## Sonne

Der Planet beschreibt in erster Linie das, was geschieht, und wird bei Horoskopinterpretationen am besten mit Verben beschrieben.

kraftvolles in sich zentriertes Sein, reine Bewußtheit, spielerische Kreativität, spontanes Schöpfen, herzliche Wärme verschenken

*

selbstbewußtes Auftreten, gestalterische Potenz, herzliche, souveräne Autorität, liebevolle Führungsqualität, authentische Persönlichkeit

*

stolze Präsentation und Repräsentation, direkter Selbstausdruck, schauspielerische und künstlerische Begabung, starke persönliche Ausstrahlung

*

protziges sich in den Mittelpunkt stellen, das Ich als »Nabel der Welt«, der goldbehängte »Kleiderständer«, das dümmlich selbstbewußte »Model«

*

faule Paschaallüren, der vom Vater gesponserte Playboy, dolce far niente, der respektheischende Angeber, der dumme Fußballstar

*

der Tyrann, gewaltsames Machtstreben als Kompensation für die innere Leere

## Mond

Der Planet beschreibt in erster Linie das, was geschieht, und wird bei Horoskopinterpretationen am besten mit Verben beschrieben.

unverfälschtes Reflektieren, situationsbedingtes Verhalten, anpassungsbereites Sein, selbstlose mütterliche Liebe

*

atmosphärische Einfühlungsgabe, anpassungsfähiges Eingehen auf die Erfordernisse des Moments, fürsorgliches Betreuen Hilfsbedürftiger

*

Gefühl für Rhythmus und Periodizität im Leben, imitative Lernbereitschaft, Erzeugen gemütvollen und Geborgenheit vermittelnden Klimas

*

sentimentale, unerfüllte Unselbständigkeit, klammernde Abhängigkeit, schmollendes Beleidigtsein, Launenhaftigkeit

*

selbstmitleidige Untätigkeit, passives Parasitentum am Schicksal anderer, kitschige klischeehafte Sentimentalität

*

Erpressung durch Leid, das zwanghaft erwartende »Opfer des Schicksals«, die durch Fremdverschulden unerfüllt Gebliebene

## Merkur

Der Planet beschreibt in erster Linie das, was geschieht, und wird bei Horoskopinterpretationen am besten mit Verben beschrieben.

Vermitteln der »höchsten Dinge«, rechte Rede, rechtes Denken, klare Ratio, weise Vernunft

*

wertfreies Vermitteln, souveränes Moderieren, präziser sprachlicher Ausdruck, gehaltvolle Sprache, das Wesentliche erfassender Verstand

*

kluge Intellektualität, forscherischer Geist, rationelles Lernen, hilfreiche Didaktik, pädagogische Fähigkeiten, vielfältige Interessen

*

oberflächliche Neugier, hartnäckige Besserwisserei, »pseudowissenschaftliche« Arroganz, gewitzter Opportunismus, Zweckmäßigkeitstrip

*

betrügerische List, schlaues Vorteilsstreben, der »Winkeladvokat«, der »Schnäppchenjäger«

*

inhaltsleeres Plappern, charakterlose Wendigkeit, plumpes Schachern um Vorteile, intellektuell minderbemittelt

## Venus

Der Planet beschreibt in erster Linie das, was geschieht, und wird bei Horoskopinterpretationen am besten mit Verben beschrieben.

dankbares, sinnliches Genießen, ohne jede Erwartungshaltung, frei von Bedürfnissen, befriedendes Ausgleichen aus harmonischer Entscheidungsfähigkeit

*

diplomatisches Abwägen, liebevolles Annehmen und Geborgenheit vermitteln, kunstsinniges Engagement, Botschafter wahrer Schönheit, Du-bezogenes Handeln

*

gekonntes »Verführen«, lockende Ausstrahlung, sinnlich erotisches Genießen

*

auswählen, geschmacklich beurteilen, verschönern, beschönigen, sich nicht entscheiden können

*

kosmetisch übertünchen, unwahres Schönfärben, sich abhängig machen von Sinnlichkeit, in Sinnenreizen schwelgen

*

Kitsch, erotische Entgleisung, »das große Fressen«, geschmackliche Verirrung, träge Wollust

## Mars

Der Planet beschreibt in erster Linie das, was geschieht, und wird bei Horoskopinterpretationen am besten mit Verben beschrieben.

handeln aus dem absoluten Gleichgewicht, absichtsloses Tun, das ganz dem Fluß des übergeordneten Ganzen angepaßt ist, frei von persönlichem Ergebnisstreben, gleichmütiges Agieren

*

ritterliches Engagement, zivilcouragiertes Eintreten für andere, leistender Kräfteeinsatz für die Sozietät, Freude an der eigenen Leistungskraft, besonnenes Handeln

*

sportliches Kräftemessen mit »Wettkampfpartnern« in allen Lebensbereichen, kontrolliertes, zielgerichtetes Handeln

*

rivalisieren, Leistungskampf mit Menschen, die andere Positionen vertreten, Eroberungsstrategie, hektisches, ruheloses Agieren

*

aggressives Sich-selbst-Durchsetzen, Ellenbogenmentalität, »Rambo-Manieren«, unbesonnenes Draufgängertum

*

hirnloser Aktivismus, blindwütiges Rasen, Zerstörungslust, wütende Selbstschädigung

## Jupiter

Der Planet beschreibt in erster Linie das, was geschieht, und wird bei Horoskopinterpretationen am besten mit Verben beschrieben.

den tiefen Sinn des Lebens begriffen haben und dies durch sein ganzes Sein ausstrahlen, anderen begeisternd und unmissionarisch den Weg weisen, wahrer Priester, Guru sein

*

glauben, vertrauen, zu einer Synthese bringen, lachen, sich entwickeln, expandieren, wachsen, fusionieren

*

vergrößern, kumulieren, entwickeln, für etwas werben, missionieren, überzeugen, dynamisieren, delegieren, werten ausdehnen, weit reisen, engagieren, philosophieren

*

angeben, großsprechen, übertreiben, sich aufplustern, pauschalisieren, Probleme verdrängen, Bequemlichkeit auf Kosten anderer leben

*

hochstapeln, andere für dumm halten und verkaufen, über das Ziel hinausschießen, verantwortungsloses Überzeugen

*

wuchern, verdrängen, nicht genug kriegen, sinnloses Expandieren

## Saturn

Der Planet beschreibt in erster Linie das, was geschieht, und wird bei Horoskopinterpretationen am besten mit Verben beschrieben.

freudiges, selbstvergessenes Arbeiten, Arbeit um der guten Arbeit willen, Aufgehen im soliden Werk, reine, für sich selbst stehende Pflichterfüllung, würdevolle Reife

*

selbständiges, konzentriertes Arbeiten, verantwortungsvoller Kräfteeinsatz für die Gemeinschaft, bescheidene Selbstbeschränkung

*

zielgerichtetes, konsequentes Arbeiten, planendes, ergebnisorientiertes Organisieren, sachbezogenes Klären, prüfendes Bilanzieren

*

zielstrebiges, hartes Vorgehen, um den Erfolg zu sichern, kühler Standesdünkel, Streben nach gesellschaftlicher Profilierung, Markenhörigkeit und Titelprotzerei, Ehrgeiz

*

streberhaftes, autoritätshöriges Arbeiten, Dienst nach Vorschrift, zwanghaftes Reinigen, geiziges Festhalten, Verantwortlichkeit abschieben

*

ängstliches, duckmäuserisches Streben, kaltes rücksichtsloses Vorgehen, Arbeitsscheu, kaltes Unterdrücken und Unterdrücktwerden

## Uranus

Der Planet beschreibt in erster Linie das, was geschieht, und wird bei Horoskopinterpretationen am besten mit Verben beschrieben.

die wahre Freiheit verkünden und bringen, Symbol wahrer, situations- und persönlichkeitsadäquater Gleichberechtigung sein

*

zukunftsorientiertes Inspirieren, Einbringen revolutionärer Ideen, sich für Minderheiten der Gesellschaft engagieren, Freiheit als Einsicht in Notwendigkeit

*

unkonventionelle Lebensgestaltung, originelle Eigenart, Veränderungs- und Experimentierfreude, Möglichkeiten der Erneuerung entdecken

*

undifferenziertes Nivellieren, Gleichmacherei, die am Wesenstypischen vorbeigeht, schrullige Exzentrizität, skurrile Eigensinnigkeit, Freiheit als Auflehnung gegen Notwendigkeit

*

revolutionäres Freiheitsgeschrei, »Sprayerparolen«, provokantes Aufbegehren gegenüber Autoritäten, »Azubis mit Chefallüren«

*

mutwilliges Zerstören von Ordnungen, ausbrechen in den Irrsinn, zerbrechen am uneinsichtigen Widerstand gegen sinnvolle Ordnung

## Neptun

Der Planet beschreibt in erster Linie das, was geschieht, und wird bei Horoskopinterpretationen am besten mit Verben beschrieben.

schweigende Weisheit, selbstvergessenes Helfen, mitfühlende Nähe, Ergebenheit in die Schöpfung

*

visionäre Gesamtschau, ahnendes Erkennen der wesentlichen Zusammenhänge, mediale Einblicke in den Entwurf der Schöpfung, Kommunion mit anderen

*

feinfühliges gesellschaftliches Engagement, phantasievolle Beiträge zum Leben, auf der Suche nach dem Wunderbaren, der Nüchternheit entrückt

*

sich verstecken, sich – von der Welt enttäuscht – zurückziehen, vor Verantwortung fliehen, sich nicht abgrenzen können, romantisches Schwärmen, schöne Lebenslüge

*

sich lügend durch das Leben mauscheln, hinterrücks intrigieren, sich mit Drogen betäuben, rückgratloses Mitschwimmen

*

schleichendes, lähmendes Zersetzen, heimliches Unterminieren, haltloses Sich-Treiben-Lassen

## Pluto

Der Planet beschreibt in erster Linie das, was geschieht, und wird bei Horoskopinterpretationen am besten mit Verben beschrieben.

tiefgründige Wandlung, Abschied und Neubeginn, stirb und werde, der Phönix aus der Asche

*

idealistisch vorbildhaftes Verhalten, Selbstbeherrschung, Bereitschaft für hohe Ideale persönliche Opfer zu bringen, totaler Wille, sich in das für wichtig Gehaltene einzubringen

*

perfektionistische Lebenseinstellung, sexuelle Faszination, Offenheit für okkulte Phänomene, leidenschaftliche, nach außen nicht gezeigte Begeisterungsfähigkeit, Abschiedsschmerz

*

abergläubiger Spiritismus, Protesthaltung, Abhängigkeit von Tabuthemen, Doppelgesichtigkeit, suggestives Beeinflussen anderer, indirekte Machtspiele

*

bewußtes oder unbewußtes Abhängigmachen anderer, besessenes Sich-unentbehrlich-machen, indirekte Schuldzuweisungen, Eifersucht, Sucht, vampiristisches Ausnutzen

*

selbst- und fremdzerstörerische Aktionen, Rachefeldzüge, Faszination durch (Selbst-)Quälereien, Aasgeiertum, »Leichenfledderei«